本书为教育部人文社科项目“人格商业化利用的法律规制”（12YJA820025）成果

人格商业化利用的法律规制

◎洪　伟　郭禹红　胡艳丽 著

RenGe ShangYeHua LiYong De FaLvGuiZhi

浙江工商大學出版社
ZHEJIANG GONGSHANG UNIVERSITY PRESS

图书在版编目(CIP)数据

人格商业化利用的法律规制 / 洪伟，郭禹红，胡艳丽著. —杭州：浙江工商大学出版社，2016.3

ISBN 978-7-5178-1590-7

Ⅰ. ①人… Ⅱ. ①洪… ②郭… ③胡… Ⅲ. ①人格—权利—法律—研究—中国 Ⅳ. ①D923.14

中国版本图书馆 CIP 数据核字(2016)第 059458 号

人格商业化利用的法律规制

洪 伟 郭禹红 胡艳丽 著

责任编辑 王黎明
封面设计 林朦朦
责任印制 包建辉
出版发行 浙江工商大学出版社
(杭州市教工路 198 号 邮政编码 310012)
(E-mail:zjgsupress@163.com)
(网址:http://www.zjgsupress.com)
电话:0571-88904980,88831806(传真)
排 版 杭州朝曦图文设计有限公司
印 刷 杭州五象印务有限公司
开 本 710mm×1000mm 1/16
印 张 13
字 数 204 千
版 印 次 2016 年 3 月第 1 版 2016 年 3 月第 1 次印刷
书 号 ISBN 978-7-5178-1590-7
定 价 39.00 元

目　　录

导　论

在现代社会，为了适应商业化的需要，人格权的内容和属性等诸多方面正在发生着新的变化，产生了许多新的问题。面对有限的资源，人们努力地挖掘资源的潜能，以最大限度地增加财富。因此，一部分人格权所保护的客体也成了经济活动的客体。尤其是一些公众人物的人格标识所具有的鲜明特征及特别的影响力、号召力和亲和力，吸引了商人的目光，他们紧紧盯住吸引消费者的这些人格标识，力图从中获得巨大的商业利益。而在实际操作中，商人往往对属于他人的姓名、肖像等人格标识擅自进行开发，并将利益占为己有，由此产生了诸多纠纷。而我国的立法和司法往往拘泥于传统的人格权和人格利益保护，人格标识的商业化利用，恰恰不是传统的民事权利体系中的人格权或财产权所能涵盖的，我国的民法的人格权保护因此出现了盲区。面对人格商业化利用的市场经济活动，我国必须采取相应措施，以填补在这一问题上的立法空白，满足民事主体对其人格权中的经济利益进行保护的愿望，使我国的市场经济向着更为健康、稳定、有序的方向发展。

本书的研究具有一定的理论意义。从目前我国学者的研究情况来看，民法学界尚未能圆满地解释清楚人格要素标识商业化利用之基本问题，理论的薄弱带来的后果是不能对司法实践提供有益的指导，远远满足不了对权利人的权益保护的要求，从而影响商品化的人格权在市场竞争中发挥作用及在司法实践中的应用。这显然不是法律追求的目标，而是法律的缺憾。法律人对于社会中出现的行为应该研究行为背后所隐含的法律需求、法律意义。当频频发生姓名、肖像等人格商业化利用的纠纷时，法律就不能缺席，而应建立相应的法律约束机制。因而，人格商业化利用法律规制的研究显得尤为重要，对权利人的人格商业化利用的民法保护已成为民法学研究的前沿问题。

本书的研究也具有一定的实际价值。一方面，这是国家和社会化解民事纠纷、维护社会秩序的需要。在社会生活中，对自然人人格标识的侵权不仅会侵害权利人的权益，而且也会影响社会秩序的正常运转。另一方面，对在人格商业化利用过程中出现的矛盾、纠纷，民事主体也有通过法律途径解决民事争议的实际需要。如果法律不能提供有效的救济途径，那么权利人必然会放弃公力救济，可能以不法手段进行自我保护，从而导致社会秩序的紊乱。因而，承认人格的商业化利用并对其加以法律保护，对于保护公民的合法权益，维护社会的安定和促进市场健康、有序地发展具有重要意义。

民法的人格权理论长期以来囿于保守，认为人格权系非财产权，其权利之标的不包含任何经济价值，人格权是不能继承和转让的。但是随着社会的发展和科技的进步，经济活动的范围不断扩大，有一部分人格权所保护的客体也因而成为经济活动的客体。最明显的情形是自然人的姓名和肖像，如著名影星、歌星或运动员同意或授权他人将其姓名或肖像用于商品或广告上。这些姓名、肖像的权利人，通过其权利的行使，可以享有一定的经济利益，其所享有的人格权已不再是纯粹的人格权，而是人格权的商业化利用。所谓人格权的商业化利用就是指使用自然人的姓名、肖像、声音等具有特别性的人格标识来增强和促进特定商品或服务的销售，从而使自然人的人格标识发挥其商业价值，并使该自然人因此获得相应报酬或其他经济利益。正如王泽鉴先生所说："依传统见解，人格权乃……非财产权。值得注意的是，因社会经济活动的扩大，科技的发展，特定人格权（尤其是姓名权及肖像权）既已进入市场而商业化，如作为杂志的封面人物，推销商品或出版写真集等，具有一定经济利益的内涵，应肯定其兼具有财产权的性质。"[①]这种人格商业化利用的现象对传统的人格权制度提出了一系列新的法律问题，如人格权除了包含精神利益外，是否包含经济利益因素；这种财产权益如何定性；其属于人格权范畴还是属于财产权的范畴；传统民法人格与财产的二元权利体系是否需要重构；被商业利用的权利人的人格要素标识如何保护；等等。这些问题无论在理

① 王泽鉴：《民法总则》（增订版），中国政法大学出版社 2001 年版，第 134—135 页。

论上还是在司法实践中,都处于探索阶段。面对社会发展出现的新问题,如何从民法学理论上对之进行科学合理的解释,如何在司法实践中运用法学方法论处理好这些新类型的案件,如何在将来的人格权立法中对上述现象进行回应等都颇值得研究,这就是本书的研究目的。

本书的研究思路是:首先,本书的研究仅限于自然人的人格权,因为法人或其他组织的人格权如名称权、商号权等,法学理论及司法实务中均已承认其具有经济利益的内涵。其次,本书也不是对自然人的所有人格利益加以阐述。从目前来看,只有某些标表型的人格权如姓名权、肖像权等具有经济利益的内容,其他如物质性人格权中的生命权、健康权等与经济利益基本没有多少关系。正如谢铭洋教授所言:"原则上愈接近精神利益核心之权利,其经济利益内涵愈少,例如生命权,即应无容许其有经济利益内涵存在之余地,至于健康、身体、自由等人身权利,其经济利益之内涵亦极为有限。而姓名权、肖像权等标表型人格权,具有在特定条件下与主体人格相分离的可能性,其具有之经济利益则较多。"①因此,本书把人格的商业化限定在自然人的可商业化的姓名、肖像、声音等人格标识的范围内,但并不对这些具体的权利形式逐一进行全面论述,而只是从其横断面出发,分析其作为可商业化的人格的存在的基础、价值、保护模式及其合理限制,并通过透析国外人格权的商业化利用法律规制的模式,对我国的人格权商业化利用的法律规制及其保护提出制度设计的建议。

在研究方法上,本书运用了以下几种方法:

比较分析法。学术研究离不开比较分析的方法。"他山之石,可以攻玉。"西方发达国家对人格要素标识的商业化利用、保护有着丰富的理论研究和司法判例,这为解决我国社会中存在的人格要素标识商业化利用的纠纷提供了有益的思路,值得我国借鉴。但借鉴不等于照搬,比较法的研究也不等于单纯的外国法介绍。重要的是通过这种比较,去探析不同国家、地区法律制度的内在法理,从不同的视角得出较为全面的认识和结论。

语义分析法。语言符号是信息的载体,也是认识和思维的工具。通

① 谢铭洋:《智慧财产权基本问题研究》,台湾翰芦图书出版有限公司 1999 年版,第 39 页。

过对概念语义式分析，可以透视到它原本具有的而现在已被湮灭的内涵，从而觅得事物的一些本来面目；也只有在概念明确和准确的基础上，我们才能展开对具体法律问题的深入探讨。因而，本书要准确界定人格、人格权、人格要素（姓名、肖像、声音）、人格的商业化利用等概念。

历史考察法。从制度的演进轨迹中找规律、看趋势，是法学研究的一个方法。对于我国这个以继受法为主的国家来说，这种方法尤其具有意义。本书在许多部分都将采取这种研究方法，如对美国关于人格商业化利用的双重权利模式及德国的统一权利模式的形成与演进进行的探究等。

案例分析法。美国著名法学家罗斯科·庞德曾指出："法是在司法实践中得到生存和发展的。"法学乃实用之学，其最重要的目的之一是为解决社会纠纷提供理论和方法依据。人们在现实社会生活中存在着复杂的利益冲突和矛盾纠纷，本书通过对现实生活中人格要素标识商业化利用纠纷的典型案例如"三军仪仗队案""姚明案"等的阐述、分析，来展现侵权产生的原因和解决之道，比较直观，易于理解，从而将抽象的理论与具体的实践相结合，既能检验理论解释生活问题的可行与否，又能检讨理论是否随着生活的变化而不断丰富发展自身。

第一章 人格权的基本理论

民法是社会主义市场经济的基本法律制度之一，也是构建法治社会的重要基础。人格权法是民法的重要组成部分。从世界范围来看，人格权都属于民法中的新生权利，而且人格权制度在民法中也是一项具有广阔前景的制度。对于人格权制度的加强和完善，体现了现代民法的发展趋势。

在私法的发展史上，相较于财产权的发展，人格权的发展显得有些缓慢。在罗马法中，并无独立的人格权概念和制度。在近代私法制度中，民法中的人作为法律人格形式平等的人，仅是财产自由并受充分保护的人，人被淹没于财产中。在著名的《法国民法典》中，也没有涉及人格权保护的条款。到了德国、瑞士民法典时期，法典中也没有"人格权"的用语，法典仍然奉行财产权优先的指导思想，但是对于一般的人格利益设立了广泛的保护性规定。特别是第二次世界大战以后，出于对纳粹"轻视人、蔑视人、使人不成为其人"的行径的强烈反思，法律开始尊重人格尊严并保护人格，使得人格权得以被广泛地承认。至现代，互联网技术、基因技术等现代科技使人格利益更易受到侵犯，人格权的保护需求空前膨胀。人们发现了人格权本身的固有价值，提出了普遍人权的观念。现代人权观念引导人们重新认识人格权，发现人格尊严、人格独立、人格自由的价值及生命、身体、健康、自由、姓名、肖像、名誉、隐私等人格权，是"人之所以为人"所应当享有的基本权利，是须臾不可离开人格法律的保障。如果民事主体丧失这些权利，就丧失了做人的资格和人的基本价值，不仅没有资格进入社会成为社会成员，而且也无法享有其他民事权利。我国 2004 年宪法修正案首次将"国家尊重和保障人权"确立为宪法基本原则。就这一宪法基本原则的具体实现而言，民法中的人格权法制度无疑需要担当重要的使命。人格权法让人们活得更有尊严。人之尊贵与荣耀以及其享有尊贵与荣耀的权利，理应是人类社会一切法律制度的发端与目标。

第一节　人格权的法律界定

一、人格

（一）人格概念的沿革

最早关于人格一词“persona”，哲学上的含义来源于斯多葛哲学中的“具备理性的独立实体”。[①] 据现有文献研究，法律上的人格概念是由古罗马法创设的。在词源学上，“人格”一词来源于拉丁语 persona，原指演员演出时为掩饰声音而戴在脸上的面具。当时古罗马由于社会分阶层的需要，在法律技术上使用了“人格”一词，即具有“面具”之意。这种“面具”并非所有的人都拥有，只有由法律赋予那些具备一定条件的“适格者”才能拥有。这些“适格者”成为“人格人”，有时也称为“法律人”“社会人”，从而成为法律关系中权利的享有者与义务的承担者。可见，罗马法上的法律人格，无非就是一种特殊的身份而已，凡享有权利能力的人，就具有法律上的人格。

在罗马法中，人是分三六九等的，人有无人格、人格的高低均有分别，不同等级和阶层的人享有不同的公权和私权。人格的内容包括自由权、市民权和家族权。“自由权是作为自由人所必须具备的基本权利。因此，享有自由权的是自由人，不享有自由权的就是奴隶。”[②]市民权类似于今天的公民权，是专属于罗马市民享有的权利。家族权，指“家族团体中的成员在家族关系中所处的地位和所享有的权利”。[③] 由于罗马人在家庭中的地位不同，有的人享有完全的权利能力，有的则不享有。因此，罗马法根据人们在家庭中的地位不同，把人分为自权人和他权人。自权人是不受家父权、夫权、买主权支配的人，他权人则是受家父权、夫权、买主权支配的人。

---

① 马俊驹、刘卉：《论法律人格内涵的变迁和人格权的发展——从民法中的人出发》，《法学评论》2002 年第 1 期。

②③ 周枏：《罗马法原论》（上册），商务印书馆 1994 年版，第 107、116 页。

人格变更是罗马法的一种特有的制度。罗马法规定，具有完全人格的人必须享有自由权、市民权和家族权。一个人若出于某种原因丧失自由权、市民权、家族权三项权利的一部分或全部，或者丧失某一种而取得另一种，就会发生人格变更。人格变更的种类有人格大变更、人格中变更和人格小变更。人格大变更指丧失自由权而沦为奴隶，奴隶不是权利的主体，当然也丧失市民权和家族权；丧失市民权而成为拉丁人或外国人，丧失市民权即同时丧失家族权，但仍享有自由权，此为人格中变更；丧失家族权而仍享有自由权和市民权，是人格变更中最轻微的一种，此为人格小变更。可见，罗马法上的人格带有强烈的等级性、身份性和一定的可变性。罗马法中的人格制度是对个人在国家和宗族关系中的地位在法律上的整体评价。此种“人格”实质上是关于社会阶层或阶级的划分，是组织社会身份制度的一种工具，所以，在罗马法上，“人格”表现出明显的公法性质。① 但罗马法中的人格其实是一种身份人格，表示的是人的不同地位。② 因此，罗马法中的“人格”概念具有公私法兼容、人格与身份并列、财产关系与人身关系合为一体的性质。

在近现代人格理念的形成过程中，基督教的思想是一个重要的推动力量。基督教通过宣传人由神创造，由基督拯救，因而在神面前的人是平等的说教，确立了人类尊严思想，这是基督教给西欧乃至更广阔的世界带来的贡献，它构成了中世纪以后西欧人类观的基本哲学。③ 宗教改革所提供的关于众生平等的法律人格的理念，导致了这样一种思维的倾向，即法律人格就是要确定一种至少在法律理念上所有的人都应是平等的价值取向。这种人的平等和尊严的思想为近代人格概念的形成提供了思想基础。在此基础上，世俗社会中的资产阶级启蒙运动和自然法的理论，对于现实社会和法律中的等级制度，以“理性”和“自然”作为终极价值，以人的平等的理性作为论证人格平等的武器，同时也改变了罗马法中人格表现

---

① 参见尹田：《论人格权的本质——兼评我国民法草案关于人格权的规定》，《法学研究》2003 年第 4 期。

② 参见马俊驹：《人与人格分离技术的形成、发展与变迁——兼论德国民法中的权利能力》，《现代法学》2006 年第 4 期。

③ 参见[日]星野英一：《私法中的人》，王闯译，中国法制出版社 2004 年版，第 16 页。

为人的地位和身份的观念，从而建立了人人平等的人格理念。这种人格观念在法国大革命时期的《人权宣言》中得到确定。这种人格观念与伦理学上的人的概念相结合，继承且深化了伦理性观念。这一伦理学上的人格观念在康德所创立的伦理人格主义哲学中得到最初、最精致的表达。

康德所创立的伦理人格主义哲学以人的理性和意志为基础，以人的按照规则行为并对自己的行为负责的能力为核心，去构建人格的概念。康德说道："没有理性的东西只具有一种相对的价值，只能作为手段，因此叫做'物'。而有理性的生灵叫做'人'，因为人依其本质即为目的本身，而不能仅仅作为手段来使用。"①在伦理人格主义哲学看来，人正因为是伦理学意义上的"人"，因此他本身具有一种价值，即人不能作为达到目的的手段，人具有其"尊严"。从这一立论中可以推导出：每一个人都有权要求其他任何人尊重他的人格，不侵害他的生存（生命、身体、健康）和他的私人领域；相应地，每一个人对其他任何人也都必须承担这种尊重他人人格及不侵害他人权利的义务。② 康德认为，人格就是摆脱了自然机械作用的独立和自由，能够自负其责地行为的能力。③ 法律上的人格就是在此伦理人格的基础上构建起来的。学者认为人格的现代含义的赋予是 Donellus 在他的《私法评论》完成的。他认为："人基于自身的属性而应该享有特定的权利。"④这一观点经过自然法学派的加工和整理，成为现代民法上人格平等的依据。按照这一原则，凡是人都有人格。理论界的这一思想首先在1894年《普鲁士一般邦法》得到了确认，该法典的第一编第一部第一条规定："人在市民社会中只要享有一定权利，便被称为法律人格。"⑤ 所以罗马法中的人格制度的功能没有为现代大陆法系所完全接受，人格在现代民法中的作用也就没有罗马法时期那么显赫，反而淡化为民事主体的另

---

① ［德］卡尔·拉伦茨：《德国民法通论》（上册），王晓晔、邵建东、程建英等译，法律出版社2003年版，第46页。

② 参见［德］卡尔·拉伦茨：《德国民法通论》（上册），王晓晔、邵建东、程建英等译，法律出版社2003年版，第47页。

③ 参见［德］康德：《道德形而上学原理》，苗力田译，上海人民出版社2002年版，第60页。

④⑤ 蒋学跃：《法人人格权的再探讨》，载王利明主编：《民法典·人格权法重大疑难问题研究》，中国法制出版社2007年版，第403页。

外一种表达方式，即“民事权利主体资格之称谓也”。①

(二)人格概念的含义

人格在法律上是一个极为抽象的概念。马克思指出：“人格脱离了人，自然就是一个抽象。”②人格这一概念在法律上主要有以下几方面的含义：

第一，人格是指具有独立法律地位的民事主体。从民法的角度来看，人格是指具有独立民事主体地位的个人和组织，主要包括自然人和法人。其中自然人具有血肉之躯的人格，法人具有法律拟制的人格。在这个意义上使用人格这个概念，意味着人格与人、与主体是相同的。人格具有独立性，是人格权的载体，人格的产生和消灭将导致人格权的享有或丧失。在现代社会，没有无人格的人格权，亦没有无人格权的人格。

第二，人格是指作为民事主体的必备条件的民事权利能力。黑格尔指出：“人格一般包含着权利能力，并且构成抽象的从而是形式的法的概念。”③民事权利能力是成为民事主体所必须具备的资格。凡具有民事权利的人，就可以成为民事法律关系的主体，可以享有民事权利和承担民事义务。

第三，人格是指人格权的客体。即民事主体在人格关系上所体现的与其自身不可分离，受法律保护的利益。这种人格利益乃是安全、活动自由的利益，而不是人身利益，所以人格权以人格利益为客体，而不是以人的人身利益为客体。它包括人格独立、人格自由、人格尊严这些价值一定方式的外在化表现，以及体现在姓名权、名称权、肖像权、隐私权等具体人格权中相应的人格利益。因此，在此意义上使用人格，主要是指人格要素，指人格权的客体。

本书使用的人格概念，主要是指第三种含义即人格权的客体、人格要素。

二、人格权

---

① 江平主编：《法人制度论》，中国政法大学出版社 1994 年版，第 1 页。

② 《马克思恩格斯全集》，第 1 卷，人民出版社 1956 年版，第 277 页。

③ [德]黑格尔：《法哲学原理》，范扬、张企泰译，商务印书馆 1961 年版，第 46 页。

(一)人格权概念的发展

人格权这一概念在欧洲大陆具有非常古老的渊源，但在罗马法中，人格权的概念并未出现，对名誉侵害的保护，是在侵权行为诉权制度的发展中得到认可的。“一般认为，人格权作为权利得到认可是近代初期的人文主义法学家多内鲁斯(Donellus)的功绩。在此以后，人格权的概念经由近代自然法学家赋予其精神支柱，从而逐渐形成。”①人格权的法律概念始于近代。到目前为止，现在各国民法对人格权制度主要还是通过判例来确认的。据荷兰学者胡果等人的看法，16 世纪的法学家海尔曼应为现代人格权理论的奠基人，海尔曼曾在有关著述中提出了生命、健康、自由等法律权利。但美国学者雷特尔认为，胡果自己最早提出了生命、健康等权利，尽管胡果没有系统提出人格权的概念，但他已经将一些人格利益上升为一种权利，开创了人格权理论的先河。

在 19 世纪，人格权理论已经得到一定的发展。1867 年，法国学者本陶德在《拿破仑法典的原则和实践》一书中就提出过人格权的概念。1870 年，法国学者莫勒特在一本关于产权和工业版权的著作中，也曾提出人格权的概念。1895 年，德国学者基尔克在《德国私法》一书中，详细讨论了人格权的内涵，认为它涉及生命、身体完整、自由、名誉、社会地位、姓名和区别性的标志，以及作者和发明者的基本权利等。在基尔克之后，德国学者柯尔勒等提出了“一般人格权”的概念。1899 年，瑞士学者伯斯苔尔在《法哲学》一书中也提出了人格权的理论，以基斯凯尔、斯派克等人为代表的学者也提出了人格权的概念和理论，并对瑞士法律产生了重大的影响。②对世界人格权发展起到划时代作用的是 21 世纪初的《瑞士民法典》。在第二次世界大战后世界人格权法的发展中，最引人注目的是美国隐私权和德国的一般人格权的发展。③

《法国民法典》用了 174 个条文来规定继承，194 个条文来规定财产制

---

① [日]五十岚清《人格权法》，铃木贤、葛敏译，北京大学出版社 2009 年版，第 1—2 页。

② 参见王利明：《人格权法研究》，中国人民大学出版社 2005 年版，第 8—9 页。

③ 参见[日]五十岚清：《人格权法》，铃木贤、葛敏译，北京大学出版社 2009 年版，第 3—4 页。

度，20 个条文来规定分界共有墙和沟渠，但是法律却没有就姓氏的保护方法也没有就作家或艺术家的非财产权做任何规定，更未对人格权做出任何规定。这是因为，在法国人看来，人的自由与尊严的依据，只能在自然法中去寻找，即在天赋的人的属性当中去寻找，实定法无权对其加以规定。由此就导致了《法国民法典》中不可能存在实定法上的“人格权”的概念。《法国民法典》规定不法行为的第 1382 条是一条弹性条款，据此，自 19 世纪后半叶起，根据判例，各种人格利益侵害可视为不法行为应对处理。《法国民法典》采纳了三编制模式，即人法、物法和取得财产权的方法。其人法的设计，主要着眼于肯定人人平等的概念和确定财产的归属，因此整部法典的核心仍是财产权。

19 世纪以萨维尼为主的支配德国的历史法学派，对于把人格权作为权利来认可是持消极态度的，因此《德国民法典》在将人格权认定为一种权利这一点上持消极态度，同样不存在对人格权的一般性规定。但在第 12 条，单独规定了姓名权；作为不法行为原则性规定的第 832 条第 1 款在针对生命、身体、健康、自由侵害方面，认为须做出损害赔偿。另第 824 条对于他人的信用懈怠也认为须做出损害赔偿。《德国民法典》采用五编制，即总则、债权、物权、亲属、继承，但其核心仍是债权与物权两编。在《德国民法典》制定时，对人格尊严的保护，并未被置于重要的地位。法律对自然人的规范过于简单，没有涉及一些重要的人格权。

德国学者索姆巴特提出《德国民法典》存在着“重财轻人”的偏向。正是因为《德国民法典》没有规定人格权，所以，在第二次世界大战以后，德国法院只能借助宪法上基本权利的规定，而不能依据民法典发展出一般人格权，这说明，《德国民法典》中的人格权法没有获得应有的地位。

为什么《法国民法典》《德国民法典》和《瑞士民法典》都没有规定人格权？这是一个重要的、难解的理论问题。因为在传统的理论看来，权利的客体只能是“身外之物”，“内在于人”的各种伦理价值要素不可能成为权利的客体，也就是说，一个人对“身外之物”，对他人都可能享有权利，但不能对自己享有什么权利，这就是自罗马法以来形成的传统的权利观念。

现代民法是人格权制度产生和发展的时期。现代民法在人格权方面经历了从仅规定个别人格权到既对人格权做出抽象规定又对人格权进行具体列举的转变，具体人格权的范围也进一步扩大。从民法仅仅在侵权行为法范围内对人格权保护进行消极规定发展到民法在“人法”部分对人格权做出积极的正面宣示性规定。[①]

一般认为，1911 年的《瑞士民法典》是一部承前继后，从近代民法典过渡到现代民法典的民法典。它反映了 20 世纪民法典编撰的新的发展，尤其体现在对人格权的态度上。第一，《瑞士民法典》创设了人格的一般规定和人格的保护专章，不像其他国家，在总则编只对姓名的保护等略予规定，这种革新是瑞士法律与其他各国法律不同之处。第二，创设了保护人格的一般条款，该法第 28 条规定：“任何人在其人格受到不法侵害时，可诉请排除侵害。”从而形成了人格权的概括保护原则。它还规定了权利能力和自由不得抛弃，从而区分了人格权与财产权，从反面对人格权予以规制。

在人格权概念的发展过程中，形成了两种对立的观点：

1. 人格权否定说。由德国学者萨维尼等人提出，并为《德国民法典》起草者温特沙伊德所采纳。这种观点认为，权利是人支配物的关系，而不是人支配人的关系，所以就无法规定人格权。他们的理由是：权利是法定的，如果认为生命等为一种权利，则否定了生命等具有的自然属性，反而不能解释这些利益的产生及本质；生命、身体、自由等是超乎权利之上的人格，与物权、债权不可等量齐观，如果承认人格权，反而贬低了生命、身体、自由等的意义；如果承认人格权为权利，则必然要将生命、身体、自由等人格利益作为权利客体，这样必然造成人是权利主体，又是权利客体的混乱现象。这种观点的主要依据在于，人格权似乎是与生俱来的权利，具有自然属性，与债权、物权等存在本质差异，而人如果能够作为权利主体自主支配其生命、自由等权利，其逻辑本身似有矛盾。人格权否定说包含了两点主要依据：一是人格权源于“天赋”，不言自明，无须规定；二是如果承认人格权，那么其中生命权是否也可以由人自身绝对地支配和处分。

2. 人格权肯定说。在《德国民法典》的制定过程中，基尔克等人主张采取人格权的观点。耶林认为，名誉、荣誉等利益属于无形财产，应当受到保护。科勒等人认为，法律赋予生命、身体、自由、名誉等法益为一种权利，就应当承认这些利益为法律上的权利。基尔克等人还主张，个人不仅

---

① 参见张新宝：《人格权法的内部体系》，《法学论坛》2003 年第 6 期。

仅应当享有特别的人格权,还应当享有一般人格权。这种学说为现代各国民法广泛接受,依据这一学说,各国法律大多在实质上承认人格权的存在,并对生命、身体、健康和自由等加以保护。

笔者认为,否定人格权的理由难以成立。因为,第一,自然权利理论不能作为否定人格权存在的理由。人格权中所保护的生命、健康等利益虽然具有一定的自然性,但它们作为权利的客体受到的保护又具有法定性,而人格的法定性并不否定其自然性。第二,民法上将生命、健康等人格利益确认为权利,并不贬低人的主体资格,并不意味着使生命本身成为权利客体。人格权也不是直接支配自己的人身,而是以人身安全、自由等为权利客体。第三,如果不承认生命、身体、健康等为人格权,在主体的生命、身体等遭到他人的非法侵害后,很难基于侵权行为提出请求和诉讼,因而主体的权益就难以获得法律的保护。

(二)人格权的概念

人格权概念并不是一个古老的概念,人格权作为一项独立的制度乃是在 20 世纪才逐步形成的,归纳起来,主要有以下几种观点:

1. 从专属性角度给人格权下定义,即认为人格权是专属于主体的权利。基尔克指出:人格权是指对人格利益支配的权利,换言之,是存在于自我的权利,由于其权利客体的特殊性,而与其他权利不同。

2. 从人格权客体的角度给人格权下定义。科勒认为,人格权是一切法律的出发点,人格权的客体为其自身之人格,故主体与客体同属一人。

3. 从人格权与人格的关系给人格权下定义。德国学者艾尔茨巴赫指出:人格权是保障个人人格并与人格不能分离的以法益为目的的排他权。

4. 王利明认为,人格权是指以主体依法固有的人格利益为客体的,以维护和实现人格平等、人格尊严、人身自由为目标的权利。① 这是从人格权客体的角度为人格权定义,揭示了法律确立人格权制度的着眼点是保护民事主体的人格利益。

5. 人格权是指法律赋予权利主体为维护自己的生存和尊严所必须具备的人格权利。如生命、健康、名誉等,这些都是构成人的人格的要素,也

① 参见王利明:《人格权法研究》,中国人民大学出版社 2005 年版,第 14 页。

是人作为民事主体从事民事活动所必须具备的条件。①

第二节　人格权的法律特征

一、人格权是一种法定权利

对人格权究竟属于自然权利还是法定权利，从历史到今天都存在不同的看法。在人格权的保护上，存在两种不同的体例：一种是以法国为代表的自然权利论和概括人格体例；一种是以德国为代表的法定权利论和具体人格体例。② 自然法理论将生命、健康等作为一种自然权利对待，从而使得人格权作为一种权利被人们接受。《法国民法典》作为大革命的产物，认为自然人对自身有着高于法律权利的支配权，因而否定从法定权利的意义上规定人格权。人格权具有一定的自然性，其表现为人格权始终与民事主体相伴随，人一旦出生就享有人格权，而不需要主体实施一定的行为去取得。人格权具有普遍性、概括性的特点，对于自然人来说，不论其年龄、智力、能力有何不同，都平等地享有人格权。而《德国民法典》受法律实证主义的影响，从保障法的确定性出发，基于人格权法定主义的立场，创制了人格权的概念，并将各类人格利益予以具体化区分，抽象出不同的权利类型，形成了具体的人格权制度。

我国有学者认为，人格权是固有权，并表现为：其一，“人格权的固有性，是人格权与其他民事权利的基本区别之一”；其二，“人格权的固有性还表现在它与民事主体的存在共始终”；其三，“人格权的固有性也表现在它脱离民事主体的个人意志而存在”；其四，“表现在所有的民事主体平等地享有这些权利”。③ 江平教授也认为，人格权是一种自然权利，是自然赋予的权利。与某些财产权不一样，人格权不是任何法律可以剥夺的。承认人格权是自然权利，对我们加强人权保障、加强民事权利保障具有极其重大的推动作用。④

---

① 参见马原主编：《中国民法教程》，人民法院出版社 1989 年版，第 486 页。

② 参见龙卫球：《民法总论》，中国法制出版社 2001 年版，第 304—307 页。

③ 参见杨立新：《人格权法》，法律出版社 2011 年版，第 64 页。

④ 参见郑小敏：《两岸学者高峰对话——“人格权的民法保护”研讨会综述》，载王利明主编：《民法典 · 人格权法重大疑难问题研究》，中国法制出版社 2007 年版，第 5 页。

笔者认为,人格权在性质上属于法定权利而不是自然权利。人格利益反映人的本质,维系人之存续,但究其本质仍不能脱离法律权利的窠臼,而非自然权利。人格权的法定性指人格权的类型和内容应由严格法、强行法规定,包括类型强制和类型固定两项要求。人格权立法不能采取意定主义而只能采用法定主义,是当然的强行法。类型强制可使自然权利实定化,防止权利类型窜乱,避免将身份权或无形财产权设定为人格权。而类型固定有利于明确具体人格权的属性,降低权利边界模糊性。类型固定也内在包含与其他权利的协调机制,可以有效化解人格权冲突。尽管公民的人格权,尤其是物质性的人格权,具有自然生成性,但也不能说这些权利都是"天赋人权"。因为人格权必须要通过法律的明确确认,才能获得排斥他人的效力,在法律没有规定对人格权加以保护的情况下,人格利益是不能成为主体实际享有的民事权利的。"人格权"的现实存在,离不开现有法律对应然意义上的"人格权"的确认。现有法律不仅应当成为确认"人格"法权的要求,更应当是已获法律确认的"人格权"的保护神。现有法律是否确认和维护人格权益,实质上是衡量法律善恶的基本标准。① 人格权只有法定化,才能够成为裁判规则、明确权利的边界,国家才能通过强制力对人格权进行保护。在我国,只有在《民法通则》确认人格权,明确规定了生命健康权、姓名权、名称权、肖像权、名誉权等人格权,对人格权的保护日益受到充分的重视以后,主体的人格权才得到确实的保障,这些都表明不存在着所谓天赋人权,而只存在具体、法定的权利。人格权的取得、人格权的范围,都依赖于法律的明确规定,在不同的国家的法律中,对人格权的保障都是有区别的。同时,一种新类型的人格权的产生,也必须是在人们认识到其存在的迫切需要之后,才可能得到法律的确认。以隐私权为例,直到 1890 年美国法学家布兰代斯和沃伦的著名论文发表后,隐私权才成为美国法律保护的对象。肖像权也不过是在 1896 年才被德国学者提出,并逐步形成完整的肖像权保护法。这说明,人格权并非人固有的权利,而是立法者为适应社会的需要而创设的权利。

人格权的法定性一方面可以使得公民和法人享有的人格权得到广泛

---

① 参见眭鸿明:《法律人格、人格权与民法典的构造》,载王利明主编:《民法典·人格权法重大疑难问题研究》,中国法制出版社 2007 年版,第 111 页。

的确认和保护，有助于主体明确认识自己享有的人格权，能够主动地行使并捍卫自身的人格权。同时也能充分尊重他人的人格权，形成和谐稳定的社会关系。因此，人格权法定满足了公示的要求，使一般人容易知悉或预见人格权的类型和内容，有利于保护相对人。另一方面由于只有法律规定的人格权类型才受到相应的保护，也限制了民事主体滥用权利，仅对法定化的权利进行保护，实现人格权权利行使与保护上的可预期性，因此，人格权的法定有利于实现救济机制的理性化。

但是人格权的法定也并非十全十美。有观点认为，人格权的法定化会在技术上导致对人格权的范围设定比较封闭，人格权类型的具体列举可能导致实际上限制人格权的发展，削弱对人格权的保护。因此，人格权也应开放，不能陷入法定主义的泥潭。我们需要的是一种开放的法定主义，在坚持人格权法定的同时，应该给予最大限度的开放。这就是说，人格权法定并不意味着法律未明确列示的人格权类型就得不到法律的保护。由于社会生活的复杂性和多变性，一些新型的人格权类型的出现往往会超出立法者的预料，因此还应当设置人格权保护的一般条款予以弥补，使其更具有广泛性和包容性。一般人格权是指公民和法人所享有的，包含人格独立、人格自由和人格尊严全部内容的一般人格利益，这一制度由《瑞士民法典》首先创设。规定了一般人格权之后，当出现了立法上没有明确规定的人格权侵权案件时，法官即可援引该条规定以保护受害者的正当权益。我国目前尚未规定一般人格权，应在未来的民法典中予以完善。目前，在民法典人格权法专家建议稿中，设置了一个条款涉及法定主义：第一，人格权由本法规定，任何人不得以契约创设；第二，这个法不仅包括成文法，而且允许法官通过一般条款来创设新的人格权，由法官自由裁量；第三，法规、司法解释可以创设新的人格权，但是保护水平不得低于本法规定。因此，为维护整体人格利益，法官可以对法定类型扩大解释、类推适用，甚至创设新的人格权类型。现代社会是一个变动性极强、新的民事关系不断涌现的社会，这就决定了民事权利体系本身应当是一个开放性的权利体系。

二、人格权是一种民事权利

人格权作为基本人权，不仅由民法规定，还由宪法保障，这就涉及宪法规定的基本权利与私法权利的关系问题。有学者认为，人格权与人格不可分离，罗马法中的人格是一种人的宪法地位而非私法资格，因此，人格权不是来源于民法的授予。如果由民法确认和赋予人格权，将导致人格权的重要性降低，所以，人格权应当属于宪法权利，而非民事权利。如尹田先生认为，人格权“根本不是来源于民法的授予，人格权的地位高于民事权利”，因而人格权应是宪法权利。①

我们认为，尽管宪法已经确认了尊重和保障人权的原则以及对人格尊严和人身自由的保护，但并不否认人格权应为一项民事权利。宪法权利与民法权利虽同为权利，但有着不同的调整对象和价值精神。宪法主要调整国家与公民之间的关系，而不直接调整公民作为私主体之间的关系，宪法旨在约束权力而非权利，其精神实质应在于“限权”；而民事法旨在规范平等私主体之间的权利义务关系。第一，从各国的经验看，凡是承认人格权为一种宪法权利的国家，通常都有违宪审查制度，公民也可以提起宪法诉讼。而我国宪法规范不能在民事诉讼中直接适用，不能直接适用于审判活动，因此，虽然承认人格权为一种宪法权利，但由于我国宪法不具有直接适用的效力，只有通过民法将其转化为民事权利，才能获得民事救济。第二，宪法作为我国的根本大法，其所规定的权利为基本权利，不能涵盖人格权的全部内容。而现代社会，人格权越来越复杂多样，不可能在宪法中全部做出规定。宪法关于人格权的规定主要具有宣示作用，具体内容应由民法等法律规定。第三，有权利必有救济，我国目前宪法诉讼付之阙如，宪法权利尚无可救济性。“宪法规范不是裁判规范，其条文不采‘构成要件——法律效力’的逻辑结构，而仅是原则性规范，不能直接适用，只能通过其他部门法落实。”②宪法不可能对人格权遭受侵害的情况设定各种救济手段，也不能对侵害各种人格权的具体行为做出详细列举。因此，人格权作为一项民事权利，仍然应当在民法典中单独予以规定。如果否定人格权的私法性，将其宪法化并赋予直接适用的效力，将导致公、私法混同，部门法分工紊乱，以及宪法的不合理膨胀。

---

① 参见尹田：《论人格权的本质——兼评我国民法草案关于人格权的规定》，《法学研究》2003 年第 4 期。

② 马特：《民法典人格权编争议问题探讨》，《人民法院报》2003 年 9 月 12 日。

人格权具有私法性，但同时不可否认的是，宪法上的基本权利，确实体现出其对人格权的关怀乃至辐射。人格权作为基本人权，它的许多权利都是宪法规定的基本权利。宪法是人格权的最高法律渊源，它确认了尊重和保障人权的基本原则以及对人格尊严和人格自由的保护。从这个意义上说，人格权是一项宪法权利。“宪法上人格权的创设，使基本权利体系益臻完备，更能维护人性尊严及促进人格自由，而强化基本权利的价值秩序，并对私法上人格权的发展产生重大作用。”①

三、人格权是一种非财产权利

人格权为非财产权，是我国法学界通说，它主要体现的是人们精神上和道德上的利益。在罗马法中，曾将物分为有体物和无体物，后来德国学者耶林等人将人格权归入无形物的范畴，作为一种特殊的财产对待。这是在人格权制度形成的初期、人格权理论尚不完善的情况下的一种权宜之计。现代各国学说及判例普遍采纳的观点认为，人格权在性质上主要是一种非财产权，人格权不具有直接的财产属性。这主要表现在：一方面，人格关系本身不以财产为客体，也不以财产为内容，人身关系本身不能用金钱加以衡量、评价。另一方面，人身关系受到侵害时也无法采取等价补偿的形式，主要采用的是精神上的抚慰和对加害人的惩戒以及对加害行为的排除等方式。此外，人格权也不能像财产权那样自由地进行财产性的利用、处分和转让，也不适用财产法的一些基本原则。

然而人格权是否绝对地为非财产权？不能如此断言。作为人格之客体的人格诸要素，在人们尚未认识到其可带来丰厚的经济利益时，其判断尚属符合实际。可是面对当代人们能够支配和利用自己的人格要素，获得重大经济利益的现象出现时，仍然坚持人格权只具有非财产的特征，确已不符合社会发展的现实。② 我们必须看到，某些人格要素，已明显具有双重性质，兼具非财产权与财产权的属性。随着经济社会的发展、科技进步以及观念的转变，在经济往来中，自然人的姓名和肖像、法人的名称和

---

① 王泽鉴：《宪法上人格权与私法上人格权》，载王利明主编《民法典·人格权法重大疑难问题研究》，中国法制出版社 2007 年版，第 34—35 页。

② 参见马俊驹：《人格和人格权理论讲稿》，法律出版社 2009 年版，第 104 页。

信用等人格利益的授权使用、转让等商业化利用的现象日益增多，以至于我们可以断言，除了生命、健康、自由等权利之外，几乎其他所有的人格要素都可以商品化了。“权利人透过权利之行使，可以享有一定之经济利益，而且这些行为符合社会发展之需要，并为社会通念所接受，在法律秩序上亦应该被肯认。”[①]这表明人格与财产的界线并非如想象中的那样泾渭分明，它促使我们对既有财产权与非财产权利分类进行理论的反思，同时也表明我们对人格权内在属性的认识需要进一步深化。

四、人格权是一种支配权

根据权利的作用形式，私权一般可以分为支配权、请求权、形成权和抗辩权。所谓支配权，是指“直接对于权利之标的，得为法律所许范围内之行为之权利也”。[②] 对于人格权为支配权，法学界还存在着争议。德国学者一般不认为人格权是支配权。如卡尔·拉伦茨就认为，人身权根据其实质是一种受尊重的权利，一种人身不可侵犯的权利。人身权不是一种支配权。[③] 而我国学者认为：“人格权之权利人得直接支配其人格利益，并排除他人之干涉，因此属于支配权。”[④]“人格权是自然人依法享有的，以其人格作为客体的专属性支配权。”[⑤]人格权之支配权，是指权利人得对其人格要素为法律所允许而实施行为的权利。由于人格要素涉及种类繁多，各具特点，所以人格权之支配权也表现出明显差异。如主体可以注销或变更自己的姓名，可以授权他人使用肖像，等等。这里所说的人格权为支配权，主要是从事实支配的意义上而言的，也就是说人对自己人格要素事实上的控制、支配始终是存在的。人格权作为支配权，权利主体可得支配的范围如何，可以在何种程度上支配其人格要素？梁慧星先生一方面主张人格权为支配权，但又无法回避地指出，权利人能否处分自己的自

---

① 郑玉波：《民法总则》，中国政法大学出版社 2003 年版，第 66 页。

② 史尚宽：《民法总论》，中国政法大学出版社 2000 年版，第 25 页。

③ 参见［德］卡尔·拉伦茨：《德国民法通论》（上册），王晓晔、邵建东、程建英等译，法律出版社 2003 年版，第 379 页。

④ 梁慧星：《民法总论》，法律出版社 2001 年版，第 127 页。

⑤ 刘心稳主编：《中国民法学研究述评》，中国政法大学出版社 1999 年版，第 111 页。

由、生命则不无疑问。因此，主体可支配的范围和程度仍然需要通过作为人格权客体的人格的根本属性来分析。人格要素首先是人之为人的必备要素，而权利主体是所有法律生活的核心，没有了权利主体，一切法律活动都将丧失其意义。因此，作为人格权的支配权，其支配的范围、支配的程度都必须建立在确保权利主体之完整体面地生活的基础之上。违反这一基础的支配，就不能被视为对人格权之支配权的行使。也正是出于这种考虑，那种导致权利主体死亡的自杀行为以及自残、故意损害自身健康的行为，因有损权利主体完整体面生活的基础，应不为法律所允许、所保护，因此不属于人格权之支配权行使的范围。[1] 可见人格权虽属于支配权，与其同属于支配权的财产权如物权之可以自由处分，是有所不同的。[2]

第三节 人格权法律关系

一、人格权法的概念及其特点

人格权法具有广义和狭义两种。广义的人格权法是指所有调整人格关系的法律规范的总和。狭义的人格权法，是指调整人格关系的民事法律规范的总称，仅指作为民法基本内容之一的人格权制度。它是有关对生命、健康、名誉、肖像、隐私等人格利益加以确认并保护的法律制度。与民法的其他制度相比较，人格权法是一个新型的法律领域，是 20 世纪初特别是第二次世界大战以来形成、发展的一项新型的民事法律制度。随着一百多年的人类社会经济、文化和科技的发展以及法治的进步，人格权法的重要意义日益突显，其类型与具体内容都得到了极大的丰富，在社会生活中的作用十分突出，应当在我国未来的民法典中占有重要的位置。

人格权法主要调整人格关系，它具有如下特点：

第一，人格权法是私法。

人格权法的调整对象不是财产关系，而是平等主体之间的社会关系。因此，人格权法属于私法。随着人格权的日益突出，人格权法逐渐成为私法中最为重要的组成部分。人格权法律关系是私法上的法律关系，但并

---

① 参见马俊驹：《人格和人格权理论讲稿》，法律出版社 2009 年版，第 106—107 页。

② 参见梁慧星：《民法总论》，法律出版社 2001 年版，第 127 页。

不排除公法对人格权法律关系的保护，通过刑法、行政法，甚至通过国际人权公约保护人格权。这一保护机制形成了国家与侵害人格权的违法者之间保护性的公法法律关系。但就人格法本身而言，人格权法还是属于私法，不能因为其保护对象有多种救济渠道而改变其民法规范的性质。因为，在此时，人格权人并没有参加到这一公法性质的法律关系中间，而他只与侵害自身人格权的违法者之间存在具体的私法上的法律关系。在这里，人格权人和侵权违法者之间法律地位平等，他们之间是私法上的法律关系，国家与人格权人和侵权违法者之间是公法上的法律关系。国家介入上述两者的私法关系是为了更好地保护权利人之权利。

第二，人格权法是强行法。

人格权本身是法定的，其类型、内容和效力都必须按照法律的规定，不能通过当事人的约定加以抛弃、转让或者限制。因此，人格权具有浓厚的强制性特点。而且，每项确认人格权的法律规则背后，都对应着一项禁止非法侵害该项权利的禁止性规定。人格权法是强行法表现在两个方面。一是人格权本身具有请求权，任何人侵害了他人的人格权，依照人格权请求权，保护自己的权利，救济人格权的损害。二是对人格权还规定了侵权责任法的保护。任何人侵害他人人格权，权利人产生侵权请求权，有权依照侵权责任法的规定，请求加害人承担侵权责任。

第三，人格权法是实体法。

实体法主要是规定主体的权利和义务的法律，程序法一般是指规定保证权利和义务得以实施的程序的法律。人格权法主要规定当事人的实体权利和义务，划定人与人之间的权利界限，因此，人格权法是实体法，其中也有较少程序性的规定，如法人名称的登记等部分涉及程序问题。

二、人格权法律关系的要素

民事法律关系是整个民法逻辑体系展开与构建的基础。人格权的体系化是建立在人格权法律关系的建构之上的。人格权本质上是一种人与人之间的关系，即对世权的关系。具体而言，人格权的法律关系包括：人格权的主体、人格权的客体和人格权的内容。

（一）人格权的主体

人格权法律关系的主体，即人格权的享有者，是指在人格权法律关系中享受权利、承担义务的主体。人格权的权利人是权利主体，其义务人是权利人之外的一切不特定的人。

1.自然人。从权利角度上说，人格权的主体就是指权利人，传统民法上的人格权主体主要是自然人。自然人是最主要的人格权主体，可以说，人格权从一产生就是保护个人的，人格权是自然人的基本人权。个人因人格权被侵犯所遭受的精神痛苦，法律上设置了精神损害赔偿的救济方式。由于人格权的目的和自然人的性质，个人享有较为完整的人格权，既包括姓名、肖像、名誉、生命健康等各种具体的人格权利，也包括抽象意义上的一般人格权，如人的人格平等、人格尊严和人格自由。随着社会的发展，出现了法人的人格权，如法人的名称权、名誉权等。

2.法人。关于法人的人格权，存在两种不同的观点：

一是否定说。否定说认为，人格权是一个历史概念，其保护的是专属于自然人人格所具有的那些伦理性要素，不能以同等含义适用于团体人格。法人的名称权、名誉权等权利无精神利益，实质上是一种财产权，且不具有专属性，非为任何团体人格存在所必需。①

二是肯定说。肯定说认为，法人享有人格权属于立法技术上的安排，法人的人格权是与法人的存在有本质联系的法人的基本利益，这些利益被作为法人正常发挥社会作用的前提条件而得到保障，从而构成法人的人格权。在这种类型中，最主要的是使法人区别于其他主体的法人名称权。② 保护法人的人格权也有利于加强对自然人人格权的保护，因为宪法要保护人的基本价值，也就要保护各种社会组织，正是在这些社会组织中，人们展示和发展了其人格。③

应当看到，人格权最初是和自然人联系在一起的，所以，在许多国家，判例学说承认的人格权仅限于自然人，但是，随着人格权制度的发展，法人的人格权在一些国家也逐渐得到承认。

《德国民法典》首先承认法人是人格权的主体。后来的《瑞士民法典》也承认法人是人格权的主体。其第53条规定："法人享有除性别、年龄或亲属关系之外的以自然人的本质为要件的一切权利和义务。"根据该条

---

① 参见尹田：《论法人人格权》，《法学研究》2004年第4期。

②③ 参见薛军：《法人人格权的基本理论问题探讨》，《法律科学》2004年第1期。

款，可推出除了依其性质只能由自然人享有的权利，其他人格权法人都可享有。但德、日等国学者在论及法人人格权时，多只承认法人可享有较有限的几种人格权，一般亦指出法人不是伦理意义上的主体，没有应受保护的私生活，没有“一般人格权”。如卡尔·拉伦茨认为：“虽然法人有某些人格权，例如姓名权，以及在其有成员的情况下，由成员联合起来的共同体也有受侮辱的可能，从而共同体的名誉应享有被尊重的权利，但它自身没有人的尊严，同时它不是伦理意义上的主体，从而也没有应受保护的私生活，没有‘一般人格权’。”[①]迪特尔·梅迪库斯认为：“法人具有一个受法律保护的名称（如法人是商事公司，这个姓名就是商号）。在其他方面，虽然法人不享有与自然人同样广泛的一般人格权，但是法人的人格也受到法律保护。”[②]我国《民法通则》对法人人格权问题做了较为全面的规定，明确规定法人享有名称权、名誉权等人格权，还规定了对法人“人格尊严”的保护。

在法人是否享有人格权的问题上，我国有学者认为，承认法人具有人格权，并且予以保护，与对自然人人格诸要素的保护并不矛盾，相反，应该说前者具有一种辅助性的功能。在现代社会，法人在社会生活中发挥着越来越重要的作用。而法人重要的社会作用的发挥，有赖于完成其目的的事业不可或缺的各项应有权利，须得到法律的确认与保护，而“人格权”无疑应当包含于其中。在法律技术上也必须赋予法人以人格权。否则，一方面法人成员寄托于法人的财产利益，可以通过“法人财产权利”的形态得以表彰，而另一方面其寄托于法人的人格价值，却在法人那里无据可凭，从而出现法律保护上的漏洞。因此，法人成员的总括性的人格利益，必须要求法人以自己的名义来承载和请求保护。从人格权特征的角度来讲，法人的人格权与财产权也存在着明显的区别，对于无法通过“财产权”来表述的非营利法人的名誉和名称，法律必须在“人格权”的概念下，对其予以保护。[③] 因而，法人享有人格权，在我国得到了从立法界到理论界的

① [德]卡尔·拉伦茨：《德国民法通论》(上册)，王晓晔、邵建东、程建英等译，法律出版社 2003 年版，第 182 页。

② [德]迪特尔·梅迪库斯：《德国民法总论》，邵建东译，法律出版社 2001 年版，第 822 页。

③ 参见马俊驹：《人格和人格权理论讲稿》，法律出版社 2009 年版，第 148—150 页。

较为广泛的承认。

3. 胎儿。关于胎儿是否享有人格权的问题，涉及胎儿利益保护的制度。从产生特点上看，自然人属于自然规律使之产生的人。自然人是一种始于出生、终于死亡的过程性的存在。我国《民法通则》第 9 条规定："公民从出生时起到死亡时止，具有民事权利能力，依法享有民事权利，承担民事义务。"胎儿，指自然人未出生但在受胎之中的生物体状态。因此，胎儿不属于自然人的范畴，不具有权利能力，不是人格权的主体，似无疑义。但在现实社会中，又确实存在诸多人于出生前遭受不法侵害的情形，而此种侵害又多涉及生命、身体、健康等人格利益范畴。因此，对此胎儿所遭受之不幸应诉诸何种法律加以救济的问题受到重视，其中涉及是否承认胎儿具有权利能力且进而承认其为特定的人格权主体的问题。早在罗马法中，就有对胎儿利益保护的规定，如罗马法规定："关于胎儿的利益，视为已经出生。"[①]罗马法认为，胎儿从现实角度上讲不是人，但由于他是一个潜在的人，人们为保存并维护自出生之时起即归其所有的那些权利，认为权利能力自受孕之时起而不是从出生之时起计算。[②]

近代民法对胎儿利益的保护有列举主义和概括主义两种立法模式：

(1)列举主义。以德、日民法为代表，并无对胎儿利益保护的一般条款，仅在侵权损害赔偿和继承法上具体规定胎儿利益。在德国法上，《德国民法典》第 844 条"因侵害致死时第三人的赔偿请求权"中规定"在受害人被害当时，第三人当时虽为尚未出生的胎儿的，亦发生赔偿义务"。《日本民法典》采德国法体例，不规定权利能力的终期，在第 721 条规定："胎儿，就损害赔偿请求权，视为已出生。"

(2)概括主义。以瑞士民法、我国台湾地区"民法"为代表，在主体制度中概括规定胎儿利益保护问题。《瑞士民法典》第 31 条规定："权利能力自出生开始，死亡终止。""胎儿，只要其出生时尚生存，出生前即具有权利能力的条件。"我国台湾地区"民法典"第 7 条做了概括性的规定："胎儿以将来非死产者为限，关于其个人利益之保护，视为既已出生。"

从以上大陆法系诸国及地区"民法"对于胎儿利益保护的立法可知，

---

① 周枏：《罗马法原论》(上册)，商务印书馆 2001 年版，第 128 页。

② 参见杨立新：《人格权法专论》，高等教育出版社 2005 年版，第 103 页。

条文中多有“视为已出生”的措辞，这是一种法律拟制的规定，并非构成权利能力制度一般规则的突破。在美国，对于自然人的人格权的法律保护，延伸至自然人出生之前。如判例法规定：“每个人都被保护，不受侵权行为之害，包括胎儿在内。”[①]因此，可以说，各国及地区对于胎儿利益的保护多采取预先保护的立场，这是一种对胎儿利益有效的特殊保护，它无须通过赋予胎儿权利能力而肯认胎儿为特定人格权的主体。这一保护模式可为此后我国民事立法所借鉴。因此，胎儿不为法律上的人，不是人格权的主体。

4.死者。人格权始于出生，终于死亡，自然人死亡后理应不再享有人格权。作为法律调整的社会关系，其本质是人与人之间的关系，而非活人与死者之间的关系，死者不可能成为权利主体。但名誉、肖像、姓名等死者生前的人格利益，并不随死者逝去而消亡，亦不发生继承归属新的权利主体，仍有受到后人不法侵害的可能，在此情形下，应如何予以救济？对此学理上有不同的观点：

(1)死者权利保护说。该说认为，自然人死亡后，仍然可以继续享有某些人身权。有学者认为，尽管立法规定自然人权利能力始于出生，终于死亡，但从历史上看，民事权利能力并不总和人的出生、死亡相始终，从外国和我国有关法律看，民事权利能力始于出生、终于死亡的观念已被突破，并有加剧趋势，因此，死者可成为名誉权的主体，应当受到法律保护。[②]

欧洲大陆各国的法律制度就持这种观点。一些较近代的民法典已经将死后人格权的保护问题明确规定于法典中。如《希腊民法典》第57条。希腊学术界对在民法典中保护死后人格权的立法动机做了阐述：“在希腊，一些人生活的目的就在于死后能给子女留下好的名声。这一现象并不少见。法律不能无视这些高尚的思想，它必须保护后人对死者的崇敬之情。”[③]此外，《葡萄牙民法典》第71条，《荷兰新民法典》第6条都做了明

① [美]彼德·哈伊：《美国法概论》，沈宗灵译，北京大学出版社1983年版，第91页。

② 参见郭林等：《试论我国民法对死者名誉权的保护》，《上海法学研究》1991年第6期。

③ [德]克雷斯蒂安·冯·巴尔：《欧洲比较侵权行为法》（下卷），焦美华译，法律出版社2001年版，第149页。

确的规定。在其他的法律制度中，如德国、法国、比利时、奥地利等，死后人格权通常是人格权的一部分。如德国法院的判决就把对人格权的保护扩大到死者。联邦最高法院解释说，人的权利能力消灭后，其人格仍有保护的价值，对死者进行贬低或歪曲性描述，死者的近亲属有权利要求制止或收回对死者的不实之词。这种做法并不是与人的权利能力因死亡而消灭的原则相背离，也不是说与人密切相关的一般人格权可以转让或继承。亲属在这里行使的是自己的权利，授予他们权利既是为了死者的利益，又是为了他们自己的利益。①

我国较早的司法判例也持这种观点。1989 年 4 月 12 日关于陈秀琴为其已故女儿吉文贞名誉受侵害而起诉案件的复函——《关于死亡人的名誉权应受法律保护的函》，指出："吉文贞（艺名荷花女）死亡后，其名誉权应依法保护。其母陈秀琴亦有权向人民法院提起诉讼。"1990 年 10 月 27 日，又颁发了《关于范应莲诉敬永祥等侵害海灯法师名誉权一案有关诉讼程序问题的复函》，其中指出："海灯死亡后，其名誉权应依法保护，作为海灯的养子，范应莲有权向人民法院提起诉讼。"这两个个案解释，都称死者的"名誉权"应当依法保护。

（2）法益保护说。这种观点认为，自然人死亡后，民事权利能力终止，不再享有人身权。但是，死者的某些人身利益（"人身法益"）继续存在，法律应予以保护。② 法律不仅仅保护权利，而且还保护超出权利范围的合法权益，保护死者的法益，这不仅仅是死者自身利益的需要，而且是社会利益的需要。我国 1993 年《最高人民法院关于审理名誉权案件若干问题的解释》第 5 条规定提出，死者名誉受到损害的，其近亲属有权向人民法院起诉。这条规定不再称"死者名誉权"，而是称"死者名誉"，实际上是把死者名誉视为一种合法的利益加以保护。2001 年的《最高人民法院关于确定民事侵权精神损害赔偿责任若干问题的解释》重申了这个原则。该解释第 3 条规定："自然人死亡后，其近亲属因下列侵权行为遭受精神痛苦，向人民法院起诉请求赔偿精神损害的，人民法院应当依法予以受理：（一）

---

① 参见[德]卡尔·拉伦茨：《德国民法通论》（上册），王晓晔、邵建东、程建英等译，法律出版社 2003 年版，第 173 页。

② 参见王利明、杨立新主编：《人格权与新闻侵权》，中国方正出版社 2010 年版，第 383 页。

以侮辱、诽谤、贬损、丑化或者违反社会公共利益、社会公德的其他方式，侵害死者姓名、肖像、名誉、荣誉。……”

(3)近亲属利益保护说。权利作为主体与客体之间的利益关系，只能由生者享有，死者的主体资格消灭，其权利也当然消失。所谓侵害死者的权利，实质是侵害死者近亲属的权利，因为死者的名誉好坏，往往影响到对其近亲属的评价，因此侵害死者名誉可能同时侵害其亲属的名誉。如果侵害，则亲属可以以自己的权利为依据要求承担侵权责任。[①]

笔者认为，法益保护说较为合理，死者不享有人格权。以传统民法学理论对于权利能力与自然人的一般解释，死者不享有人格权应属自明之理。自然人死亡后，受到他人攻击或侵害，自身不存在保护问题。但是，人格权利与人格法益互相联结，统一构成自然人完整的人格利益。自然人人格利益的法律保护，必须是也必然是以人格权利的保护为中心，这是现代人权观念最基本要素的体现。没有这种法律保护，自然人的人格权利不复存在或者会被任意侵犯，自然人就丧失了最基本的人权。如果法律仅仅保护自然人的人格权利，必然会使其先期的人格利益和延续的人格利益成为自然的利益，无法抵御外来的侵害，进而损害人格权利的本身。[②] 但法律始终是将“现世性”作为确定法律上人的标准。如果让死者继续享有民事权利能力，不仅与现行法律规范严重冲突，而且无论在理论上和实践上都会带来一系列现行制度框架内难以消化的问题。有学者指出，如果死者享有民事权利能力，那么就需要对既有的民事主体理论大动干戈，同时也无力解答为何死者可继续享有财产权却要发生继承，死者的民事权利如何行使等问题。[③]

(二)人格权的客体

民事法律关系的客体，是指民事法律关系中权利、义务所共同指向的事物。因而，人格权的客体，也就是人格权民事法律关系中的权利、义务所共同指向的对象。但人格权的客体具体是何事物，学者有不同的主张，

---

① 参见魏振瀛：《侵害名誉权的认定》，《中外法学》1990 年第 1 期；张新宝：《名誉权的法律保护》，中国政法大学出版社 1997 年版，第 36—37 页。

② 参见杨立新：《人格权法专论》，高等教育出版社 2005 年版，第 108—109 页。

③ 参见葛云松：《死者生前人格利益的民法保护》，《比较法研究》2002 年第 4 期。

主要有以下几种观点：

1. 人格利益说。有学者认为人格权以人格利益为客体。人格利益分为一般人格利益和个别人格利益。前者主要指公民的人身自由和人格尊严，后者包括生命、健康、姓名、名誉、隐私、肖像等个别人格利益。人格利益并不是对人的身体的利益，而是人的人身和行为自由、安全以及精神自由等利益。①

2. 主体本身说。有学者认为，人格权是以主体本身为客体的权利。人格权的独特之处在于没有主体本身之外的客体。它所针对的是主体人身的某些方面：姓名、身体、荣誉和名誉、私生活的隐秘、肖像等。② 人格权的内容是自然人或法人对自己人格的支配。人格权的直接客体不是人格或人格要素，而是人身要素中的一般主体要素；其间接客体才是人格，或者说相应的人格要素。③

3. 伦理价值外在化说。有学者认为，人格权法律关系的客体，应当是人格权支配的对象——人的伦理价值。这种客体具有整体性的特征。详而言之，人格权的客体，首先是作为整体的"人的伦理价值"，而生命、健康、身体、自由、尊严、隐私、知情、居住环境等形态，不过是人的伦理价值的具体化，不能囊括人的伦理价值的全部。于是人格权的客体，有"具体客体"和"一般客体"之分。在"具体客体"中，人格权所支配的，是作为"整体"的"生命、健康、身体、自由、尊严、隐私、知情、居住环境"等形态。④ 但只有将人的伦理价值外在化，才能视其为权利的客体，人的伦理价值具有了"外在化"的特性，因而可以被视为权利的客体。将人的伦理价值外在化，视其为权利的客体，建立独立、统一的人格权概念及制度，应是我国民法典的唯一的选择。⑤

主体本身说认为人格权指向主体本身，属身内之物，而非身外之物，

---

① 参见王利明主编：《人格权法新论》，吉林人民出版社 1994 年版，第 11 页。

② 参见[法]雅克·盖斯旦、吉勒·古博：《法国民法总论》，陈鹏、张丽娟、石佳友等译，法律出版社 2004 年版，第 171 页。

③ 参见江平：《民法学》，中国政法大学出版社 2002 年版，第 279—280 页。

④ 参见马俊驹：《人格和人格权理论讲稿》，法律出版社 2009 年版，第 156 页。

⑤ 参见马俊驹、张翔：《人格权的理论基础及其立法体例》，《法学研究》2004 年第 6 期。

这种观点混淆了人格与人格权。以身体为人格权的客体，它只能解释身体权、健康权和生命权客体，却不能涵括名誉权、隐私权等其他人格权的客体，这显然是不正确的。况且，现代社会人格利益未必都是身内之物，越来越多的新兴人格利益，已经远远超越了“人之所以为人”的底线，成为“身外之物”，甚至发生所谓“人格权商品化”的现象，例如肖像、姓名许可他人使用等。

伦理价值外在说在论证人格权概念的独立性和正当性上开创了一条新路，但其存在的问题在于，还是将人格权定位为“主体—客体”的支配关系，而没有着眼于人格权实际上与所有民事权利一样，都是“主体—主体”的关系，所谓客体只不过是法律关系主体之间权利义务围绕的对象。此外，“伦理”性也不是所有人格利益的必然属性，如肖像、声音等标识性人格要素，仅为中性的符号表征，不像生命、名誉那样具备强烈的伦理色彩，而人格权商品化的趋势更是旨在“去伦理化”。

笔者认为，人格利益说具有一定的合理性。所谓利益，并非实体化的存在，而是主体与客体之间特定的价值评价关系。生命、身体、健康、自由、名誉等要素都为主体所需要，是权利人维持其生存和发展所必需，主、客体之间发生积极性的评价，故都为主体之利益。权利本质乃人与人之关系，此种关系的塑造使该种利益能为主体所享有，该利益即为权利之客体。人格权以人格利益为客体，其包括生命健康、人格尊严、人身自由、姓名、肖像、名誉、隐私等人格利益。人格权是人之为人所应有的权利，是以身体和精神活动的安全和完整为客体，且以维护主体的自由、尊严、安全为目的的一切人格利益。但是，人格利益也不是完全都能成为人格权的客体，只有法律保护的人格利益才能成为人格权的客体。因此，人格权的客体为人格利益，而人格利益具有精神价值和财产价值，能够在精神上和经济上满足主体的双重需要。①

(三)人格权的内容

人格权的内容，是指人格权法律关系主体享有的权利和负有的义务。关于权利的内容，有不同的观点。一是认为权利内容是指利益，“权利的

---

① 参见马特、袁雪石:《人格权法教程》，中国人民大学出版社 2007 年版，第 136 页。

内容是指因享有权利而受到保护的利益"。① 二是认为权利内容指权能，"是权利的具体作用样态，是权利的内容"。②

笔者赞同权利的内容为权能的观点。人格权的内容可表述为：人格权的权利主体，根据法律规定，依据自己的意愿，为实现自己的人格利益，为某种或不为某种行为的可能性。具体来说，人格权的权能主要表现如下：一是权利人有权在法律规定的范围内，根据自己的利益为一定行为或不为一定行为；二是权利人有权在法律规定的范围内要求义务人不为一定行为；三是权利人有权在自己的人格权遭到侵害或义务人不履行义务时，请求人民法院予以保护。③

人格权的义务是人格权法律关系中的义务主体为了满足权利主体实现其人格利益和身份利益，而不为一定行为的必要性。人格权为绝对权，权利主体权利的实现不需要义务人积极行为的协助，只要义务人不为一定行为即可，因而人格权法律关系中的义务是不作为义务。学者认为，人格权法律关系中的义务包含三层含义：一是义务人必须根据法律的规定不为一定行为，以实现权利主体的人格利益和身份利益；二是义务人负有义务是在一定范围内不为一定行为，这个范围一般是由法律规定的；三是人格权关系中的义务是一种法定义务，受国家强制力的约束，义务人不履行自己的义务就要承担相应的民事责任。④

第四节　人格权法的立法体例

在近现代民法的发展史上，存在着一个怎样对待人格权立法的问题。由于各国的历史、文化、法治传统、经济发展水平、政治体制及社会形态等的不同，对于人格权的保护各不相同。大致说来，有以下几种立法模式：

一、英美法模式

英美法的特点是法律非法典化，其民法的渊源主要是由大量的法院判例构成的法律汇编。但是，在人格权的立法上，除有大量的判例法为其

---

① 谢怀栻：《论民事权利体系》，《法学研究》1996 年第 2 期。

② 张俊浩：《民法学原理》，中国政法大学出版社 1997 年版，第 75 页。

③④ 参见王利明主编：《人格权法新论》，吉林人民出版社 1994 年版，第 22、20 页。

渊源外，还制定了相当数量的单行成文法，即以判例法为主导，辅之以制定法。在英国，有《1891 年诋毁妇女法》《1952 年毁损名誉法》《1968 年剧院法》等保护人格权的单行成文法。在美国，1965 年的《人权法案》确立了保护人权的基本原则，1974 年《隐私权法》详细规定了隐私权。新型的具体人格权，如知情权、个人情报资料权、形象权、声音权、尊重个人感情权，以及公开权、自我决定权等，也都通过判例加以确认。英美法的基本理念是，法律自然存在，人们制定法律只不过是“发现”法律，尤其是以法官通过审判活动“发现”法律为主。在这种模式下，人格权的法律规范有很多是通过侵权法的面目出现的，对人格利益进行保护也是通过侵权之诉进行的。总之，英美法通过成文法与判例法的有机结合，构成了较为完备的人格权立法。

二、法、德等国的立法模式

法、德等国的立法模式是人格权的立法体现在民法典中，并且基本上是以侵权法的形式被确认在债法部分。

1804 年的《法国民法典》适应自由资本主义发展需要，强调保护私有财产的绝对无限所有权和契约自由，却没有明确确认和保护人格权的规定。《法国民法典》是非常重视人的自身价值的，其第一编规定的就是人法。其对人的关注，为世人所称道，这就是关注人的本身，关注人的地位，因而被称为“人文主义”的民法典。但是，《法国民法典》对人的关注，关注的是人的主体地位和人的身份关系，而对人自身的人格权利并没有给予必要的重视。因此，在《法国民法典》中，尽管规定了人法编，但是，对人格权并没有做出具体规定，仅在第 9 条规定：“所有法国人都享有民事权利。”《法国民法典》没有直接规定人格权制度的原因，在于他们认为自己的支配权不需要经过法律的承认，人格权有许多具体制度加以保护。①

后来在 20 世纪的 70 年代和 90 年代的民法典的修订中，《法国民法典》分别增加了私生活受尊重权和尊重人之身体方面的权利及姓名权制度。1970 年修正案确立了私生活受尊重权。《法国民法典》第 9 条规定：

---

① 参见[日]星野英一：《私法中的人》，王闯译，载梁慧星主编：《为权利而斗争》，中国法制出版社 2000 年，第 356 页。

"任何人均享有其私生活受到尊重的权利。"1993 年的修正案建立了详细的姓名权制度。1994 年的修正案确立了物质性人格权的一般规定。《法国民法典》第 16 条规定:"法律确保人的首要地位,禁止任何侵犯人之尊严的行为,并且保证每一个人自生命一开始即受到尊重。"《法国民法典》第 16—1 条第 1 款、第 2 款规定:"任何人均享有身体受到尊重的权利。""人之身体不得侵犯。"《法国民法典》作为世界上第一部具有世界影响的民法典,尽管由于时代和观念的局限没有在法典中建立人格权制度,但是其修正案和判例却能够在人格权问题上吐故纳新,不断适应现代生活的发展,对各国建立健全的人格权制度具有重大的影响。

《德国民法典》的立法者出于法律安全性的考虑,拒绝在法典中制订普遍适用的人格权一般条款。其理由有三:一,不可能承认一项"对自身的原始权利",否则会导出"自杀权";二,债的产生以财产受侵害为前提;三,人格权的内容与范围无法确定。① 德国历史法学派的代表人物萨维尼拒绝承认一般人格权。他认为,人无法就自己的精神利益享有所有权,并且也无法支配自己的身体和肢体。② 萨维尼的观点占据了 19 世纪欧洲大陆法学理论的主流。此后的民法典都没有规定一般人格权。

《德国民法典》过于重视对财产关系的调整,它通篇都是调整人的财产关系,调整物权、债权、继承权。对于人格权的规定,除了在总则中规定了一个姓名权之外,其他人格权的规定,都是放在债法的侵权行为之债之中,把生命权、身体权、健康权等人格权,作为侵权行为的客体加以规定,确定了对人格权的法律保护,它将人格权法依附于侵权行为法。这种做法体现了立法者对人格权的忽视。德国学者梅迪库斯尖锐地指出,《德国民法典》关于自然人部分规定得过于简单,没有涉及一些重要的人格权。其人法部分是一部未完成的作品,要进行研究,必须考察其他具有人法内容的领域,特别是德国基本法基本权利部分、著作权法和商法。因此,这种立法模式对于人格权的确认和保护都不够充分,有关保护的规定过于笼统和模糊,有待法官在司法实践中去补充和完善。"二战"结束之后,民

---

① 参见[德]霍尔斯特·埃尔曼:《德国民法中的一般人格权制度》,《民商法论丛》2002 年第 2 号(总第 23 卷),第 413 页。

② 参见王利明:《人格权法研究》,中国人民大学出版社 2005 年版,第 143 页。

众对人格权保护呼声很高，要求尊重人格权，保障人格的自由发展。随着国家基本法对人权的重视和对人的尊严的尊重，德国法院依据宪法，在司法实践中通过读者投书案建立了一般人格权制度，此后，德国联邦法院又通过骑士案、人参案、人口普查案等补充了《德国民法典》关于人格权制度的缺陷。基于宪法的修改，《德国民法典》对第823条第1款进行了修改，规定一般人格权受侵权法保护，从而，建立了人格权的保护体系，对人格权的保护才日益完善。可见，德国法一般人格权的确立有赖于宪法对人权保护的加强，保护人格尊严及人格自由发展是一般人格权保护的基石。

三、瑞士法模式

《瑞士民法典》在制定过程中，立法者意识到人格权对于维护民事主体自身利益的重要地位，大胆地打破了以往民法典关于人格权立法的基本做法和民法典体系的立法格局，采用了新的方法，即在民法总则中规定了单独的"人格"一节，把人格权作为最主要的民事权利加以规定，形成了当时最具有特色的人格权的立法例。该法典创设了人格的一般规定和人格保护的专章，"不像其他国家，在总则编只对姓名之保护等略予规定，而是规定于'人格权'一章之内"，"这种革新实为瑞士法律与其他各国法律大不同之点"。[1] 该法典创设了保护人格的一般条款。该法第28条规定："任何人在其人格受到不法侵害时，可诉请排除侵害。""诉请损害赔偿或给付一定数额的抚慰金，只有在本法明确规定的情况下，始得允许。"这一规定，创设了人格保护的一般条款。《瑞士民法典》第一次完整地确立了人格权请求权，其第28条规定："(1)人格受到不法侵害时，为了寻求保护，可以向法官起诉任何加害人。"与其他大陆法系民法典的规定一样，《瑞士民法典》也单独规定了姓名权的请求权。该法第29条第2款规定："因他人冒用姓名而受到侵害的人，可诉请禁止冒用；如冒用有过失的，并可诉请损害赔偿；如就侵害的种类侵害人应当给付一定数额的抚慰金时，亦可提出此项诉请。"同时，在侵权行为法中，又专门规定了对生命、身体、名誉等具体人格权的保护，规定了人格权受到侵害的法律救济方法，从而

① 参见施启杨：《关于侵害人格权时非财产损害赔偿制度的研究修正意见》，台湾《法学丛刊》1976年总第83期。

开创了民法典对人格权保护的新阶段。因而,瑞士法模式的人格权立法在民法史上具有里程碑的性质,标志着现代人格权立法已经进入了完善时期,开启了人格权法在民法体系中具有相对独立地位的进程。

四、加拿大魁北克法模式

1991 年 12 月 18 日通过,1994 年 1 月 1 日生效实施的《加拿大魁北克民法典》,一改世界各国民法典规定人格权法的上述三种模式,采用了新的方法规定人格权。该法首先在第 1 编第 1 题第 3 条,明确规定一般人格权以及对人格权的保护:"任何人均为人格权的享有者,诸如生命权、人身不可侵犯和完整权、姓名、名誉和私生活受尊重权。""上述权利不可转让。"其后,专门规定了某些人格权,设了"部分人格权"一章。该章共分四个部分,第一部分是尊重人格尊严,第二部分是尊重儿童的健康,第三部分是尊重隐私和名誉权,第四部分是死者遗体的保护。此外,还明确规定了对声音的人格权保护。在比较法上,对声音在民法典中进行人格权保护的国家和地区较少。而对"死者遗体的保护"使该法典成为第一个在人格权部分对死者遗体保护做出规定的民法典。该法典将人格权与其他民事权利诸如物权、债权等列在平等的地位上,并且突出了人格权法的重要地位,是人格权法的最佳立法例,代表了当代民法对人格权法的认识。

通观各国民法典立法对人格权法的不同态度,可以发现一个重要的规律,这就是随着历史的发展,民法典对人格权越来越重视,在民法典的体系内部,给予人格权法的地位越来越高,空间越来越大。这是历史发展的必然,是人类对自身价值认识不断提高的结果,也是尊重人权、重视人权保护的结果。①

五、我国《民法通则》规定人格权法的"中国模式"特点及缺陷

我国《民法通则》第五章第四节规定了人身权,名称虽然是人身权,但实际内容是规定人格权,并没有规定身份权,分别规定的是生命健康权、名称权、肖像权、名誉权、荣誉权和婚姻自主权。《民法通则》只是一个通

① 参见杨立新主编:《中国人格权法立法报告》,知识产权出版社 2005 年版,第 3 页。

则性的民法，其第五章实际上是民法分则的缩略版、简编版，是对民法分则的浓缩和简化。如果将《民法通则》第五章予以展开，实际上就是民法分则的全部内容。因此，我国《民法通则》关于人格权的规定，是世界各国人格权立法的最新体例，可以叫作人格权立法的“中国模式”。

这一模式有几个特点：第一，摆脱了依附于人法或依附于侵权法的附属地位。在传统民法中，对于人格权的规定极其简要，并只将其规定在民法的其他部分之中，《民法通则》使人格权立法彻底摆脱对人法和侵权法的依附性，从而改变了传统民法中人格权的附属地位，使其具有了独立的法律地位，表明了中国民法保护人格权的决心，体现了人格权的重要作用。第二，在《民法通则》中，立法者将人格权与物权、债权和知识产权并列，给予其相对独立的地位，具有开创性的意义。这就意味着，在制定民法典的时候，人格权法可以在民法典的分则中具有独立的地位，可以单独作为一编。这在世界各国编制民法典的历史上，还是第一次，开启了民法典编制的新的一页。第三，《民法通则》对人格权的内容的编制也具有重要的意义。一是具体规定人格权，对生命健康权、姓名权、肖像权、名誉权、荣誉权都做了具体规定。二是采用了通行的对人格权保护的精神损害赔偿制度。因此，我国《民法通则》关于人格权的规定，是世界各国人格权立法的最新体例，是具有中国特色的人格权立法，是中国民事立法的一个创举，是对世界民法发展的开创性贡献。

当然，《民法通则》在人格权立法的实践上并非十全十美，还存在许多缺陷。其缺陷在于：一方面，关于具体人格权种类规定不完整，没有规定隐私权、人身自由权、性自主权，特别是没有规定一般人格权，而是将人格尊严这个一般人格权的核心规定在名誉权之中。另一方面，对于人格权的民法保护规定得不够具体，虽然规定了精神损害赔偿这种民事责任方式，但是对于应当怎样运用规定得不是十分明确，关于精神损害赔偿的适用范围，也有很大的局限性。

但是，经过20多年的努力，我国人格权法理论研究有了重大发展。其主要表现是：第一，对于人格权的总体体系已经有了一个完整认识，虽然在个别的人格权的认识上有不同的看法，但是在基本体系和主要权利上，学者意见基本是一致的。除了姓名权、肖像权、名誉权和荣誉权以外，对于人身自由权、隐私权等，学者都有一致的看法；关于声音权、形象权、商品化权、休息权等的研究，都有了新的进展。第二，对于各项人格权的具体研究不断深入。20 世纪 80 年代，对于人格权的研究主要集中在名誉权和隐私权等几种主要的人格权上。90 年代，对人格权的研究向着普遍的方向发展，对每一种人格权都有了较为深入的研究。例如，对人身自由权、性自主权等都有了深入研究。特别是对一般人格权的研究和实践，揭示了一般人格权的广泛内容和巨大功能，扩展了人格权保护的思路和范围。第三，人格权理论的研究成果推动立法和司法的不断发展。例如，在对人格权的延伸保护的研究上，首先是在实践中提出问题；然后，学者在理论上进行深入研究，对民事主体消灭之后所延续的人格利益以及胎儿的前期人格利益法律应当如何进行延伸保护提出了学说；当研究取得重大进展后，最高人民法院吸收理论研究成果，对实际生活中出现的案例不断进行探索，总结和积累了丰富的司法经验，专门制定精神损害赔偿的司法解释，采纳学者的学说见解，确定对侵害死者姓名、肖像、名誉、荣誉和隐私利益，以及侵害死者遗体、遗骨等身体利益的保护规则，使人格权和人格利益的保护更加现实和广泛。又如，在适用精神损害赔偿责任对人格权进行救济上，学者不断进行深入研究，取得了丰富的研究成果，并且在司法实践中取得了丰富的经验，对侵害生命权、健康权和身体权进行抚慰金救济，尤其是对身体权的确认和救济，已经达成了共识，并形成司法救济制度。第四，人格权法研究成果丰富多彩。民法学家对人格权的研究既结合热点问题，又扎扎实实地做好基础性的研究工作。从《民法通则》颁布实施至今，已经发表的人格权研究论文数量颇多，其中很多力作颇有理论深度，解决了立法上、实践上和理论上的重大问题。已经公开出版的人格权法研究专著，都从不同的角度对人格权及人格权的保护进行系统研究，人格权法学的研究取得了重要的研究成果。

六、关于人格权法篇在我国民法典中的地位

考察民法典中的人格权制度，可以了解到，制定于 200 年前的《法国民法典》几乎没有关于人格权的规定；制定于 100 多年前的《德国民法典》也仅在侵权法部分提及了人格权的保护；制定于 90 多年前的《瑞士民法典》在人格权方面的贡献之一无非是提出了一般人格权的概念；由此可知，人格权是一个不断发展的权利群。在研究民法典的体例时，学者提出了制定人格权法的三种思路：

(一)坚持《民法通则》的立场,制定单独的一编“人格权法篇”

这种主张认为,人格权是民事主体的基本权利,与财产权相比,人格权具有同等甚至更高、更重要的地位。《民法通则》在这个问题上,较好地处理了两种权利的关系,给人身权以独立的地位,因而,在民法典中,应当单独编制一编人格权法,以突出人格权的地位和作用。随着社会和人类文明的发展,对人的尊重(相对于追求物质财富)的呼声越来越高,各种新型的人格权不断出现,每一种人格权的内容也得到了进一步的充实。随着商业的发展,甚至还出现了人格权的商业利用(肖像的许可使用和企业名称权的有偿转让),这些都不是用主体制度所能够表达的。为了适应当前人格权法已有的内容体系以及将来的发展,人格权必须独立成编。①

(二)采用《瑞士民法典》的做法,在民法典总则的“民事主体”部分规定民事主体的人格权

这种主张的学者认为,单独规定人格权法编的主张不可取,原因就是以往的民事立法没有先例,同时,人格权的内容不多,单独编制成一编与其他编的内容不协调,使民法典缺乏形式美。另外,单独规定人格权法编,在内容上会与侵权行为法编相重复,不好处理这两部分的关系。因此,主张采用《瑞士民法典》的做法,在民法总则中规定人格权。具体办法就是,在民事主体一章,在自然人一节规定自然人的人格权,在法人一节中规定法人的人格权。

(三)采用《德国民法典》的做法,在侵权行为法中规定人格权

这种主张认为,对人格权的规定,并没有特别的意义,《德国民法典》的做法仍有积极的意义,这就是节省篇幅,避免重复。

关于人格权法是否应当制定,以及人格权法在民法典中的地位,在理论界和实务界一直存在争议。

“人格权独立肯定说”,理由大致有四:第一,人格权独立成编符合民法典体系结构的内在逻辑。并且认为大陆法系民法典不存在独立的人格

① 罗昆:《人文主义与民法典中人格权法的立法体例》,载王利明主编:《民法典·人格权法重大疑难问题研究》,中国法制出版社 2007 年版,第 148—149 页。

权编，本身是有缺陷的。第二，由于民法调整的对象是平等主体的财产关系和人身关系，人格权自然也应独立成编。第三，人格权独立成编是我国民事立法宝贵经验的总结，认为《民法通则》所制定的体系由于其规定了人格权而具有其他国家民法典难以比拟的立法成果。第四，人格权的独立成编体现了民法典的人文关怀，体现了“重视人、关怀人”的民事立法思想。因而，有些民法学者认为人格权独立成编体现了创新的勇气和魄力。

“人格权独立否定说”，理由主要有四：人格是自然人作为民事主体资格的题中应有之义，而人格与人格权相始终，不可须臾分离，故人格应当规定在主体制度中。第二，人格权与其他民事权利的区别在于人格权是存在于主体自身的权利，不是存在于人与人之间关系上的权利，属于债权关系。第三，人格权是自然权利，因而不能由法律规定。第四，人格权本质上是宪法权利，而非私法权利，在民法上确认反而会降低人格权的地位。

关于人格权是否应独立成编的争论，主要是在梁慧星先生与王利明先生之间展开。

梁慧星先生认为，人格权不设专编，将《民法通则》第五章第四节关于人格权的规定纳入民法总则自然人一章。其认为人格权是自然人作为民事主体资格的题中应有之义，人格及人格权均与自然人本身不可分离，且民法典的进步性应主要在于通过内容表达对人格权的尊重和保护，而不在于是否单独成编。

王利明先生则主张人格权应独立成编，认为人格权是与财产权同等重要的民事权利，也应在民法典中单独规定。人格权固然与人格有密切联系，但人格与人格权终究是截然不同的概念。传统民法过分注重财产权制度，未将人格权作为一项独立的制度，甚至对人格权规定得极为简略，这本身反映了传统民法存在着不合理现象。人身权与财产权构成民法中的两类基本权利，规范这两类权利的制度构成民法的两大支柱。将人格权确认为一项独立的权利，既继受了原有的权利体系，又是对这一体系的适当发展。此外，人格权的规定不能完全委之于侵权法，因为侵权法只能起到保障的作用，而不能起到确认权利的作用。而且随着社会经济的发展和社会的进步，也需要通过建立人格权法制度来形成一种开放的体系，不断扩大人格权保障的范围。尤其应当看到，人格权独立成编是我国民事立法宝贵经验的总结。《民法通则》将人身权与物权、债权、知识产权并列地做出规定,这在各国民事立法中也是前所未有的,这种体系本身意味着我国民事立法已将人格权制度与其他法律制度相并列,从而为人格权法在民法典中的独立地位提供了足够的立法根据。《民法通则》所确立的体系,是其他国家的民法典难以比拟的立法成果,是已经被实践证明的先进的立法经验,也是为民法学者所普遍认可的科学体系。[①] 人格权法独立成编是实现民法的目的,是贯彻民法的基本原则的要求。人格权法的独立成编,不仅不会破坏民法内在价值的和谐性,相反,还有助于实现民法的基本目标。"人民的福祉是最高的法律。"任何社会和国家都应当以保护和实现人的发展为目标。[②] 在我国,全面建设小康社会不仅要满足人民的物质需求,更要关心人们的精神生活。人格权制度的内容体系以及价值有助于满足人们精神上的需求。维护人格尊严是民法平等原则的体现。平等意味着每个人都受到无差别的对待。无论是什么人,都有其独立和不容抹杀的人格,尊重每个人的人格是现代社会得以存续的基础。当前,我国社会生活中还存在不少随意搜索和公开犯罪嫌疑人身份、照片等信息的行为,这意味着我国广大公众对人格尊严的认识尚有不足,而法律提供的保护有欠缺。这更有必要将人格权法独立成编,从而提升对人格尊严价值的认识,强化对人格尊严的保护。[③]

笔者赞同人格权独立成编。在现代化的进程中,以人为本的思想得到不断的重视与升华,人们在创造巨大财富的同时也在践行着康德"以人为目的"的哲学,人的尊严、自由被上升到了前所未有的高度,在价值伦理上,人格权高于财产权,相较于财产法,人的权利和法益应该摆在更为重要的位置。人格权制度在此背景下,独立成编是最好的选择。而人格权是一个开放的体系,各种新型的人格权不断出现,每一种人格权的内容也得到了进一步的充实,还出现了人格权的商业利用,如姓名、肖像的许可

---

① 参见王利明:《论人格权的新发展》,载王利明主编:《民法典·人格权法重大疑难问题研究》,中国法制出版社 2007 年版,第 55 页。

② 参见王家福、刘海年、李林主编:《人权与 21 世纪》,中国法制出版社 2000 年版,第 6—7 页。

③ 参见王利明:《人格权法中的人格尊严价值及其实现》,《清华法学》2013 年第 5 期。

使用,企业名称权的有偿转让,这些都不是主体制度所能够涵盖的。为了适应当前人格权法已有的内容体系以及将来的发展,人格权必须独立成编。

第五节　现代民法中人格权制度的发展趋势

一、人格权在民事权利体系中的突显

在传统民事权利体系中,不存在与财产权等量齐观的独立的人格权,民事权利仍然以财产权为核心,整个民法基本上是基于对财产权的保护而构建的自身的体系。但是,随着社会经济的发展和对人格保护的逐步重视,人们越来越重视精神权利的价值,重视个人感情和感受对于人存在的价值,重视精神痛苦对人格利益的损害。康德曾说,人是目的,不是手段。以人格价值为客体的人格权本身就包含着对人性的尊重。每一个人一出生就被赋予人格和权利能力,法律对个人的自由意志予以尊重。即使由于现代社会经济上的强者对弱者的支配产生了对人性的威胁,具体的人格及人格权对特殊群体的保护又对人性的尊重起到一定的作用,现代民法也因此获得新的生命力。因此,在现代化的进程中,以人为本的思想得到不断的重视与升华,人们在创造巨大财富的同时也在践行着康德"以人为目的"的哲学,人的尊严、自由被上升到了前所未有的高度。在价值伦理上,人格权高于财产权,相较于财产法,人的权利和法益应当摆在更为重要的位置。因而,在当代民法中,人格权的地位已经越来越突显,形成了与财产权相对立的权利体系和制度。甚至在现代民法中,人格权与财产权相比较,可以说更重视对人格权的保护,当对人格权的保护与财产权的保护发生冲突时,现代侵权法倾向于对人格权的保护。

美国有一个非常著名的案例,原告是一个无家可归的流浪汉,他有一天到被告的一个长期没有使用的房子里,想找点水喝。当他把这门推开以后,正好被告那天在房子里面收拾东西,被告是房子的所有人,当他看到原告闯进房子里后,在没有提出任何警告的情况下就对原告开了枪,当场就把原告的双腿打断了,后来原告向法院提起,针对其所受到的一切人身伤害、财产损失要求被告赔偿,而被告拒绝做出任何赔偿。这个案子在法学界引起了热烈的讨论,并产生了两种不同的观点。

一种观点认为，按照早期英美法的法律原则，即私人的物业是神圣不可侵犯的，所谓“私人的物业是风可以进，雨可以进，但是国王不可进，否则就构成非法闯入”。因此，任何人在没有经过他人的许可而闯入他人的物业时，所有权人有权采取一切措施，包括开枪赶走任何闯入者，从而保护自己的物业不受侵害。

另一种观点则相反，认为尽管原告构成了非法闯入，但原告的闯入并没有对被告的人身安全造成任何危险，而被告在没有对原告做出任何警告的时候，在他的人身安全没有任何威胁的情况下就开枪打伤原告，实际上这是用侵害对方的生命安全来保护自己的财产权，如果是这样，被告就有明显的过错，除非是其生命遭受到威胁时，你才可以侵害对方的人身来保护自己的人身安全。法官指出：当个人的物业与他人的人身保护发生冲突的时候，应优先保护个人的人身，因为人类的生命和肢体的价值不仅仅是属于个人，而且属于整个社会，所以，他的价值大大高于土地占有人的利益。这个案件完全反映了现代侵权法的价值取向，也就是优先保护人身权的倾向。

二、人格权的主体、内涵和内容不断扩张

(一)人格权主体的扩张

人格权主体从部分人扩大到全体人，从自然人扩大到包括法人在内的一般“人”。从人们对人格权的一般理解而言，古罗马只有自由民才具有权利能力，并且因身份的差异而享有不同的人格权。至近代基于“天赋人权”的哲学，人格权抽象地被赋予自然人。对人格权伦理性从固守到分离的转变，导致法人也由最初不作为权利主体、不享有人格权利，到法人拥有财产权，而没有明确规定法人有人格权再到法人享有人格权。1907年《瑞士民法典》最先确立了法人的人格权。传统民法认为自然人的权利能力始于出生，终于死亡，公民的死亡意味着生前所享有的民事权利归于消灭，死者不可能享有任何法律意义上的权利。权利能力与人格都是解决人在法律上的资格，而人格又决定人格权，故可得出，自然人出生前(胎儿期)及自然人死亡后不得享有人格权。然而现实中无论是胎儿还是死者，都有其人格要素受侵害的情况。许多国家开始重视对胎儿身体和健康利益的保护。日本民法规定：“关于胎儿的赔偿损失的请求权，可以看

作已出生的婴儿一样。”美国法院则在著名的辛德尔案中确认未出生的胎儿在遭到“人身伤害”时，可视其为“人”，而为补救的目的在其出生后就其出生前所遭受的损害提起诉讼。至于死者是否有人格权，争议则更大。一派学者主张，自然人的全部权利能力因死亡而绝对地消灭，民法绝不承认人死后还有任何权利，认为死者不可能再参与任何民事法律关系，否认死者具有人格权；一派学者主张民事权利能力的概念在不同的历史时期应有不同的理解，其观念是发展的，并非与生物意义上的人格相始终，肯定死者具有人格权；一派学者则从现实出发，但又不改变传统民法的权利能力理论，提出“死者生前利益保护说”，认为法律保护以其具备权利能力为前提，但并不是说权利能力消灭后对利益的保护丧失意义，以此间接肯定死者的人格价值保护。如若法律承认胎儿和死者的人格价值和利益，那么法人在其设立过程中及其终止后是否也存在类似价值因素受到保护的情况呢？法人在其终止后是否也存在名誉权？随着科学技术的发展，出现了所谓的边缘主体和特殊情况，如试管中的受精、冷冻人、植物人、克隆人，等等。关于他们是否具有人格权的探讨难度较大，但又是民法必须面对的。

（二）人格权内涵的扩张

人格权在内涵上将由具体人格权转向具体人格权和一般人格权并行。在人格权制度的发展上，一般认为，经历了一个由具体人格权向一般人格权发展的过程，而一般人格权的产生和发展，标志着人格权制度的日趋完善。从学理上分析，所谓具体人格权，是指由法律具体列举的由自然人和法人享有的各项人格权；一般人格权是法律采用高度概括的方式而赋予自然人和法人享有的具体权利集合性特点的人格权。一般人格权在立法上还没有正式出现，但 1907 年公布的《瑞士民法典》对人格权的一般条款做了规定。第二次世界大战后德国法院提出了“一般人格权”的概念。时至今日，在学术界普遍承认一般人格权为完善具体人格权的立法提供了切实可靠的依据，即一般人格权能够解释具体人格权，能够产生具体人格权，能够补充具体人格权。

（三）人格权内容的扩张

人格权内容的扩张主要是指具体人格权的种类增加。在文明社会的初期,人只享有生命权、健康权,大约在公元前数世纪,才出现名誉权、贞操权。至罗马法时期,自由权的概念才正式出现。近代立法确立了姓名权、肖像权,直至现代,才出现一般人格权、隐私权、信用权等,使人格权趋于完整。这反映出人们对自身认识的发展及对法律人格权的保护的完善。尤其是隐私权,自从 1890 年沃伦和布兰代斯提出应当尽快确认隐私权制度,一百多年来,隐私权的内涵和外延不断扩张,从最初保护私人生活秘密扩张到对个人信息资料、通信、个人私人空间甚至虚拟空间以及私人活动等许多领域的保护,不仅仅在私人支配的领域存在,甚至在公共场所、工作地点、办公场所都存在私人隐私。现代科学技术的发展,如网络的发展对隐私的侵犯,基因技术的发展对人的尊严的妨碍,都提出了大量的新课题。正因为人的隐私遭受到比以往任何时期都严重的威胁,所以对隐私的保护显得更为迫切和重要。

还有一些人格权,如知情权、贞操权、声音权、生活安宁权等还没有在各国法律实践中被普遍承认,但值得研究。此外,性骚扰,性别歧视,基于医院的过失而导致的错误怀孕、错误出生也可构成对人格价值的侵害,将来由于社会生活的需要,可能会上升为具体的人格权。民法上的人格权或人格利益有一些是来源于宪法上的人的权利,如安宁权、反对性骚扰和性别歧视;反过来,民法上人格权的发展又可促进人们在宪法上的权利。

值得探讨的是,贞操权是否为独立的人格权。从世界范围来看,贞操权都是死去或正在死去的"权利",这主要是顺应男女两性实质平等要求而造成的。当代欧洲各国无论是立法还是司法都不再将贞操权作为一种独立的人格权加以保护。例如,《奥地利民法典》虽然确认了贞操权,但已经被宣布违宪,因为这一规定与宪法中男女平等的规定完全不符。而《德国民法典》中原有关于贞操权的规定也在 2002 年被"性自由决定权"的规定所取代。

我国有学者认为,人格权法应当规定"自然人的声音标识受法律保护",未经同意,不得私自录制他人的声音,禁止歪曲、模仿、剪接他人的声音。人格权法应当规定"自然人享有形象权",对于个人除了以面部为主体的肖像以外有其他身体形象,自然人享有权利,禁止他人非法侵害。①

① 参见杨立新:《人格权法》,法律出版社 2011 年版,第 27 页。

还有学者认为，科学技术的发展形成个人信息控制权，增加了个人隐私权保护的必要性；受教育权具有宪法公民基本权利和民事人格权的双重属性；知情权也有公法和私法的两种属性，并且私法上的知情权已从经济意义上的权利升华为人格权。我国应将上述权利在民法中规定为人格权。①

三、网络环境下的人格权保护日益重要

互联网深刻地改变了人类社会的生活方式，给人类的交往和信息获取、传播带来了巨大的方便。网络突破了地域、国家的限制，具有无纸化、交互性的特点。网络作为20世纪最伟大的发明之一，对既有的法律制度提出了前所未有的挑战，尤其是网络侵犯人格权的现象越来越普遍，其所造成的后果也越来越严重。一方面，计算机联网和信息的共享，使得对个人信息的收集、储存、公开变得更为容易，因此网络技术的发展对隐私权等人格权的侵害变得更为容易，损害后果也更为严重。另一方面，随着计算机网络的广泛应用，网上侵权日益增多，而且由于网络的特点，侵权事实的认定也较为困难，有时甚至很难认定侵权主体和权利主体。在一定的程度上连侵权后果都难以确定。因此，互联网对人格权的保护提出了新的课题和挑战，需要司法和立法予以应对。互联网的发展使我们进入了一个全新的信息时代，博客、微博的发展使信息传播进入了一个全新的时代。据统计，我国目前已有5亿网民、4000万个博客，在一些博客中确实存在着披露隐私、毁损名誉等内容。"人肉搜索"的司空见惯，使得每一个角落都被置于公众视野之中。基因、生物技术的发展以及试管婴儿等科技对生命、身体、健康等人格权提出了新的挑战，民事权利尤其是人格权受到侵害的可能性不断增大，后果也较以往严重。可以说，在高科技给人类的发展带来巨大便利的同时，也对民事权利特别是人格权的保护带来了巨大的挑战。如何有效保护人格权益，是当代法律制度面临的新问题。人格权是现代社会最容易受到侵害的权利。随着高科技的发展，如针孔摄像机、微型录音设备、微型窃听器、高倍望远镜、卫星定位技术等的出现，过去科幻小说中所言的在苍蝇上捆绑录音、录像技术的设备在今天已成为现实。个人隐私无处遁形，并且正受到前所未有的威胁。为了公

① 参见刘士国：《新生人格权问题研究》，《法学论坛》2011年第6期。

共安全和公共利益,需要在公共道路、公共空间等地方设置监视、监控设备,由此也带来了如何区分个人隐私与公权力之间界限的难题。

在网络环境下,人格权概念本身并没有发生变化,但网络的特殊性使得人格权的权能、侵害的方式以及责任形式等发生了一定的变化,这主要表现在:第一,人格权主体具有一定的虚拟性。在现实生活中,人格权都是由特定的主体所享有,主体具有确定性。但在网络环境下,由于网络的虚拟性,网络上进行通信尤其是多媒体通信,具有几乎是即时的、面对面的特点,交流的双方虽然像在现实环境中进行信息交流一样,而实际上交流的双方可能相隔很远,甚至在不同的国家和地区。网络的虚拟性,使得网络环境下人格权的主体也具有一定的虚拟性,表现在网名和真实的个人不完全对应。第二,人格权的客体具有特殊性。在网络环境下,人格权的客体与现实生活中的人格权不完全相同。例如个人姓名、职务在现实生活中并不是隐私,但是在网络环境下则可能成为一种重要的隐私,披露者将承担相应的侵权责任。网络环境下,对个人的肖像可以进行技术加工,将某人的头像与他人的身体嫁接,或者将某人的肖像与他人的声音连接起来,这就使得网络环境下个人的肖像利益也具有其独特的特点。第三,人格权侵权的特殊性。人格权网络侵权行为是在一个虚拟的空间中完成的,但又造成实在的损害。网络空间尽管是虚拟的,但通过网络的一举一动折射出来的人的行为,却是实实在在的。由于人们使用非真实姓名或匿名上网,又导致了行为的隐秘性或难以确定性。比如,某人坐在家里,就可以以匿名的形式发布侵害他人名誉的信息。第四,损害后果的严重性与不确定性。损害后果的严重性表现在:网络的全球性突破了地域的限制,使得网上信息的传播范围极为广泛,网络的交互性和实时性使得网上信息的传播速度极为快捷,这些都会导致严重的损害后果。损害后果的不确定性,主要是指难以判断传播的范围及给予确定访问侵权信息的人数。就损害赔偿而言,也因为隐私及诽谤言词的传播范围难以把握,所以,准确判断传播范围和损害程度是很困难的。在一些情况下,网络发生人格权侵权以后,是不可能恢复原状的,只能请求损害赔偿。例如,某网页浏览者接触到了关于某人的不真实的诽谤信息,很可能对其形成负面评价,即使网站后来删除该不真实信息,或者发布更正信息,原浏览者可能因未再浏览该网页,而无法更正以前对受害人形成的负面评价。

四、人格权由绝对的非财产权向具有一定的财产性转化

权利就其本质而言是一种利益，但是传统的人格权制度着重强调的是与主体联系密切的非财产性利益，旨在维护主体作为人的存在，如公民的人身自由、公民的生理活动能力的安全、主体人身专有标识的安全（姓名、肖像等）、公民的个人生活秘密等。随着社会的发展变化，特别是商业活动向人们生活的各个领域的逐渐渗透，一些传统的人格权客体也开始带有经济色彩，并成为商业活动的重要因素，人格权由绝对的非财产权向具有一定的财产性转化。王泽鉴先生指出，传统人格权与财产权是相对的权利，人格权不得让与、不得继承，但是现代社会的发展日益突破该原则。这种转化在大陆法系称为人格权的商品化利用或者是人格的商业化利用，代表国家为德国、法国等。在英美法系，这种法律现象一般被概括为形象权或公开权。从权利分类的角度看，财产权与人格权是有明显区别的。财产权是一种具有经济价值而可与主体分离的权利；人格权体现的是人的伦理价值，通常无法进行商业化的运作，而且是不可与主体分离的权利。“人格权作为‘人之作为人所应有’的权利，其本身并不是财产权，更不是从属于财产权的权利，……人格权是非财产性权利，它并不以一定的财产利益为内容。”①而法国的两位学者奥布里和罗阐述了广义的财产理论，认为广义财产除了包括经济价值的权利之外，还包括人格权利。该理论将抽象的整体性财产与人格合为一体，揭示了人格与财产的统一性，将个人拥有的抽象意义上的全部财产视为其人格自有之物。② 的确，财产权与人格权的界限并不是绝对清晰的。一方面，人开始对自身的部分人格价值进行支配，犹如他们当初支配财产那样。另一方面，未经本人同意而支配他人人格要素的现象也出现了，从法律上看，这种现象与未经主人同意而对于其物的擅自使用具有相当的同质性。这样，传统民法中人格价值与财产的鲜明对立开始模糊，人像拥有财产那样拥有人格价值，已经不再是不可想象的事情。某些财产权则具有与主体不可分离的

---

① 王利明、杨立新、姚辉：《人格权法》，法律出版社 1997 年版，第 12—13 页。

② 参见尹田：《无财产即无人格——法国民法上广义财产理论的现代启示》，《法学家》2004 年第 2 期。

人身性，如赡养费、抚养费；某些人格中包含有伦理要素和财产要素，自然人的血液、乳汁等衍生物以及身体器官均可以具有交换价值，姓名、肖像等标表型人格可以转化为商业利益并在市场中实现价值，正因为如此，形成了人格权商业化、商品化的现象。这种人格权商品化的客观现实，我们必须承认人格权的财产性，人格利益已经包括精神利益和财产利益。

美国经历了一个由否定人格要素财产性到肯定人格要素财产性的过程，现在美国的公开权模式已经焕发出勃勃生机。传统的大陆法系在这个问题上总体上还保持保守的态度，其原因在于如果承认人格要素可以商品化，那么自康德以来建立的人格—财产的二元对立假设就会在很大程度上被颠覆，而这一假设是整个大陆法系建立的基础之一。法国法关于著作权“二元论”的观点可以用来解决人格权商品化及相应的体系协调问题。商品化的人格权，是指在市场经济社会，人格权与财产权结合在一起，形成一种商业化的利益。在现代社会中，似乎什么东西都可以打上商品的烙印，没有什么东西可以躲开，商业化浪潮的冲击，即使是人格权也概莫能外，有很大一部分人格权保护的客体因而已经成为经济活动的客体。除了生命、健康、自由等权利外，其他人格权都可以商品化。例如，名称可以注册为商标，也可以成为商号。在市场经济社会中，自然人尤其是名人的姓名、肖像等人格标志具有特殊的影响力，具有较大的商业价值和感召力。如“袁隆平”三个字的价值估计达到1200亿元人民币[①]。当将名人的形象、姓名用作广告时，对于产品的促销能够产生巨大的推动作用。因此，人格权的商品化现象越来越受到大陆法系国家的重视。随着社会的发展变化，部分人格权已经逐渐成为商业活动中的重要客体。人格权的商业利用对传统的人格权制度与理论造成了冲击。

① 参见《袁隆平：我有个增产粮食“中国梦”》，《长沙晚报》2014年1月12日。

第二章 人格商业化利用概述

第一节 人格商业化利用界定及其主体

一、人格商业化利用的界定

高度商业化的现代社会,在利益的驱动下,商业的触角伸向各个角落。自然人尤其是名人的姓名、肖像等人格要素因其具有较高的知名度,在商业广告和商业宣传中得到越来越多的重视和使用,据估值,"袁隆平"三个字价值1200亿元。姓名、肖像等人格要素商业利用的形式多样,例如,将名人的肖像(有时还有签名)附在广告宣传画或产品包装上,让名人充当产品或服务的形象代言人,使用名人的姓名作为企业名称或产品名称,等等。

大众消费时代的到来,经济市场化的形成,民事主体人格的独立性相对减弱,对姓名、肖像、声音等自然人的人格要素的商业利用,成为一些大众传媒或者商家借以生财的手段,也是现代社会中越来越普遍的经济现象,这就是通常意义上所说的人格商业化利用。人格商业化利用是指以商业使用为目的,对民事主体的人格要素进行使用,但并非民事主体的所有人格要素均可进行商业化利用。自然人物质性要素的人格,如生命、身体、健康等,这些人格是不可以进行商业化利用的。我国《刑法》有一章专门规定了侵犯人身权利罪,其中的故意杀人罪、故意伤害罪等是对身体权的侵害的救济,足以看出对自然人的物质性要素的人格进行商业利用的触犯刑事法律的行为,需要承担相应的刑事责任。自然人精神性人格中的名誉、荣誉以及法人的名誉、荣誉等附随自然人、法人而存在,具有相应的人身属性,根据民法具有人身属性的权利不可以转让的规定,这部分的人格亦是不可以进行商业化利用的,且《刑法》中的侮辱罪、诽谤罪等罪名是对名誉权侵害的救济方式。

可以看出,人格的商业化利用是指在市场经济的大环境下,基于商业目的将自然人的姓名、肖像、声音,法人的名称、商业形象等标表型人格要素用于商业,可以是自然人自己使用,也可以是许可他人使用。之所以被商业化利用,是因为这些人格权中标表型的人格要素具有一定的社会影响力、知名度和感召力,能够吸引消费者的眼球,商人可以从中获取更多的经济利益。商业化利用首先是以营利为目的的,也就是说对人格进行商业化利用的动机以及之后的经营方式及手段,均以追求利益为目的。[①]这些可以进行商业利用的人格具有一定的财产价值,这些财产价值可以脱离权利主体的人格要素,具有独立的利用可能性以及利用价值,因此它们就有极大的可能性被商业化利用,人格商业化的利用也不会改变人格要素专属性的特征,这并不等同于人格的转让,人格权的享有者仍然是权利主体。人格商业化利用的主体并不一定是商人,但是其做出该种行为的目的是获取一定的经济利益。

二、人格商业化利用的主体

在我国民法体系中,民事主体包括自然人、法人以及其他组织,具体到人格商业化利用的主体上同样包括自然人、法人以及其他组织,鉴于其他组织的人格商业化利用与法人人格商业化利用无差异,所以论述中不再单列。人格商业化利用的主体是指依法对自己或他人的人格标识进行商业利用的人。明确这一点有其重要意义:一方面,明确人格商业化利用的主体是进行人格标识利用的前提,只有依法享有人格权的人才能转让或许可他人行使其人格标识;另一方面,人格商业化利用的主体的确定是解决人格商业化利用纠纷的基础。

(一)自然人

由于人格商业化利用是以人格要素的特点及对消费者的潜在吸引力为基础,因此,其主体主要以影视、体育明星等具有相当社会和公众知名度的名人为主。有学者认为,人格权商品化的主体必须具有一定的知名度和影响力,名人越有名,认出他的人越多,也就越具有宣传产品的显著

① 参见伍再阳:《商法原理》,中国政法大学出版社 1993 年版,第 39 页。

性。那些最受大众喜欢的名人的身份，不仅对广告宣传者具有最大的吸引力，而且也最容易引起大众的注意，甚至不必借助于姓名、肖像或声音等明显的手段。人物的名气越大，转化为财产利益的可能性就越大，越有可能为他人“搭便车”，法律的保护也就愈加必要。非知名人物的商业开发价值很低，难以起到符号的甄别和显示作用，为商家带来直接的经济利益，受到侵害的概率也小。所以，人格权商品化的主体仅为名人，即知名人物或公众人物。① 国内许多学者持此观点。

笔者认为，在“草根时代”，人格商业化利用的主体并不限于名人，一般人的人格要素也有商业利用的潜在价值，他们也有权使用自己的姓名、肖像等人格要素，并获得一定的经济利益。因此，人格商业化利用的权利主体应当具有一定的普遍性，不能如身份权一样只有部分特殊群体所享有。这一点美国学者 Nimmer 早在其《公开权》一文中进行了论证，他主张公开权的主体不应限定于那些有特定名望、地位的人或利用他们人格的人，认为要在名人和非名人之间划出一条清晰的界限就是不可能的事情，知名度的大小只影响原告在公开权侵权之诉中可以获得的损害赔偿数额的多少。② 每个自然人都有权发展自己的人格和决定如何把自己的人格或把自己人格的哪一个方面向世人展示、公开。③ 这种人的自主原则适用于所有的人，而不是仅仅适用于某些公众人物或其他名人。在美国的司法判例中也持这种观点。在“Fairfield ”和“Munden”两个案件中，原告都默默无闻，他们的肖像也不具有明显的商业价值，但法院所持观点是，在不知名的个人肖像中也存在商业价值，实际上凡是值得别人争抢的东西就值得法院保护。④ 美国多数的观点认为，不论名人、非名人，其人格都具有可以被利用的商业价值。被告既然商业性地利用了原告的人格，

---

① 参见薛虹：《名人的“商标权”——公开形象权》，《中华商标》1996 年第 3 期。

② Melville B. Nimmer. The right of publicity, 19 Law and Contemporary Problem, 1954(217), 2031.

③ 参见程合红：《商事人格权论——人格权的经济利益内涵及其实现与保护》，中国人民大学出版社 2002 年版，第 61 页。

④ 参见［澳］胡·贝弗利-史密斯：《人格的商业利用》，李志刚、缪因知译，北京大学出版社 2007 年版，第 178 页。

就说明原告的人格具有值得利用的商业价值。[①] 即便可以根据其出名的程度区分名人，但普通人的人格标识也具有商业价值。“正如每个人都享有隐私权一样，每个人也天生享有人格标识的商业利用权。在这方面，名人与非名人并没有本质的区别。”[②]

从权利的属性来说，人格商业化利用所指的仅是具体人格权（如姓名权、肖像权）的某些具有商业价值的权能，是一种对具体人格要素做商业利用的可能性而非必然性。这种可能性能否具有实际上促进商品销售、实现利用者经济利益的效果，并不能从主体推导出来。自然人的人格权权能是否可以进行商业利用，并在行使权利的过程实际上给权利主体或他人带来经济上的直接利益，最终是由自然人所具有的对顾客的吸引力，特别是一种正面的吸引力所决定的。即使是名人，如果其社会评价极其低下，而导致公众的反感和厌恶，将其姓名或肖像运用到推销商品上，也不一定促进商品的销售。反之，即使主体并非名人，而其形象或声音，以及传统标表型人格要素确实具备市场中的顾客吸引力，则仍不妨碍其可以对自己的某些人格权权能进行商业化利用，并享受商业化利用带来的经济利益。

在“互联网＋”时代，电子商务蓬勃发展，这一现象在今天变得愈加普遍，如在大型销售网站或平台上，往往会有各种不知名，但形象或气质符合商品特征的模特为自己的商品进行推销，以自己对服饰鞋包的流行搭配照片吸引顾客，继而成为知名的“网红”。该种行为就是在利用肖像权以商品广告、推销等方式进行商业化利用。而在权利行使的过程中，这些权利主体公众知晓度较低，毋宁说是在行使人格的商业化利用使权利主体成了“网红”。因此，人格权的商品化权的主体是所有因其特殊性继而对顾客具有市场吸引力的自然人，而并不仅限于名人。

（二）法人

在我国民法体系中，民事主体包括自然人、法人以及其他组织，具体到人格商业化利用的主体上同样包括自然人、法人以及其他组织，鉴于其

---

① 参见程合红：《商事人格权论——人格权的经济利益内涵及其实现与保护》，中国人民大学出版社 2002 年版，第 223 页。

② 李明德：《美国知识产权法》，法律出版社 2003 年版，第 402 页。

他组织的人格商业化利用与法人人格商业化利用无差异，所以全书论述中不再单列。根据前述，我国立法界和理论界普遍承认法人享有人格权。关于法人人格权的利益内涵，存在两种趋向极端的观点，一种观点认为，法人人格权只具有经济利益的内涵，不具有人格利益的内涵；另一种观点认为，法人的非财产属性的人格利益就是指精神利益，也存在精神损害的赔偿问题。这两种观点都失之偏颇。其一，不同种类的法人人格及人格利益是有差异的。不同类型的法人，其人格权利的内涵并不一样。企业法人的名称权，具有丰富的经济利益内涵，是可以转让的。而机关法人的名称权是不能转让的，不能进行商业利用，不包含为法律所承认的经济利益内涵。至于一般事业单位和社会团体法人的名称权可以如同一般自然人姓名权那样进行利用，也具有经济利益内涵。其二，法人的人格利益并非等同于精神利益。法人因其不具有自然人的思维活动和心理状态，不像自然人那样具有精神活动，它的人格利益不具有自然人那样的精神利益，它除了体现为经济利益之外，还包括非经济利益，如诚信、守法的道德伦理方面的人格利益。可见，对于法人专属性要素的认定和保护主要是针对法人的名称、名誉等与法人密切相关的要素。法人的“人格要素”的商业利用主要是指法人的名称权运用于商业领域。

第二节　人格商业化利用的条件、对象和内容

一、人格商业化利用的条件

关于人格商业化利用的条件，有学者从人格要素的符号功能视角做了分析，认为虽然就传统人格权理论而言，人的姓名、肖像、声音等人格要素是专属于自己的一种精神利益，但在实际上，这些要素同样是负载或传播信息的基本单元，是有意义的符号系统，具有表达和标识功能。符号的功能就在于通过自身而指代另一事物，姓名、肖像、声音等人格要素能够吸收人格价值和形象价值而被赋予独特的第二含义，即不同于自然属性的具有标志意义的符号意义，此类人格要素就因此成为具有明确指向性、将不同对象区别开来的符号。这个符号运用在商业活动中，其明示意思就承载它的隐含意思进而实现符号的转换，达到表明出处、区分来源、推

销商品的目的。[1]

我们认为，人格标识之所以可以商业化利用，不仅是因为自然人的某些人格要素具有符号功能，更是源于这些人格要素的特殊属性。就其本质而言，人格权具有非财产属性，彰显的是自然人的精神利益，人格权客体从总体上来说也不具有财产价值。但在具体人格权的模式下，人格权的客体表现为各种具体的人格要素，如生命、健康、名誉、隐私、姓名、肖像等，这些人格要素体现的是自然人的不同的人格利益，具体功能不完全相同。有些人格要素是基础性的，对于维护自然人的人格具有决定性意义，如生命、名誉、自由等，这些人格要素的固有性和专属性不能改变，不允许进行商业化利用。而作为人格符号的姓名、肖像等却可以商业化利用。人格商业化利用的条件主要是：

(一)被使用的人格要素要具有特别性并可载体化

自然人或者法人表现在社会公众面前的形象，往往通过自然人的肖像、姓名、声音或者法人名称、形象等个性化、区别性的特征加以表现，他人能够凭借其自身的心理活动来记忆感知，自然人的肖像、声音可以通过人以外的物化识别性符号来表现，越是具有特别性的人格要素，越容易被公众识别，促成公众产生信赖，继而进行复制利用，产生重大的经济利益，这种特点为人格商业化利用提供了可能。姓名、肖像的可载体化也使它们易于进行商业上的利用，而现代技术的发展也提供了可能。姓名、肖像在商业广告中的大量应用是随着彩色印刷术、照相铜板术的发展而出现的，这两项技术的发展使得以往以文字为主的单调广告改头换面，图像开始在广告中占有相当的比重。19 世纪末的美国，随着彩印、照相技术的发展，名人的肖像开始在商业广告中被广泛地应用。现代社会，随着电子、网络等媒体的高度发达，更是给人格要素的载体化提供了丰富的手段。

(二)被使用的人格要素要具有一定的声誉或吸引力

姓名、肖像的商业价值在于将其和特定的商品或服务相联系进行宣传时，能增强特定商品或服务对公众的吸引力。在价值观多元化的今天，

---

① 参见谢晓尧:《商品化权：人格符号的利益扩张与衡平》,《法商研究》2005 年第 3 期。

知名度是个中性概念，约等于对不特定公众的“吸引力”，但它一定是能引起人们的某些联想，并使人们形成某种心理冲动：喜悦、怜悯、猎奇甚至是恶作剧的心态……这是商品化利用的基础。

在信息化的时代，某些自然人，尤其是公众人物的姓名和肖像具有较高的知名度或美誉度，从而具有一定的商业价值，可为市场主体带来一定的经济效益。“特别是名人的姓名、肖像等人格标志具有特殊的影响力，具有较大的商业价值和感召力，当运用名人的形象、姓名做广告时，对于产品的促销能够产生巨大的推动作用。”①例如，英国王妃戴安娜逝世10周年之后，围绕戴安娜的各种回忆录等都给其作者带来了不菲的收入，仅纪念戴安娜的一首歌曲《风中之烛》在一年内就卖出大约350万张，到2005年，其销量已达3180万张。因此商家经常会使用名人的姓名、肖像、声音等可识别的外在人格要素，将其本身具有的知名度和影响力应用于商业活动，使其知名度转嫁到商品之上。当印有名人人格标识的商品出现在公众视野中时，商家的产品和服务就因“名人效应”吸引到公众的关注，继而使公众记住，甚至开始主动了解该商品和服务，促进公众的购买欲。其结果便是这类商品和服务的潜在消费者数量大幅度增加，在同类商品或服务中拥有更大的市场影响力，进一步提升或创造新的商业价值。

（三）人格要素必须可商品化

人格进行商业化利用的前提是人格要素必须可以商品化。因一般人格权是权利人从抽象意义上对“人之所以为人”基本属性所享有的权利，而“人之为人”基本属性体现了权利人的人格利益。因此，一般人格权无商品化权能。而在具体人格权中，主要是其中的标表型人格权以及隐私权具有商品化权能；而对于物质性人格权，由于物质性人格要素实际上与权利人的身体无可分性，权利人仅对物质性人格权具有极有限的支配性，物质性人格权的权能主要体现在权利的享有、维护及排除他人侵犯方面。而名誉、荣誉、信用此类人格要素由于不具有可转让性，无商业利用的可能，其权能也主要体现在权利的保有、维护方面。即便是在具有商品化权能的人格权中，人格权的商品化权仅仅为以标表型人格权为主的精神性

---

① 杨立新：《〈中国民法典·人格权篇〉草案建议稿的说明》，载王利明：《中国民法典草案建议稿及说明》，中国法制出版社2004年版，第327页。

人格权的部分权能的体现。这类权能集中表现为使用及许可他人使用权,而对于其他权能,如姓名决定权、肖像制作权等本身并不能带来财产价值。

作为人格符号的姓名和肖像由于其外在性和可支配性,可以成为商业利用的对象。姓名作为自然人的个体代号并非与生俱来,而是后天所赋,姓名的放弃和依法变更甚至有无并不影响人格的独立完整,因此姓名在观念上多被视为外在性的人格要素之一。肖像为人的外观形象,也具有外在性,与人格独立、尊严虽有关联,但也是非根本的、内在的决定因素。肖像还具有可复制性,从而使肖像权在一定程度上能够与主体相分离。姓名、肖像可以成为支配对象。对姓名的支配表现为自主决定、享有使用、依法变更自己姓名的权利,对肖像的支配则表现为禁止或许可他人制作或使用本人的肖像。姓名、肖像的外在性和可支配性,使其可以成为商业利用的对象,权利人可以自己加以利用,也可以自主授权他人利用,不但不会损害其人格,反而可为自己带来经济利益。姓名、肖像的这些特性,使其除具备与其他人格要素相同的精神价值外,在特定条件下还具有一定的市场价值,成为权利人的一项特殊的财产。

(四)人格要素的商业化利用要为社会伦理所承认

伦理观念的允许是人格商业化利用的关键因素。人格的商业化利用还取决于伦理观念,特定的伦理观念对于人格权具有支配作用。黑格尔指出,人不能凌驾于自身之上。我国古代有"身体发肤,受之父母,不敢毁伤",否认人对自己身体的损害。在现代,禁止人身和器官的买卖。对身体的纯粹商业性利用,仅仅是当事人的自愿不能视为自由自决,这仍然取决于伦理观念。例如在法国,一些娱乐和马戏团表演中,侏儒为了谋生或工作,自愿作为体格健壮的人投掷的对象。法国行政法院认为这些侏儒允许别人把自己当成纯粹的物品使用这一行为本身就侵犯了人的尊严,应该予以禁止。[①] 对于何种人格权可以进行商业化利用,伦理观念也起着重要的作用。在最初,甚至在商业化气氛浓厚的美国,对于姓名、肖像的商业化利用也不被人接受。一些人长期信奉这样一种观念,将姓名和肖像用于商业目的有损于自己的尊严。为了破除这道障碍,1920 年初,瑞舍

① 参见韩德强:《论人的尊严》,2006 年山东大学博士学位论文,第 78 页。

(Resor)公司设法说服了一些伟大的女性以慈善捐助的名义赞助、宣传公司的产品。按照一位广告历史学家的说法:“当纽约的杰出女性、年迈的Belmont女士允许J. Walter Thompson公司利用自己的姓名宣传Pond冰激凌时,人们的观念开始了突破。”①“姓名、肖像等人格要素许可他人使用的现象是近来开始频繁出现的现象。这种现象容于当前社会,说明这种现象与当前的伦理道德观念不相违背。而联系到人格权的本质内涵,即说明这种许可他人使用并不破坏人格完整、侵犯人性尊严。”②现在,姓名、肖像用于商业广告已经司空见惯,人们不再会认为这有损于人的尊严。许可他人使用姓名、肖像等人格要素反映的是主体的自律,是主体自由意志的表现。姓名、肖像等人格要素的他人用益,会给权利主体带来财富,这是一个社会伦理已经承认的现实,也是人格商业化利用的现实基础。

二、人格商业化利用的对象

人格商业化利用表现为主体对人格进行商业化利用享受到一定的商业利益。现行法律中规定的人格权种类众多,但并不是所有的人格标识均可以被商业化利用,唯有可识别性的标表型人格要素才能正确地指代某个人,也才能被人有效开发其所具有的商业价值。本书重点阐述自然人的姓名、肖像、声音以及法人名称等可进行商业化利用的人格要素。

(一)姓名

姓名,人从出生那刻起,就有一个有别于他人的具有自己个性特征及意义的姓名,它将每一个人特定化,是最基本的人格。我国学者对姓名所下定义不乏其例,如认为“姓名为自然人借以相互区分的符号……自然人的姓名包括正式姓名、曾用名、笔名、艺名以及‘字’、‘号’等(不包括乳名、绰号)。”③“姓名是一个自然人区别于其他自然人的符号,是一个人的自身

---

① 参见姜新东:《人格权商业化利用的不能与能》,《甘肃社会科学》2011年第6期。

② 郑永宽:《人格权的价值与体系研究》,知识产权出版社2008年版,第63页。

③ 尹田:《自然人具体人格权的法律探讨》,《河南省政法管理干部学院学报》2004年第3期。

标记。”①“姓名是自然人特有的人身专用的文字符号，是自然人自身人格特征的重要标志，是区别于其他自然人的文字符号。”②姓名，就其固有意义而言，是指记载于身份档案（户籍）或证件中的姓氏和名号，但在社会生活中，具有指向特定自然人的标识意义的笔名、艺名、别号、微博名、微信名等符号或称谓。

日本学者五十岚清认为：“从社会的角度看，姓名具有将个人从他人中进行识别和特定的功能，同时从个人的角度看是作为个人受到尊重的基础，是个人人格的象征，构成人格权内容的一部分。”③因此姓名权被作为第一个人格权得到法律的确认。但是，作为姓名权客体的姓名一旦被物化在书刊影视等载体上，就成了具有特定指向的人格要素，有别于作为姓名权客体的姓名。这源于作为姓名权客体之姓名，体现的是主体区别他人的精神性人格利益，彰显主体的独特性及同一性。而上述符号化形态的姓名，是以文字、视频或音频等形式来表征特定人的人格要素，是姓名权客体的外在形态。因此作为物质载体化之姓名也就和作为姓名权客体的姓名有了相对的区分和联系，通过前者能指代后者，但是前者自身能够被他人进行商业利用并产生经济利益，肖像、声音等人格要素亦是如此。

姓名的法律意义在于，姓名在法律上使一个自然人与其他自然人区别开来，是权利标志、义务主体的符号，在一定意义上姓名是主体存在的标志，也是自然人进行民事活动、行使法律赋予的各种权利和承担相应义务的前提条件。商人使用名人的姓名进行商业广告或者商业宣传时，商业广告中出现的文字、视频及音频或者商品上出现的一个物化符号的文字，其因名人之公众影响力的附着，使得商品对消费者的吸引力大增，从而使得姓名具有了可计量的商业价值。因此，姓名权人可以凭借自己的姓名优势，使用自己的特定姓名或者许可他人进行商业化利用，实现有别于他人姓名的经济优势。姓名商业化的历史比肖像权更为悠久，早期德

① 王利明、郭明瑞、方流芳：《民法新论》（上册），中国政法大学出版社 1988 年版，第 183 页。

② 马原主编：《中国民法教程》，人民法院出版社 1989 年版，第 489 页。

③ [日]五十岚清：《人格权法》，[日]铃木贤、葛敏译，北京大学出版社 2009 年版，第 118 页。

国将姓名视为个人参与商业活动的表征，商号或商标均由个人姓名所构成。在《德国民法典》施行以前，个人姓名是通过商事法律加以保护的。因此，就发展史观察，姓名权的形成与商业活动有密切关系。

（二）肖像

肖像是通过一定的艺术手段将某个人的外部形象进行客观反映，它可以用相片、画像、雕刻、雕塑等载体表现出来，也可以通过录像、摄影等动感形象反映出来，它具有社会学上的价值和美学上的价值。① 美术意义上的肖像，属于造型艺术，是模仿人物外形而塑造形象，是以描绘人物形象为内容的造型艺术、视觉艺术。

法律意义上的肖像，是自然人的一种具体的人格利益。在法律上使用肖像的概念，最早见于德国 1876 年颁布的《美术著作物之著作权法》和《不法模作之照相保护法》，在这两部法律中，初步提出了肖像的法律概念，并对肖像权的保护做出了规定。柏林高等法院法官克思奈于 1896 年出版的《肖像权论》一书，提出了肖像权法律保护的新观念，引起激烈的讨论。② 终至德国立法机关于 1907 年颁布了新的《美术作品著作权法》，才把肖像作为法律概念确定下来。把肖像作为法律概念的意义是，一个具体的肖像作品同时体现着两方面的权益，一方面是肖像作品的著作权所有人所享有的著作权，另一方面是肖像人就该肖像所享有的人格权。就同一肖像而言，这两方面的权益无疑是冲突的，法律所调整的正是这种冲突关系。③

我国民法学界对肖像的概念界定主要有以下几种：认为“肖像是自然人人身真实形象及特征的再现”④；认为“肖像是以一定的物质形式再现出来的自然人的形象”⑤；认为“肖像是指以自然人个人形象通过造型艺术或其他形式在客观上的再现，它反映肖像人的真实形象和特征，与人的人格不可分离”⑥。肖像是一种识别性的人格标识，可以通过映象进行外部的

---

①③ 参见王利明主编：《人格权法新论》，吉林人民出版社 1994 版，第 364—366、362 页。

② 参见龙显铭：《私法上人格权之保护》，中华书局 1948 年版，第 93—94 页。

④ 佟柔主编：《中国民法》，法律出版社 1990 年版，第 485 页。

⑤ 魏振瀛主编：《民法》，北京大学出版社、高等教育出版社 2000 年版，第 651 页。

⑥ 马原主编：《中国民法教程》，人民法院出版社 1989 年版，第 492 页。

客观反映，能够带来相应的财产价值。因此，肖像的表现形式丰富多样，如照片、绘画、雕塑、电视、电影、电脑数码合成、漫画等，均属肖像权的保护范围。王利明教授认为，肖像具有如下特点：第一，个人性。即肖像必须是个人的形象，并为个人所特有，肖像以形象标记着自然人的特征。第二，面部性。即肖像主要是自然人面部特征及其再现。尽管身体各部位都能反映人的特征，但肖像作为自然人形象的反映，是以人的面部为中心的形态和神态的表现。第三，再现性，肖像本来是指个人的面部特征，但个人的面部特征可以通过各种技术手段得到再现。法律上的肖像，是指个人的面部特征以及通过绘画、照相、雕刻、录像、电影等艺术形式使公民外貌在物质载体上再现的视觉形象。第四，客观性和可辨认性。客观性是指以艺术手段创造出来的肖像必须是现实生活中实际存在的人的肖像的反映，即肖像的主体必须为实在的个人而非虚拟的人。第五，人格性。肖像作为一种人格的标志，不仅可以使肖像人与其他人相区别，而且也体现了肖像人的人格尊严和人身利益。①

形象可以将其理解为附带有某种面部特征或者手势动作，抑或某种特殊装扮的外在表现形式；按照上面的分析，肖像可以成为人格商业化利用的保护对象，具有标表自己个性特征，与他人有着明显区别的形象成为人格商业化利用的保护对象更是毋庸置疑。可被商业化的肖像通常包括自然人的脸部形象，还包括其他身体特征，如卓别林的小胡子、金·卡戴珊的巨臀等形体特征、可识别性的侧影或背影等。法国巴黎某法院甚至判决，女星可对其胸部享有“肖像权”，因为与她最亲密的人可以由此认出她。需要注意的是，形象的变形、漫画等，只要能被第三人辨认出来(通过其神态、特征或者标题说明等)，仍然属于人格标识。

(三)声音

声音与肖像一样，具有反映表彰自然人个体特征的人格标识意义，故亦应纳入人格权的保护范围。每个人的声音独一无二，同时具有稳定性，属于个体的人格标识，其作用与肖像、姓名相类似，②在现实生活中，一个

---

① 参见王利明：《人格权法研究》，中国人民大学出版社 2005 年版，第 446—448 页。

② 参见杨立新、袁雪石：《论声音权的独立及其民法保护》，《法商研究》2005 年第 4 期。

确定不移的事实是，一个人的声音可以和姓名、肖像一样起到人格标识的作用。如玛丽亚·凯莉的海豚音、林志玲的嗲音、阿杜的颤音唱法、王熙凤“未见其人，先闻其声”的独特声音，等等。

科技的进步与人格权的发展密切相关，科技的每一次进步都促进了人格权的发展。近代以来，照相机发明之后，肖像权日益受到重视。同样，声音语言也随着窃听器、录音机的广泛使用而日益增加了保护的需要，遂被承认为一种特别的人格权，[①]并进而认定个人对声音语言的自主权利。事实上，声纹和人的指纹、掌纹等身体特征一样，都具有唯一性、稳定性的特征，而这些特征与别人不同且终生不变。由于人的身体特征不可复制，基于这些特征而衍生了多种生物识别手段，比如指纹识别、声纹识别、掌纹识别等，并已被广泛应用于诸多领域。其中声纹识别是用仪器对人的说话声音所做的等高线状记录，根据声音波形中反映讲话人生理的行为特征的声音参数进行身份识别的技术。[②] 目前，声纹识别技术已广泛应用于诸多领域。“从当前的技术来看，声音和个人的姓名、肖像在逻辑上属于同一层次的人格特征，都是个体的人格标识，它能起到姓名和肖像作为人格标识同样的作用。因此，在姓名和肖像分别作为文字类人格标识和图像类人格标识成为人类历史上的具体人格权的种类之后，我们有理由相信，声音也可以因为科技的迅速发展而上升为听觉类的人格权即声音权的客体，即听觉类人格标识。”[③]

目前我国没有把声音权规定为一项具体的人格权，必须承认，在现实生活中，一个人的声音可以和姓名、肖像一样起到人格标识的作用。自然人可以基于自身声音的独特性实现自身的人格价值，同样这种独特性也会吸引他人的注意，借以用于商业行为。可被商业化的声音标识通常包括自然人独特的声音或者说话的风格，如演唱者独特的嗓音、主持人独特的说话声音或说话风格、朗诵者独特的朗诵声音或声调，及其他名人可识别性的声音等。

可见，声音具有反映自然人个体特征的人格标识意义，作为声音权的

---

① 参见王泽鉴：《侵权行为法》（第一册），中国政法大学出版社 2001 年版，第 138 页。

② 参见张亮：《声纹证据的应用》，《公安大学学报》2002 年第 4 期。

③ 杨立新：《人格权法》，法律出版社 2011 年版，第 492 页。

客体，应纳入人格权的保护范围。此点已经受到一些学者的关注。例如，王泽鉴先生将声音利益的权利保护称为声音语音权；史尚宽先生在《债法总论》一书中指出：“声音表示人格之特征，为人格之重要利益，与姓名、肖像相同。除依著作权法，发音片受保护外(著作权法一条一项三款)，应受人格权之保护。”[①]马俊驹教授认为：“声音权是对自己的声音所体现的人格价值进行保护和自主支配的权利。”[②]徐国栋教授在《绿色民法典草案》中规定了肖像声音权。该草案借鉴了《秘鲁民法典》第 15 条之规定，将肖像权和声音权合并规定，以更符合现代的形声结合的传媒特点。[③]

声音作为一种法益已经为部分国家和地区的立法和司法所保护。加拿大《魁北克民法典》第 36 条从隐私权的角度对声音利益做了规定：“下列行为尤其可被认为侵犯了他人私生活：1. 进入其住处或从此住处取走物件；2. 故意截取可使用他人的私人通讯；3. 盗取或使用他人在私人房屋中活动时的肖像或声音；4. 以任何手段置他人的私人生活于观察下；5. 非以向公众提供合法信息为目的使用他人姓名、肖像、照片、声音；6. 使用他人信件、手稿或其他个人文件。”[④]这一条文规定了盗用、使用他人声音可以构成侵权。美国《加利福尼亚民法典》第 3344 条“为广告、销售或招揽客户目的使用他人姓名、声音、签名、照片或画像”的规定，直接规定了权利人对于声音的财产利益，这一立法例大大拓展了声音利益的保护空间。事实上，加利福尼亚州是将声音利益和姓名利益、肖像利益一道作为公开权具体内容的美国的州之一。其 3344 条(a)规定：“未经本人事先允许或本人是未成年人时未经其父母或法定监护人允许，以任何方式恶意地将其姓名、声音、签名、照片或画像用于产品、商品，或以广告、销售为目的进行使用，或用于招揽购买产品、商品、接受服务的客户，应对受害者因此遭受的损害承担责任。”[⑤]《德国刑法典》第 15 章设置了关于侵犯他人

---

① 史尚宽：《债法总论》，台北荣泰印书馆 1978 年版，第 151 页。

② 马俊驹：《人格和人格权理论讲稿》，法律出版社 2009 年版，第 258 页。

③ 参见徐国栋主编：《绿色民法典草案》，社会科学文献出版社 2004 年版，第 92 页。

④ 参见徐国栋主编：《(民法典译丛)魁北克民法典》，孙建江、郭站红、朱亚芬译，中国人民大学出版社 2005 年版，第 6—7 页。

⑤ 参见程合红：美国《加利福尼亚民法典》(选译)，《商事人格权论——人格权的经济利益内涵及其实现与保护》，中国人民大学出版社 2002 年版，第 267 页。

人身和模仿外形的规制。其 201 条规定，禁止非公开场合话语的录制、利用技术设备侦听，以及使用以这种方式获得的材料。监禁最高刑期是三年或者罚金。我国澳门地区《澳门通讯保密及隐私保护》第 10 条(不法的录音及摄影)第 1 款规定："一、任何未经同意：a) 录取他人非以公众为对象的谈话，即使是与录取者本人进行者；b) 使用或容许使用上项所指录音，即使是合法制造者，受至两年监禁或至二百四十天罚款的处分。"

综上所述，在现代技术背景下，声音蕴含着人格利益，能够成为一种独立的民事权利，是人格商业化利用的对象。

(四)法人名称

名称权是法人、个体工商户和个人合伙的一项重要的人格权，其客体是法人、个体工商户和个人合伙的名称。学者对名称有不同的认识。有人认为，名称是社会组织相互区别的标志，是使该组织特定化的符号，它起着与自然人的姓名同样的作用。[①] 又有人认为，名称又称字号，是法人、个体工商户、个人合伙等民事主体之间相互区别的特定标志，是它们享有独立人格的基础。[②] 法人名称，是指法人及其特殊的自然人组合等主体在社会活动中，用以确定和代表自身，并区别于他人的文字符号和标记。法人以经营为目的，申请有一定代表意义的名称，法人凭借自身的名称进行经营行为，与外界进行交易。当一个法人的名称在它所经营的同类商品业内，甚至是整个市场中具有一定的影响力时，交易对手或者其他第三人就可能产生对该法人名称进行商业利用的意图。这样可以为自己带来一定的经济收益，因为名称已经不是简单的文字概括，同时蕴含法人的商业信誉以及展示给外界的形象。名称权具有明显的财产利益因素。这主要表现在商业名称上，老字号、老商号、名牌企业的效益好，信誉高，必然带来高利润，因而使商业名称具有较高的使用价值。

三、人格商业化利用的内容

明确人格商业化利用的主体和客体是保障人格在商业化利用过程中

---

① 参见王利明主编：《民法·侵权行为法》，中国人民大学出版社 1993 年版，第 280 页。

② 参见王冠：《论人格权(上)》，《政法论坛》1991 年第 3 期。

不受侵害的必经之路，在明确人格商业化利用主体与客体的同时，了解人格商业化利用的内容更有利于实践操作。

(一)决定是否实施自己的人格商业化利用

在传统民法理论中，依据权利之基本权能的不同，将权利分为支配权、先占权与排除权。许多权利的首要功能，在于支配某种客体或者某种其他的、无体的财产，如所有权旨在支配某物、专利权旨在支配某项发明，在这些情形，权利人可以长久地或者暂时地使用其支配的财产。同时，其他人被排除在使用权之外，以确保第三人无法对权利人的支配可能性造成损害。[①] 在传统民法中，法律设置人格权的目的在于保障"人之成为人"的生命、健康、名誉等基本要素不受非法侵害。伴随着人格权从具体人格权到一般人格权的发展，以及人格商业化利用的普遍化，赋予权利主体对其人格利益进行支配的权利显得必要而直接。人格权事实上已经成为实定法上的权利，被表述为人之为人所固有的、维护人之所以为人的所有要素的权利[②]，它可以是人的生命、健康、名誉，也可以是人的姓名、肖像、声音、隐私。由于人格权中经济利益具有潜在性，如果权利主体不能主动将自己具有可利用价值的人格要素进行商品化利用，其人格权中经济利益不会体现出来。从这种意义上说，人格权属于支配权的一种，权利主体有权对自己的人格要素享有控制和支配的权利，按照自己的意愿对自己的人格要素进行商业化并享有商业化带来的财产利益的占有，自主决定是否将自己的标表型人格要素许可他人使用，自主决定是否自己的人格要素与某种产品或者服务联系在一起，或者跟什么样的产品或者服务联系在一起。因此，在实践中，权利人可以与使用人签订书面使用许可合同，将使用权转让给他人。该权利的反面就是禁止权，禁止他人未经许可擅自将其权利载体进行商业利用。

(二)决定以哪项具体人格要素进行商业化利用

人格商品利用的具体途径就是将姓名、肖像、声音等人格要素跟商品

---

① 参见[德]迪特尔・梅迪库斯：《德国民法总论》，邵建东译，法律出版社 2001 年版，第 61 页。

② 参见姚辉：《关于人格权性质的再思考》，《暨南学报(哲学社会科学版)》2012 年第 3 期。

或服务联系在一起，这个过程中涉及人格尊严，因此，人必须能够控制自己的哪项具体人格要素和具体的商品或服务联系在一起。人的一个选择能折射出他的整个形象，不仅包含他能接受的，也包含他会排除的东西。可见，一个人是否将自己的人格要素跟某一个产品或者服务联系在一起，或者跟什么样的产品或者服务联系在一起时，他不仅仅是考虑经济问题，还会衡量跟这个产品产生联系以后的自己的形象问题以及自己的价值观问题。如李冰冰拒绝去日本宣传电影，姚明拒绝代言日本品牌、价值1.6亿的广告的行为，我们不仅能看出个人的价值观，更重要的是个人对自身形象及利益的考量。

（三）有权获得人格商业化利用带来的收益权

人格权中财产利益的主体有权获取其人格要素商业化利用所带来的利益的权利。人格权人，既可以是自己将各种人格要素适用于商业领域，从而实现其人格权的财产利益价值，也许可他人将自己的人格要素适用于商业领域，从而获取许可费和使用费。从人格权的擅自商业化行为所造成的损害后果来看，权利主体在擅自商业化行为中不仅失去应获得的经济利益，更重要的是擅自商业化行为使其失去了自我决定与支配的权利，使其对自己人格要素的控制权利遭到侵害，侵害了权利主体的人格自主利益。

第三节　人格商业化利用的性质

一、人格抑或财产

黑格尔认为“唯有人格才能给予对物的权利，所以人格权本质上就是物权”[①]，而物权就是人格本身所具有的权利。马克思的辩证唯物主义认为人具有主观能动性，而且由于人的意识的特殊性，他可以把自己的意识体现在物上，物所具有的被动性特征决定了人可以发挥自身的主观能动性，对物加以支配和利用，此时的物相对应的可以通过人的意识展现出其内在价值，“人格”链接了人与生俱来的思想意识和之后的行为方式，给予

---

① [德]黑格尔：《法哲学原理》，范扬、张企泰译，商务印书馆1961年版，第98—99页。

了人对于物的权利,人因此而享有了物权,[1]这个理论并非现代意义的人格权。但对于我们具有一定的借鉴意义,从法哲学的角度看,财产与人的意识相联系,一个自由的人拥有一项财产,是因为他的意识体现在财产之中,意识和财产达到统一,或者说一个人只有先有人格,才可能拥有财产,财产使得人格具有一定的内涵,两者融为一体。

民法中的人格权和财产权属于两种不同性质的民事权利,人格权所体现的是一种与人身不可分离的具有人身伦理价值的权利,而财产权是指可以与人身相分离的具有财产价值的权利,那么人格商业化利用就会较为困难,但是在现实的案例当中有部分的人格权与主体相脱离成了财产性的权利,出现了人格商业化利用的现象。如自然人将自己的姓名或者许可他人将自己的姓名作为公司的名称或者商品、服务的商标使用;将自己的肖像或者许可他人将自己的肖像印刷为画册等出售,或者作为商品、服务的商标使用;法人将自己的名称转让等。德国法学界试图在人和财产之间构建一种适当的关系来解决人格商业化利用过程中的不当行为,出现了“人格形象”的概念,人格形象是独立于人之外的一种无形物,通过姓名、肖像等表现出来,产生一定的经济利益,并由此产生了“人格利益权”概念,认为人格利益权是从人格权中派生出来的一种新的财产权。

笔者认为,人格商业化利用看中的是某些人格要素中所蕴含的间接经济价值。权利主体的人格标识在一定的社会环境中具有一定的影响力、号召力,在法律规定的范围内,以法定形式将姓名、肖像、名称等人格标识自用或者授予他人进行商业使用,可以扩大权利主体和利用者的知名度,激发消费者的购买欲望;更深层次的可以给权利的使用者带来一定的经济价值以及权利的拥有者相应的财产利益。人格的商业化利用其实质仍然是人格权的扩张使用,其利用对象是姓名、肖像、形象等标表型的人格标识,利用的客体虽为财产利益,但这种财产利益也是由人格利益扩张出来,而且均为民事主体依法所固有的,为维护独立人格所必备的权利[2],完全符合人格权的概念,也能满足人格标识的精神需求。财产权是

① 参见林哲:《权利的法哲学:黑格尔法权哲学研究》,山东人民出版社 1999 年版,第 238—247 页。

② 参见王利明、杨立新、姚辉:《人格权法》,法律出版社 1997 年版,第 5 页。

“以财产为标的，以经济利益为内容的权利”，包括物权、债权、知识产权等，它是不附带任何精神利益的权利，可以与民事人身的主体相分离的权利，人格商业化利用与财产权的内涵不能达成一致。人格的商业化利用行为不仅会导致经济利益的损失，还会侵犯权利主体的非物质性利益或者尊严。但是人格商业化利用又不完全等同于那些以保护民事主体的精神利益为目的的人格权。这部分的人格要素具有双重特性，存在经济利益和人身利益交叉的现象，既具有人格权的不可分性，又具有财产属性，且物质性损害和非物质性损害是不可分离的，它将人格权的保护范围扩大到人格权上所附带的财产利益。在法律的发展历程中，对于人身权利益损害的诉讼赔偿居于诉讼主张的首位，那么将人格商业化利用的不法行为归结到人格权的侵害行为，能最大效益地保护受损害的人格权，就有必要在法律中对人格商业化利用行为进行规制，以实现对权利的有效保护。

二、民事权利抑或商事权利

我国在早些年已经有学者对人格的相关问题进行研究，但是至今为止，我们尚未在法律条文中对人格商业化利用进行明文规定。在《宪法》中规定公民的人格尊严不受侵犯，在我国《民法通则》第 5 章第 4 节人身权部分进行了一些罗列式的规定，如自然人的生命权、健康权、姓名权、肖像权、名誉权、荣誉权，法人的名称权、名誉权、荣誉权等。通过对这些法条的文义解释，我们可以推断出经过自然人和法人的许可同意，他人可以以经营为目的利用他们的人格权。① 但我国的民法体系中对于人格的保护却存在这方面的盲区，人格商业化利用，这就不是传统的民事权利体系中的人格权和财产权可以解决的。目前为止，我国民法学界对于人格的

① 《中华人民共和国民法通则》第 98 条规定：“公民享有生命健康权。”第 99 条规定：“公民享有姓名权，有权决定、使用和依照规定改变自己的姓名，禁止他人干涉、盗用、假冒。法人、个体工商户、个人合伙享有名称权。企业法人、个体工商户、个人合伙有权使用、依法转让自己的名称。”第 100 条规定：“公民享有肖像权，未经本人同意，不得以营利为目的使用公民的肖像。”第 101 条规定：“公民、法人享有名誉权，公民的人格尊严受法律保护，禁止用侮辱、诽谤等方式损害公民、法人的名誉。”第 102 条规定：“公民、法人享有荣誉权，禁止非法剥夺公民、法人的荣誉称号。”

商业化利用停留在理论上，主要有商事人格权、商品化权、形象权、承认人格权中的财产利益和角色促销理论等几种观点。

(一)商事人格权理论

所谓商事人格权是指民事主体按照民法理论本应该享有的一种人身权利，而这种权利必须具有一定的商事人格利益，且能进行人格权商业化利用。随着人格商业化利用范围的扩大化，商事主体的人格权与财产权不断融合，有些学者就提出了兼具财产性质的商事人格权制度。[①] 它区别于传统民事权利中的纯粹以精神利益为核心的人格权。首先表现为主体上的差异性，商事人格权的主体虽然也是自然人和法人，但是这些自然人和法人是秉承一定的商事目的，即以营利为目的；其次客体上它蕴含了精神性利益和财产性权益，带有显著的财产性特征，而不是传统民法理论中的那些仅具有精神性利益的权利。[②]

有学者认为，商事人格权是指公民、法人为了维护那些包含经济利益的，具有商业利用价值的，能够进行商业化利用的人格权，它属于一种民事权利。[③]它大致是充分利用法人名称、荣誉等和自然人的姓名、肖像、声音等人格标识，将这些人格利益进行商业化利用以展现它们的商业价值，由此获取相应的经济效益。商事人格权的客体仍然是人格权，人格权是因民事主体的特定人格产生的，所以在某些方面它等同于传统意义上的民事人格权，但是这些人格权是可以进行商业化利用的，又兼具财产权的属性，具有相应的财产利益，可以进行转让等。

商事人格权具有相应的财产价值，表现为这些权利在社会的生产经营活动以及流通、交换、消费过程中具有使用价值；同时部分的商事人格权作为劳动的产物是蕴含着民事主体的劳动积累，被许可人受让获得权利使用许可，同时需要支付相应的对价，那么相对应的这些商事人格权就有价值。商事人格权的财产价值，有一定的人身依附性，只能在一定的程度上与主体相分离，主体的不同，商事人格权的价值差异性也会较为明

---

① 江平、程合红：《论信用——从罗马法到现代社会》，http://www.baojian.gov.cn/bjsy/fxqy/2005-12/24142ed16b7d8fbf.html，2012-08-02。

②③ 程合红：《商事人格权——人格权的商业利用与保护》，《政法论坛》2000年第5期。

显。商事人格权财产价值的确定方式也是目前学界研究的重点,大部分的学者认为一般应采用评估制度予以确认,因为商事人格权的财产价值外在表现为许可使用费、转让费以及权利主体自身的投资作价等,而这些费用通过评估作价的方式可以计算出具体的货币价值额度。

商事人格权亦不同于普通人格权,表现在普通人格权具有很强的专属性,是不能转让,不能继承的。① 但是商事人格权作为一种经济资源,为了实现其充分利用的使用价值和价值,实现自身的财产因素,随着社会大环境的改变而随之突破传统民法理论中的专属性限制,进行相应的转让和继承活动。在商事人格权的保护上,学者的观点各有差异,有些学者认为,未经同意使用他人的肖像和姓名的,构成不当得利。有学者认为,对商事人格权的利用重视的是其财产利益,所以对其保护肯定不包括精神利益的损害赔偿,那么精神抚慰金就不予适用,通常意义上应适用财产损害赔偿的救济方式;但在具体的法律适用上,由于我国未对此项权利做出具体明确的法律规定,所以有学者认为可以适用侵权法的基本原则,也有部分学者认为应适用反不正当竞争法、商标法等,对于具体的赔偿数额的确定,更是有着千差万别,可以采用实际损失额度进行计算,也可以采用法定赔偿金进行救济等。② 这些学说的建立能够公平、全方位地保护民事主体的人格,有效维护他们人格的商业化利用的权利。

(二)商品化权理论

商业的不断发展,商人为了满足自身的发展需求,谋求一定的商业利益,有时会出现未经权利主体的许可,擅自对他人的人格进行商业化利用,在获得利益的分配上,自己享受所得利益的绝大部分,权利人享有小部分甚至不能获得任何经济利益。出于有力地保护民事主体人格利益的需要,有学者就提出了商品化权的概念,他们认为,商品化权是对那些具有一定影响力和利用价值的人格进行商业化利用,并由此享受一定利益

① 程合红:《商事人格权刍议》,《中国法学》2000 年第 5 期。

② 上海市高级人民法院:《完善我国知识产权侵权损害赔偿制度》,《人民司法》1997 年第 7 期。

的权利。①

从宏观上说，商品化权的保护对象是人格标识，但并非所有的人格标识都是商品化权的保护对象，一般意义上概括为自然人的肖像、姓名、声音、形象，法人的名称，以及那些包含可指示性要素的人格，如标志性建筑、地理标志等。②相比商事人格权的保护对象，范围有所扩大，自然人的形象被列入商品化权保护对象的行列，形象不单单包括我们日常用语中所谓的一个人的外部特征，像一个人的背影、侧影、形体、手形、站姿等那些自然人面部之外的身体表现形式均属于形象。法人的可指示性要素的人格也是商品化权的独特保护对象，这些可指示性的人格是具有不同代表意义的，能够表征法人的影响力、声誉等因素的结合，展现出不同于任何其他法人的外部表示。

学者对于商品化权的定义以及保护对象上没有很大的分歧，但是在商品化权的基本属性上，学者们各执己见，主要有以下几种观点：有学者认为，商品化权是存在于经济、法律等各种领域的结合体中，其目的是为了有效地规制人格商业化利用，并对合法合理进行人格商业化利用的行为予以保护，保护的最终对象并不是人格本身，而是人格中的隐形财产利益、商业价值，这种学说被命名为"财产权说"。有一种学说为"特殊知识产权说"，这种理论学说认为商品化权类似于知识产权，具有知识产权的一些特性，如无形的、专属的，同时是有一定的时间限制，并在一定区域之内有相应的财产价值，③属于《世界知识产权公约》中所界定的知识产权。无形财产说认为，在人格商业化利用的进程中，人格利益也不再是传统意义上的人格利益了，它凸显出财产利益，"是一种非物质属性但又不能归类于知识产权的无形财产权"④。还有学者认为，商品化权是一种边缘性权利，介于人格权和知识产权的边缘地带，它既不属于人身权，亦不属于知识产权，这种权利的特殊性，由反不正当竞争法保护更为恰当。⑤ 商品

①② 参见杨立新、林旭霞：《论人格标识商品化权及其民法保护》，《福建师范大学学报（哲学社会科学版）》2006 年第 1 期。

③ 参见刘春霖：《商品化权论》，《西北大学学报（哲学社会科学版）》1999 年第 4 期。

④ 吴汉东：《形象的商品化与商品化的形象权》，《法学》2004 年第 10 期。

⑤ 参见谢晓尧：《商品化权：人格符号的利益扩张与衡平》，《法商研究》2005 年第 3 期。

化权属于人格权的体系，这种观点认为商品化权、一般人格权、具体人格权是人格权的三种类型。因为首先商品化权的保护对象是人格，是民事主体的人格被商业化利用，使人格中所蕴含的商业价值、财产利益从外部予以表现，人格权也已经突破了传统意义上的人格权，现今更多的将人格利益转化成商业价值，民事主体要么自己使用，要么他人可以支付相应对价，获得该项人格的使用权，但它又不等同于一般人格权和具体人格权。一般人格权内容是保护人格尊严、独立，禁止为某种行为而侵害人格利益，具体人格权是对人格权利的罗列，如生命权、健康权、名誉权等，商品化权就是对这些权利进行商业化的利用，所以更是不同意义的两个法律概念。

在商品化权的保护上，由于商品化权的存在是显现出民事主体人格的财产利益，那么对商品化权的救济就可以仿效财产权保护的规则，如禁令和损害赔偿。禁令，也就是制止某种侵权行为，类似于我国《民法通则》中的停止侵权行为，可以保护权利主体免受还未发生的侵权行为，可以最大化地保障权利人的利益。损害赔偿主要是指那些未经许可，或未经授权，擅自将权利人的人格商业化利用所为的侵权行为的救济措施。具体的赔偿数额应为权利人对其人格应当享有的商业利益和侵权人因侵权行为所获得的非法利润。

（三）形象权理论

形象权（Right of Publicity）早在 20 世纪 50 年代就出现在英美等国普通法中，他们将形象权界定为权利主体商业化利用自己身份的一种权利，并认定其起源于隐私权，是归属于知识产权的一种。[①] 后来随着社会的进步，法律的日益完善，形象权的保护在反不正当竞争法中有所体现，美国《反不正当竞争法重述》第 46 条规定了擅自对他人身份标识加以利用所需要承担的相应法律责任，并将这种人身标识定义为形象权[②]，可见法律对形象权的保护日益具体化。形象权的客体界定为自然人的身份以

① 李明德：《美国形象权法研究》，《环球法律评论》2003 年冬季号。

② 美国《反不正当竞争法重述》第 46 条："未经许可而使用他人的姓名、肖像或者是其他的身份标识进行商业行为的，属于盗取他人身份中的商业价值行为，应当承担禁令和损害赔偿的责任。"这一条的标题即为盗取他人身份中的商业价值——形象权。

及其商业价值，包括姓名、肖像、声音、签名等，而且未经许可商业性地使用他人形象权属于侵权行为，应当承担相应的民事责任；在责任的认定上，仅讨论客观行为是否存在侵犯他人形象权，只要其实际存在该种侵权行为，而无须主观上有过错，即可认定该侵权行为成立。根据《反不正当竞争法重述》的规定，侵犯形象权的法律救济为禁令和损害赔偿，但由于形象权侵权的损害赔偿额度难以准确计算，大多数情况下通过禁令的方式予以制止。

在我国的民事法律中未曾出现过形象权的法律规定，在民法著述中也较少有所提及。大众传媒的广泛发展，法律实践中出现了已死亡者的肖像被商业化利用的案例，而针对该种行为，我国民法学界观点不一，就是否应适用《民法通则》的规定各有分歧。无论《民法通则》是否能对该行为进行保护，都是基于自然人的权利能力而言的，这有一定的局限性，[①]不能有效地保护死者的肖像。有学者就认为，公民虽然已经死亡，附随其人身的肖像和姓名也就随之消失，但是姓名、肖像中所包含的商业价值却一直存在着。由于权利人的死亡，这些人格因素可能被他人非法使用，而权利主体此时已经无法申请法律的保护，一般情况下由死者的近亲属继受该项权利，目前的民事法律制度没有赋予死者的近亲属行使该项权利的资格。虽然在我国的知识产权法领域，死者的继承人享有一定意义上的诉讼主体资格，但是具体为何种利益却是模糊的。对死者姓名和肖像的保护已经超出了人格权法的范畴，人格权法不能解决该类人格问题，知识产权法也不能解决，这时需要建立一个相应的保护机制对该类问题予以明确化，即形象权。[②]

郑成思教授在《版权法》一书对形象权定义如此：将形象付诸商业性使用的权利，包括真人形象权、虚构人的形象权、人体形象权等。[③] 也有学者将形象权称之为公开权，是“对自己的姓名、肖像和角色拥有、保护和进行商业利用”[④]的权利。概括可知，形象权就是权利主体享有的对与自己

---

① 参见王利明：《人格权法新论》，吉林人民出版社 1994 年版，第 390 页。

② 参见董炳和：《论形象权》，《法律科学》1998 年第 4 期。

③ 参见郑成思：《版权法》，中国人民大学出版社 1990 年版，第 300—305 页。

④ 王利明、杨立新：《人格权与新闻侵权》，中国方正出版社 1995 年版，第 427—431 页。

人身有着密切联系的各种形象进行商业化利用，并获得相对应的商业价值的权利。它是一种财产权，可以依法继承。

形象权的产生，首先需要一些无形的创造性活动，使得权利主体的形象具有商业价值，并为公众所知悉，并不是每个人的形象都有商业价值，也不是每个人的每个形象都有商业价值，只有那些蕴含一定的创造性活动，并具有一定影响力的形象才有商业利用的价值；其次，形象权可以与权利主体相分离，他们的价值取决于形象本身是否存在，而不论这个形象所包含的形象因素是否存在，他们的商业价值来源于权利主体的创造性活动；最后，形象权是一种财产权利，可以被继承和转让。

我国现有的权利体系不能涵盖形象权的内容，与形象权有关的一般是姓名权、肖像权，但是他们之间又有着本质的区别：姓名权等人格权是始于出生，终于死亡的，是人人皆有的，权利客体是姓名、肖像等人格因素；但形象权的权利主体必须具备一定的资格和条件，而且需要通过主体的创作型活动获得，是人为的，它的权利客体是凝结在人格权上的财产利益、商业价值。形象作为形象权的客体，应该是一个具有个性化的形象整体，它代表的是每一个不同的民事主体，但是每一个形象又是由各种要素综合起来的，是不可分离的一个整体；形象能被商业化利用，还需要有一定的知名度和号召力，同时具有极大的开发和利用价值，商人能充分认识到和把握住这些形象所蕴含的巨大商业价值，能为商家带来直接经济利益。[①] 那么就需要该形象为公众所知悉并得到认可，具有较大的社会影响力和较好的公众口碑，才会有商业利用的价值，能为形象的利用者带来经营优势，有学者曾说过那些可能成为商业形象权的对象，最基本的要求就是对顾客有吸引力。[②]

有学者认为，形象权是人生来就具有的，每个人具有自己特定的人格，这些人格附加有一定的形象利益，这些形象利益通过人们的开发利用产生一定的价值，这个价值是独立存在的，所以形象权是一种独立的人格权。当形象权主体的人格遭受或者即将遭受到非法侵害时，比照人格权

---

① 熊伟：《形象权法律制度研究》，1992 年武汉大学博士学位论文；吴汉东：《形象的商品化与商品化的形象权》，《法学》2004 年第 10 期。

② ［日］萩原・有里：《日本法律对商业形象权的保护》，《知识产权》2003 年第 5 期。

的规则,可以行使停止妨害请求权或者是排除妨碍请求权。此时形象权人的形象权受到侵害,使得其相应的形象利益遭受了损害,产生了相应的损失,理论界也认为这是一种侵权行为,而且是一般侵权行为,适用过错责任原则,以保护权利主体的形象利益。但是形象权又有着自己独特的个性特征,不完全等同于人格权或者知识产权,它是一种新的财产权,是一种无形财产权,这是一个全新的特殊权利①,保护对象包括真实人物形象与虚构角色形象。在权能上,一方面权利主体享有对形象进行积极利用的权利,此为形象利用权,另一方面,权利主体享有阻止他人未经同意非法商业化使用形象的权利,此为形象禁止权。

在形象权的保护上,学界普遍认为侵犯形象权的行为,是一种侵权行为,在法律救济上,秉承维护权利状态和填补财产损害的宗旨,采取的救济手段主要是禁令和损害赔偿,这与商品化权的保护措施相一致。所谓禁令是指行使停止妨碍请求权,要求侵权人停止侵害,可以针对已经发生的侵害;对那些预测可能发生的侵权行为,也可以采取此救济手段。而损害赔偿只适用于那些侵权行为确已发生,而权利主体的形象权因此遭受了一定程度的损害,侵权人通过支付相应数额的金钱来弥补权利人遭受的损失,学界认为此时的归责原则可以仿效知识产权法的侵权损害赔偿,以过错责任或过错推定责任较为适当,②在赔偿额度的计算上,要综合考虑该侵权行为发生时,形象权在市场上可能拥有的商业价值和侵权人因侵权行为所获得的非法利润。

(四)承认人格权中的财产利益

早在19世纪的时候,德国法学家基尔克就提出了人格权商品化理论,但由于市场经济尚未确立,人格权在某种程度上很难作为财产进行交易。虽然立法者已经意识到那些非法利用他人人格标识的现象普遍存在,但基于当时的社会现实以及人们对尊严的无限崇尚,一直没有在法律上确定人格权商品化的概念。

我国民法学界有学者认为,随着市场经济的发展,商业方式日益丰

---

① 参见[日]小岛庸和:《无形财产权》,日本创成社1998年版,第5页。

② 参见吴汉东:《试论知识产权的"物上请求权"与侵权赔偿请求权——兼论〈知识产权协议〉第45条规定之实质精神》,《法商研究》2001年第5期。

富，某些人格权由于具有的典型性特征产生了一定的商业价值，也因此成为商业活动中经营性活动的对象，所以确认人格权的商品化具有一定的现实必要性。人格权的商品化并没有改变人格权的本质属性，也并不是新生了一种权利，它仍然属于人格权的范畴，只是权利内涵有所扩张，使得以精神性利益为内容的人格权扩张为包含财产权的属性。但也有学者认为，将人格商品化利用是违背民法基本精神的，①人格权就是一个非财产价值的权利。

王利明教授认为，我国立法应该确认人格权的商品化现象。② 一些标表型的人格权，像自然人的姓名、肖像等，在某种特定的条件下，是可以与自然人相分离的，可以成为商业化利用的对象，而且它们具有商业化使用的价值，有价值就代表具有一定的财产利益，理应受到法律的保护。社会的发展，市场经济的确立，民事主体的人格标识通过一定的创造性活动，产生了一定的社会影响力，同时使得其具有了商业化利用的价值，当人格遭受侵害被他人商业化利用时，民事主体由于他人的非法行为所遭受的损失，理应获得相应的赔偿来弥补。这时就涉及赔偿数额的确定，要结合现今的市场状况，外加非法利用人所获得的经济利润综合考量。人格权的商品化确立已经成为一种发展趋势，③大众传媒方式的多样化，权利扩张的趋势化，更多的人，尤其是名人的肖像、姓名等人格因素被广泛利用的空间逐渐变大，随之所蕴含的商业价值也日益扩大化，从而具有了商品化的现实可能性。④

传统意义上的人格权是一种精神性权利，如生命权、健康权等这些与人身密不可分的权利。但这并不代表所有的人格权都是固有的精神性权利，不能被商业化利用。学者们认为，部分的人格权是可以商品化的，但是不需要将这些人格权所包含的经济利益确认为一种独立的权利类型，也无须产生一种特殊的权利，它们所包含的经济利益，现行的人格权理论

①④　参见杨立新：《制定民法典人格权法编需要解决的若干问题》，中国法学会民法学研究会2004年年会论文。

②　参见王利明：《人格权法研究》，中国人民大学出版社2005年版，第284页。

③　参见杨立新：《〈中国民法典·人格权编〉草案建议稿的说明》，王利明：《中国民法典草案建议稿及说明》，中国法制出版社2004年版，第327页。

和法律是可以进行保护的。[①] 我国《民法通则》中确认了擅自以营利为目的使用他人的肖像行为的违法性，[②]从这里就可以看出，不得未经许可，擅自对他人的人格进行商业化利用。这条法律规定是囊括在《民法通则》第5章第4节人身权这一章节中，可见民法原则上已经确认了人格商业化利用是属于人格权的一部分，它并没有在实质上改变人格权的性质，只是扩张了人格权的权能，在人格权的内容中增添了经济价值因素，所以它非一种新的独特的权利。

人格权的商品化，可以是权利主体对自己的那些具有经济价值的人格权进行商业化利用，从而获得相应的经济利益，亦可以是许可他人使用，赚取许可费等一系列报酬，这里需要指明的是，无论是公众人物还是普通公民的人格被他人商业化利用，都需要获得权利主体的许可，不可以为了自身的利益或者是公众的好奇心，而擅自利用，这种行为是为法律所不齿的，会受到法律的惩戒。既然人格权的商品化被认为是人格权的一种形式，那么未经许可非法将他人人格权商品化的行为是侵权行为，理论界认为此时的侵权赔偿应分为精神损害赔偿和财产损害赔偿两个部分。如果权利主体仅是在精神层面遭受了损害，那么他索求的就是精神抚慰金，而无须对财产损失进行补偿，但这种情况几乎很少会发生；最为常见的就是不法行为人未经许可擅自将权利主体人格权进行商品化利用，且获得了巨大的经济利益。一般情况下，对于没有巨大经济价值或者不法行为人一无所得的情况下，他无须触犯法律的底线，这个时候权利主体如果不能获得一个较为合理的经济补偿，就会有失公平，违背了民法的公平原则。由于可以商品化的人格权具有一定市场价值，所以在计算损害赔偿额度时需要考虑该人格权自身所蕴含的市场价值。人格权的商品化还需要行为人出于恶意，而且确实进行了商业化利用。如果并非出于恶意，也没有进行商业化利用，只是在日常的生活中，由于个人的崇拜或者兴趣爱好，使用了他人的人格标识，并不是这里所论述的人格权的商品化，不属于侵权行为。还有一种特殊情况的存在，就是死者的人格被商业化利

---

① 参见王利明：《人格权法研究》，中国人民大学出版社2005年版，第285页。

② 《中华人民共和国民法通则》第100条规定："公民享有肖像权，未经本人同意，不得以营利为目的使用公民的肖像。"

用，如果是未经许可，商业化利用了死者的人格，也同样属于侵权行为，不法行为人也需要承担相应的侵权责任。学者认为虽然目前在我国的各种法律中均提及人格权商业化使用的问题，但保护力度是有限的，在民法典的制定过程中需要充分考虑这个日益增多的社会现象，扩大人格权的保护范围，增设人格权商品化的保护。①

（五）角色促销理论

"商品化"一词最早是日本人从英文"merchandising"翻译过来的。②这个单词的含义是商品促销，也就是通过各种方式促进商品销售。它是与"角色商品化"相关联的一个概念，所谓角色商品化是指权利人利用角色对消费者的吸引力，将角色的一些人格特征运用到商品上，使这些潜在的消费者有购买商品的愿望。③ 这也是一种典型的商品促销行为，权利人是借助角色的影响力兜售商品，但是这些形象只是充当了商品促销的工具或者是手段，它们自身没有被商品化，④ 也不是一种商品，只是被附着在商品之上。所以，有学者认为，商品化不能准确地解释现今众多的利用角色进行促销的案例，使用促销或者角色促销更为妥当。⑤

角色促销的客体就是角色，由于角色对消费者的吸引力，才能实现促销的真正目的，有学者认为角色信誉也应该成为角色促销的客体，⑥但从实践案例和法学理论角度看，角色信誉并不是真正意义上的客体。信誉不能在实质意义上诱发消费者购买包含角色因素的商品，仅凭信誉很难实现促销的最终目的，消费者是有行为能力的自然人，他们具有判断力，不会完全依靠信誉去购买某种商品，信誉只是起了一个催化剂的作用。

角色促销的内容有两种，一种是如文学艺术作品中的各种角色，或者

---

① 参见王利明：《人格权法研究》，中国人民大学出版社 2005 年版，第 286 页。

② ［日］萩原・有里：《日本法律对商业形象权的保护》，《知识产权》2003 年第 5 期。

③④ WIPO, Character Merchandising, WO/INF/108, December 1994, p. 6.

⑤ 参见刘银良：《角色促销：商品化权的另一种诠释》，《法学》2006 年第 8 期。

⑥ 参见刘春霖：《商品化权论》，《西北大学学报（哲学社会科学版）》1999 年第 4 期；杨素娟、杜颖：《商品化权议》，《河北法学》1998 年第 1 期。

广告、艺术宣传中新创的角色等虚拟的角色促销[①]，另一种是各行各业的公众人物及知名人物，亦可以是普通人物，上述的这些角色都必须是被公众所知悉的[②]，在社会上有一定影响力或者号召力的，公众足够相信用于促销的商品上的人物或者是信赖该促销商品，这属于真实人物的促销。如果权利主体是某个角色的所有者，且促销行为是符合法律规定的，那么他可以按照自己的意思使用该项角色进行商品或者服务的促销。

现今没有专门的法律保护角色或者角色促销，我国有学者也认为无须设立专门的"角色促销权"或"商品化权"，也无须专门立法来进行保护。在目前我国的法律体系中，都有相应的法律对该项权利进行保护。著作权能有效地保护文学艺术作品中的角色，通过文学作品的塑造会产生具有特殊含义以及特定代表意义的角色，只要该角色具有创造性，且独立于作品之外为公众所熟知，那么当其在其他著作中被模仿或者抄袭时，《著作权法》就可以起到有效的保护作用。《专利法》的保护也是存在的，如将角色运用到外观设计上，譬如影视作品中的各种角色，真实的公众人物形象等，外观设计的取得在我国是可以申请专利的，但其保护范围相对较窄，外观设计专利权的取得无须经过实质的审查。[③] 这就会造成权利的相对不稳定，而且具体到将角色运用到外观设计中可能就会牵涉该角色的版权问题，外观设计权人在取得外观设计专利之前，必须征得版权人的同意，这也限制了外观设计专利对角色的利用。《商标法》保护那些以角色为原型的商标，但这些商标要具有显著性，有明显区别于其他商标的独特性，这并不能排除他人在非商标意义上对该商标的使用，可能也会出现商标权与版权竞合的现象。《反不正当竞争法》在较低的层面上也能保护角色和角色促销，当知识产权法不能完善地保护角色和角色促销时，可以将非法使用他人角色的行为认定为不正当竞争行为，这其中最重要的一种

---

① 在这一点上也存在否定的声音，有学者认为虚拟的角色应包括个性特征、情节、反应等三要素，而艺术作品中的角色并不完全具备这些要件。参见吴汉东：《形象的商品化与商品化的形象权》，《法学》2004 年第 10 期。

② WIPO, Character Merchandising, WO/INF/108, December 1994, p. 4—5.

③ 《中华人民共和国专利法》第 23 条："授予专利权的外观设计，应当不属于现有设计；也没有任何单位或者个人就同样的外观设计在申请日以前向国务院专利行政部门提出过申请，并记载在申请日以后公告的专利文件中。授予专利权的外观设计与现有设计或者现有设计特征的组合相比，应当具有明显区别。"

就是仿冒行为，[①]通过仿冒，不当地使用权利人的各种角色，损害了权利主体的利益，同时也损害了消费者的利益，造成了消费者的误解。这种情况下，只要权利主体能够举证证明不法使用人确实有侵害行为的发生，而且该行为也足以混淆公众，就可以适用《反不正当竞争法》来保护自己的合法权益。说到角色和角色促销的实质，其都是具有人格意义的，所以人格权理论在一定意义上也可以对其进行保护，每个人都有尊重他人人格的义务，每个人都享有人格权，可以自由决定是否自我使用或者许可他人使用自身的人格权，但传统的人格权理论肯定了人格权的精神利益，在角色和角色促销中需要承认人格的财产利益，就需要将传统的人格权做扩大解释。

我国现有《知识产权法》《反不正当竞争法》和《人格权保护法》在一定程度上均可对角色和角色促销进行保护，所以无须另设一项权利来规制人格商业化利用，但为了能够全面地保护角色和角色促销，完善我国的相关法律仍是关键。我国的知识产权法体系中的各部法律都明确了对真实人物角色的保护，但未规定对虚拟角色的保护，有必要完善我国的知识产权法体系，在相应的法律中增加条款予以规定。同时，《反不正当竞争法》可以对保护范围进行扩大化，如不法使用人主体扩大化，保护内容的多样性等，可以从总的原则上进行规制。最为重要的就是人格权的保护，可以通过延伸人格权的内涵以实现保护角色的目的，也就是说需要突破传统的仅体现精神利益的人格权，要赋予人格权相应的经济利益，[②]只有这样，权利主体才可以自己使用或者许可他人商业化利用自己的人格，对于未经许可非法使用其人格的，可以依法主张损害赔偿。

从上述理论观点可知，目前理论界对于人格商业利用的性质未形成鲜明的绝大多数观点，即使是同一个观点也有不同的主张。总体来说，对于人格商业利用性质的归属，有主张扩大现有民事权利和创制为新的商事权利两大阵营。

笔者认为，民法以人为本位，以保护人的尊严为其伦理基础，人格的

---

① 参见郑成思：《知识产权法》(第 2 版)，法律出版社 2003 年版，第 167 页。

② 参见杨立新、林旭霞：《论人格标识商品化权及其民法保护》，《福建师范大学学报(哲学社会科学版)》2006 年第 1 期；程合红：《商事人格权——人格权的商业利用与保护》，《政法论坛》2000 年第 5 期。

保护为民法的首要任务。而商法以财产为本位,以保护人的经济利益为其架构基础,财产利益的保护为商法的首要任务。人、权利主体和权利能力构成三位一体,不可分割。伴随着现代商品经济的发展和“互联网+”的普及,民法和商法之间呈现互相融合的趋势,在民事法律中对商事原则和商事制度特别是经济效应的价值取向的吸收,即所谓的民法商事化趋势。在传统民法中含有纯粹精神利益的人格开始出现财产利益,人格、财产二元权利体系不再泾渭分明,即本文所探讨的人格商业化利用。以商事人格权观点为例,范健教授将商事人格权定义为:“商主体所特有的经法律确认而以商事人格利益为客体的商主体之商事法律人格所必备的基本权利。”[①]这种观点视商事人格权为商事法里商主体特有的人格权,是一种典型的新型商事权利,对于那些不具有商主体资格的自然人、国家机关、一般事业单位等通过人格利益的商业化利用而享有的权利,并不能称为商事人格权。而程合红认为:商事人格权是“公民、法人为维护其人格中具经济利益因素在内的,具有商业价值的特定人格利益——商事人格利益而享有的一种民商事权利”。[②] 该观点视商事人格权为随着商业社会的不断发展而逐渐体现出商业价值形成的一种民商事权利,自然人和法人等民事主体均享有商事人格权,从民商合一的角度,倾向于是一种民事权利。

笔者倾向于人格商业利用的性质为民事权利,理由在于:如果是一种含有财产性质的独立的商事权利,将其纳入财产权范畴,无法合理解释其本身所含的人格利益,且该种权利为商事主体所特有,而非面向所有人。另外,如何区别商主体享有的具有经济利益的人格权和受传统民法调整的不具有经济利益的人格权是最直接的法律技术问题。再者,如果定义为商事权利,那么商主体享有特定的含经济利益的人格权,以此类推,商主体是否享有特定的物权、债权等?按此逻辑,会给商法自己的体系化架构带来冲击,也不符合现代民法商法相互融合的趋势。最后,现代社会的泛商业化赋予了每个权利主体利用自己部分人格经济利益的机会,如果

---

① 范健、王建文:《商法的价值、源流及本体》(第 2 版),中国人民大学出版社 2007 年版,第 308 页。

② 程合红:《商事人格权——人格权的商业利用与保护》,《政法论坛》2000 年第 5 期。

将其限定为商事权利，只能由商事主体享有，则不利于保护所有人的利益。反之，如果人格商业利用的本质为民事权利，一方面，有利于稳定传统民事权利体系架构，按照大陆法系的一般理论，民事权利体系是建立在财产权与非财产权两分法的基础之上。财产权包含了物权、债权等，非财产权则包括了人格权和身份权等，虽然随着经济社会的发展，人格权从精神利益逐渐向精神利益和财产利益兼具转变，但人格权所承载的精神利益是原始性、第一性的。人格尊严是人格权的基本原则和基本价值理念，是法律确认和保护人格权的最终目的，也是法律确认人格利益是否应由人格权来保护的法律判断标准。承认其为民事权利，有利于保护民事主体的人格利益所体现的人的尊严、情感以及社会评价等，更能体现人的本质属性，也避免了人格权沦为与财产权同等的地位。“尽管人格权商品化导致了人格权财产属性的产生，但应注意到，人格权本质上仍是人格尊严的权利体现”，“某些人格权具有一定的经济价值，可以作为商业化利用的对象，但这并不改变其人格权的本质属性，这只是某些人格权的内容或权能的扩充”。[①] 从性质上人格权仍然是以人格利益为其主要保护内容的非财产性权利。另一方面，尽管不同的历史时期涌现新的财产关系和人身关系，但大陆法系民法的许多基本概念和基本原则仍然适用，并不断将这些新关系纳入自己的调整范畴。对于人格权包含的经济利益，可以通过扩大现有的民事权利内涵加以解决，可以保障现有的人格权权利体系对新的法律关系的关注和包涵，也符合大陆法系一贯强调的逻辑性和稳定性，体现了大陆法系权利体系的优点。

第四节　人格商业化利用的形式

一、自己使用

自然人或者法人作为自己人格标识的权利主体，有权利自主决定人格商业化利用的形式。许多公众人物意识到自己人格标识在社会上的号召力和影响力，产生了通过自身人格标识获得报酬的想法，这可能存在两种情形。一是将自己的人格标识直接作为商品或者印制在商品上出售，

① 王利明：《论人格权商品化》，《法律科学》2013 年第 4 期。

例如将自己肖像的物化符号，如照片、雕塑等或者自己的亲笔签名等作为商品出售，或者将自己的肖像或典型形象用于产品的包装或者广告中，从而获取经济利益；二是将自己的姓名注册为法人名称或商标，开展生产经营活动，最为典型的就是李宁体育用品，李宁将自己的姓名注册为商标，用于生产经营。

二、许可使用

人格权人实现其人格权中经济利益的方式包括两种，自己实现其价值或者授权他人使用。但是大部分情况下，权利主体需要以许可使用的方式实现其人格权中的经济价值。姓名、肖像等自然人人格权的商业利用并不完全以普通的转让合同的方式进行，往往是采取授权许可合同的方式进行，即许可他人对自己的姓名、肖像等人格标识进行商业性使用，被许可人由此获得对该人格标识进行商业利用的权利。因此，人格权中经济利益的许可使用制度对保护人格权中经济利益来说具有重大的现实意义。

（一）人格权中经济利益许可使用的必要性

一方面，从实现人格权人的精神利益角度看，允许权利主体授权他人使用其标表型人格要素，对于他人而言，有利于借助权利主体的知名度、美誉度为其带来巨大的经济利益；对于权利主体本身而言，也能在许可使用的过程中获得一定的经济利益，为人格的进一步发展提供了物质基础；同时，也有利于权利主体进一步提高其社会曝光率和知名度，进一步塑造和完善其人格，满足了权利主体精神利益的需求，是人格自由发展的体现。只要这种自由发展自己人格的方式不损害公共利益和社会公序良俗，法律不应该禁止。另一方面，从实现人格权中财产利益角度来看，有必要允许权利主体授权他人使用其标表型人格要素。既然法律上有承认人格权的经济利益的必要，则必须赋予权利主体实现其人格权中经济利益的自由。虽然权利人自己利用人格权中财产价值是最理想的模式，但是这种模式受个体本身资源的局限，一般都不具备自己实现其人格要素商业价值的条件，无法最大限度发挥人格权的经济价值。而经济利益只有在市场交易中充分体现和实现其价值，只有授权他人使用，才能充分利用人格要素的经济利益，实现人格权最大的商业价值。再者，权利主体对精神性人格权的行使，目的是实现精神性人格权中的实用价值，获得相应的经济利益。一旦精神性人格权中的使用价值不被立法认可，经济利益得不到有效承认，权利主体的意图就会受到阻碍，意志无法实现，应有权利无法成为现有权利，精神性人格权的内涵与权能处于残缺不全的状态。姓名、肖像、隐私等标表型人格要素得不到相应的法律保护，也就无所谓法律救济。精神性人格权成为一种裸权利，权利行使或是权利的被侵犯处于混沌状态。该种状况下只能百般无奈地看着自己的标表型人格要素被他人擅加利用与获利。因此，承认精神性人格权具有经济利益，既是对权利主体相关权益的肯定，又便于民事主体寻求权益保护与救济。

（二）人格权中经济利益许可使用的可行性

人意欲谋得最大限度的利益，往往借助对各项可支配资源的有效利用。但是，人们追求的利益在表现形态、取得方式、社会评价、存续期限、保护手段等方面呈现多样化。从权利主体人格商业利用的实践来看，不管法律允许不允许，许可他人使用其人格要素，从而获得丰厚的报酬已经成为很普遍的现象，被广泛接受和认可。这说明人格商业利用既符合权利人谋利的期冀，符合民商事交易中的效率原则，也符合当下中国的社会道德标准。现代市场经济本质上是法治经济，保障多元化利益主体的多元利益诉求，是法治经济的本质要求。法治是现代市场经济的基石，法治的功能是依法设定主体行为的边界，建立行为的准则，降低交易成本，使经济运行更加顺畅、有效。构建人格商业化利用保护的法律制度，能够充分发挥市场经济的法治化功能，激发市场主体内生动力，释放创新潜能，满足市场经济保障多元利益诉求。因此，面对权利主体向法律提出的权利诉求，即将利益权利化、制度化保障的要求，承认权利主体可许可他人有限、有偿使用其标表型人格要素，具备了现实的可行性。

另外，人格权中财产利益的许可使用，不会导致人格权人丧失人格权，也不会影响人格的完整性。实现人格权中经济利益，权利主体需要将部分标表型人格权的使用权授权他人使用。许可使用方式之下，权利主体通过许可使用合同暂时让渡给被许可人一定范围的使用权，该部分使用权以外的其他权能仍然由权利主体所拥有。如自然人许可他人使用其姓名，并不意味着自然人不再享有、放弃或者丧失自己的姓名权。许可使用只是为权利主体的人格权设置一种暂时性的限制，等许可使用合同到期，暂时让渡的该部分使用权便可以自动恢复给权利主体，人格权恢复成圆满状态，人格权并没有丧失或贬损，其固有的作为“人之所以为人”的人格要素仍然附着在权利主体身上。因此，许可使用不会导致权利主体的更换，这只是一种权利主体行使自己权利的方式。

（三）许可使用的范围与限制

许可使用主要是指权利主体将自己的姓名、肖像、形象、声音等人格标识授权许可他人使用。为了实现财产的流转，承认标表型人格的可转让性，权利人可以主动将自己的人格标识授权他人使用，受让人通过支付合理的对价，获得权利人人格标识的使用权，此时发生转让的仅为权利的使用权而不是所有权。受让人在取得权利使用权之后，可以在双方约定的范围内，按照约定的形式使用权利人的人格标识。

按照权利转让理论，授权转让合同相对应的也可以分为三种形式，一种是普通的授权许可协议，即该人格标识在被转让之后，许可人、被许可人以及第三人均有权使用该人格标识；第二种是排他性的授权许可协议，是指被许可人取得许可使用的授权之后，只有许可人自己和被许可人使用，第三人在任何情况下均不得使用；第三种情形是独占性授权许可协议，是指该使用权发生转让之后，只有被许可人享有使用权，权利人和许可人均无权再使用。笔者认为人格商业化利用转让使用权的时候，应只能采纳第三种转让方式，人格权是“人之所以为人”的权利，是标表民事主体个性特征的人身识别因素，与自然人的人身紧密联系，不可分离，如果采用前两种转让方式，可能会损害权利主体的预期利益，无法有效地保护权利主体的人格标识；而独占性的许可使用，既可以实现经济价值的流转，又可以赋予被许可人排除他人使用的权利，加大了人格商业化利用的保护力度，在经济效益和权利安全之间找到了支撑点。目前在我国的法人人格标识转让的过程中，司法实践中严格采取绝对转让主义，也就是说法人的名称或者商号的转让必须随同营业一并进行，这样能够鼓励诚信的市场竞争行为，保护消费者的信赖利益。

具体而言，典型的许可使用方式有以下几种：

第一，许可代言商品或服务。这是人格商业利用最普遍的方式。让名人作为企业和产品的市场代言人，通过名人对产品或者服务的品牌宣传活动，达到消费者将对名人的好感转移到其所代表的品牌上，从而扩大企业知名度，树立品牌形象。作为商品或服务的代言人，可以允许商家将权利主体的肖像印于商品、服务或者广告上，可以出席商家举行的各种商业活动，等等。通过明星代言产品，利用明星的个人魅力和特有的影响力来宣传商品或服务，能够迅速扩大其影响力，加快传播速度，缩短进入消费者视野的时间，加大消费者的购买欲望，从而实现姓名、肖像、声音等标表型人格要素经济价值的最大化。

第二，许可作为商标使用。商标是商品的生产者、经营者在其生产、制造、加工、拣选或者经销的商品上或者服务的提供者在其提供的服务上采用的，用于区别商品或服务来源的，具有显著特征的标志。商标是企业在商业活动中的无形资产，商标通过确保商标注册人享有用以标明商品或服务，或者许可他人使用以获取报酬的专用权，而使商标注册人受到保护。只要符合《中华人民共和国商标法》的规定，任何标识都可以称为商标，包括自然人的姓名和肖像，特别是名人的姓名和肖像更是商标的首选。名人的肖像在市场经济中不再仅局限于标识自然人的身份，其宣传产品、引起消费者注意的“消费符号”作用日益突出。根据我国《商标法》的规定，图形及图形与其他要素的组合，只要能够区别商品或服务项目，均可以作为商标。因此，肖像权利人可以将自己的肖像作为商标使用或注册为商标使用，也可以许可使用人将其肖像直接作为商标使用或注册为商标使用，从而收取使用人的使用费或者根据使用人使用肖像的收益按比例分成。

第三，许可作为商号使用。商号是企业的字号或者名称，是企业特定化的标志。商号“被广泛使用于商品或其包装以及多种广告宣传媒介上，发挥着区别商品生产者及其商品或服务，承载商主体享有的商业信誉的职能”，如袁隆平将自己的姓名以 380 万授权给袁隆平农业高科技股份有限公司，成为我国第一家以科学家名字冠名的上市公司。

第四，作价投资。作价投资是姓名权、肖像权等标表型人格权商业利用的主要形式。根据《中华人民共和国公司法》第 27 条规定：“股东可以用货币出资，也可以用实物、知识产权、土地使用权等可以用货币估价并可以依法转让的非货币财产作价出资；但是，法律、行政法规规定不得作为出资的财产除外。”《中华人民共和国合伙企业法》第 16 条规定：“合伙人可以用货币、实物、知识产权、土地使用权或者其他财产权利出资，也可以用劳务出资。”从上述规定可以看出，法律倡导股东出资形式的多元化，而商品化利用的人格权也可包含在出资范围之内。姓名、肖像等人格标识，由于它们易于消费者的辨认，因此会有助于商品的流通和销售。使用姓名、肖像等人格标识，都要支付相应的对价，都是有成本的。既然姓名权、肖像权等标表型人格权具有财产利益，则应允许对其作价投资。这样，才能使姓名权、肖像权等标表型人格权的财产利益在商业利用中发挥最大的效益。如袁隆平先生允许湖南农科院等五家单位有偿使用其姓名发起成立袁隆平农业高科技股份有限公司，其姓名作价 380 万元折股 250 万股作为投资，以自然人的方式作为该股份的发起人。

无论是权利主体自己使用或者授权许可他人使用，都必须遵守公序良俗，符合社会的经济流转秩序和伦理道德，不得损害社会秩序以及第三人的合法权利，更不得以牺牲生命或者身体健康为代价。

第三章　人格商业化利用的正当性

拉伦茨认为，构成法律规定的概念，与法律一样通常具有历史性的时间结构，必须随历史变迁而演进。在此过程中，某一观念是否能被植入权利的内涵，端视持论者能否提出深具合理性的论证。权利正是通过理性论证而被塑形、变动和发展的。笔者将从人格商业化利用的法理依据、人格商业化利用的价值基础和现实基础三个方面对其存在的正当性进行分析，从而揭示其体现的法律价值。

第一节　人格商业化利用的法理依据

一、财产权的劳动理论

"一个人通过自己的劳动和努力所创造的东西属于他自己"的观念可以溯源至罗马法时期，而著名英国思想家洛克是自罗马法之后系统地发展了自然法的财产权劳动思想的第一人。洛克基于自然权利的理论，阐述了劳动是获得私人财产的重要途径以及劳动使人们获得私人财产权的合理性。洛克认为，上帝将天堂留给了自己，而将地上的一切留给人类共有，没有哪个人对处于自然状态的东西原来就享有私有财产权。但人们如要生存下去，就必须通过某种方式将共有的东西变为私有，使别人不能再对它享有任何权利。为了回答如何将共有财产转化为私有财产这一问题，洛克提出了著名的劳动学说。洛克认为，一切处于自然状态的资源属于人类共有，人的身体及源于身体的劳动属于他自己所有；劳动是获得财产的一种重要途径，人们通过劳动获得了一定的财产，并对获得的财产享有某种程度上的所有权，这是基于自然权利理论发展而来的。在他看来：每个人对自己的人身享有一种所有权，除他之外，任何人没有这个权利。他身体所从事的劳动和他的双手所进行的工作，我们可以说，是正当地属于他的。所以，只要他使任何东西脱离自然所提供和那个东西所处的状态，它就已经掺进他的劳动，在这上面掺进他自己所有的某些东西，因而使它成为他的财产。[①] 在这个意义上，人身是每个人与生俱来的第一笔财产。由此看来，人格不仅在归属意义上(法律意义上)与财产权发生关联，而且在发生意义上(经济意义上)与财产权产生联系。如果这种联系得到法律上的认可，则人格自身也可转化为财产权的一部分。[②] 他有权利决定自己是否参加劳动以及参加何种劳动，这同样也是所有权的一种体现。劳动自然能创造一定的价值，产生的劳动成果中是附加了劳动因素在内的，此时的物不再是原始的、未经加工的自然状态，而是与劳动相结合，由于劳动成果上附加了劳动，也使得劳动者对该物获得了所有权，即所谓的“某种东西附在其上，此种东西排斥了他人的共享权利”，劳动者此时由此“使它们脱离原来所处的共同状态，确定了对它们这些物的财产权”。[③] 这就是洛克的财产权劳动理论。此理论树立了劳动在取得私有财产权及增加社会财富方面的核心价值：一方面，劳动学说强调在取得私有财产权的过程中，劳动起到了至关重要的作用；另一方面，劳动学说指明了劳动对增加社会财富的核心作用。洛克的劳动理论的核心思想在于，人格的某些方面通过劳动等方法外化固定后可成为财产权。[④]

洛克提出他的财产权劳动理论后，人们也提出了这样的质疑：为什么一个人对自己的身体享有财产权？也就是说，该理论可以在多大程度上为无形财产，更具体地说，为人格中的财产提供一个特定的正当化的理由呢？或者说在多大程度上能为诸如姓名、声音和肖像这样的人格特质中的财产权提供一个令人信服的正当化理由呢？一些美国的权威意见试图用洛克的术语将公开权正当化，McCarthy 声称，有洞察力的法律评述者不会回避保卫一个人控制对身份的商业利用的权利，这种权利是每个人都拥有的不证自明的自然权利；他还引用 Nimmer 的观点说，除非存在重大的相反的公共政策考虑，每个人都有权享有他的劳动果实，这可以说是

---

①③ [英]洛克：《政府论》(下篇)，叶启芳、瞿菊农译，商务印书馆 1982 年版，第 19、19—20 页。

② 参见陈传法：《人格财产及其法律意义》，《法商研究》2015 年第 2 期。

④ 参见[美]斯蒂芬·芒泽：《财产理论》，彭诚信译，北京大学出版社 2006 年版，第 53 页。

英美法系的法哲学的一项重要原则，一个具有最基本性质的原则。类似的观点还出现在了司法论断中。例如，在 Uhlaender v. Henrricksen 案中，Neville 法官声称，至少对名人而言，公开权通过财产权的方式为一个人通过艰苦工作和努力而建立的财产提供了保护。一位名人对其公共人格具有一项合理的财产性利益。一位名人应当被认为已将其多年的时间和竞争投入了一个公共人格，这个人格最终可能具有市场价值。在他的姓名、肖像、统计资料和其他特征中包含的身份认同是他的劳动的果实，并且是一种财产。①

人格的商业化利用参照洛克的财产权劳动理论来看，首先是权利人自身通过自己日积月累的劳动使得人格产生了相应的影响力和号召力，使得其中蕴含了一些潜在的商业价值，理所当然地，权利人获得了这些人格的所有权，他们有权利进行占有、使用、收益与处分。

洛克的劳动理论学说为人格的商业利用提供了一种道义上的支持：每个人对自己的人身享有所有权，只要是在公序良俗的范围内，每个人对于用他身体的劳动所创造的价值都应当享有相应的经济利益。自然人尤其是名人通过大量的时间、金钱投入及精心策划而在公众心目中所取得的良好声誉，是他们劳动的成果。当他们将这一劳动成果运用到某种特定的商品或服务上时，他们当然可以享有姓名、肖像等人格标识在与这些商品或服务相联系时所创造的经济利益。作为其权利客体的姓名、肖像、声音等一切可以用来识别该人的人格因素，其实与劳动一样，源于一个人的身体，或者说与身体本来就是同一的。基于一个人对自己的身体享有一种天赋的自然权利，他当然无可非议地对自己的形象也享有自然权利，这使得他可以决定如何利用自己的形象，而除他以外的任何人都是他的义务主体，负有不得擅自商业性地利用其形象的义务。可以这么认为，具有商业价值的人格标识通常是个人的成就，是个人在特定的领域有意识的持久努力的结果。“一个名人必须经过多年的投入和激烈的竞争才能使他的公众形象具有市场价值。这种体现在他的姓名、肖像及其他人格

① 参见[澳]胡·贝弗利-史密斯：《人格的商业利用》，李志刚、缪因知译，北京大学出版社 2007 年版，第 338 页。

标识上的形象,是他的劳动成果,是一种财产权。”[①]

但也有学者对此提出质疑,认为成名是一种复杂的现象,其中起作用的因素很多。如媒体的宣传、公众的关注、偶然性的机遇等外界因素的影响也不容忽视。这也是公开权的劳动学说的主要反对者——Madow 教授所着重强调的一点理由。Madow 指出:“一个名人的公众形象总是复杂的社会进程的产物,在这一进程中,名人及名人产业的‘劳动’(时间、金钱、努力)并非永远起到主要作用,明星形象的含义及其‘公开价值’取决于有着不同需要及兴趣的不同群体及个人对其的解释与运用。”[②]在 Madow 看来,一个知名形象的产生远非名人所能控制,他不能像挑选一件皮衣一样,挑选一个公众喜爱的形象贴到自己的脸上,媒体、公众虽不能使某一形象呈现出他们喜好的任何含义,却可以选择体现自己的情感及价值观的形象并使其被更多人接受,因而事实上也参加了名人形象的塑造。人格商业化利用所产生的商业价值并不取决于真实人物本身,而是取决于具有不同需要和利益的集团及个体赋予其何种意义及何种应用,因此也不应就这种价值主张独占权利,认为其人格所内含的商业价值,不仅仅是权利人自身创造的,还需要不同的利益集团有这种利益需求。有人认为,名人形象中的商业价值并非主要源于名人塑造其形象的劳动,有关单位的投资、包装、宣传也是一种劳动,单位可以要求分享名人形象所带来的商业利益,以此作为劳动的回报。[③] 笔者认为这种说法是欠妥的,如果没有权利人创造出的影响力,则消费者在一种未知的情形之下,是不知道自己是否存在这种利益需求的,所以基本的前提还是权利人的劳动创造出的商业价值,只是之后被利益群体所重视和发掘,使得其利益得到外在的表现。

劳动者通过自己的智慧劳动,自然状态的物变成了具有一定价值的物,这其中融入了劳动者的人格,但这并不是绝对化的,如某个商标的声

---

① 赵宾、李林启、张艳:《人格权商品化法律问题研究》,知识产权出版社 2009 年版,第 134 页。

② Michael Madow,Private Ownership of Public Image Popular Culture and Publicity Rights,Cal L Rev,1993(81).转引自张丹丹、马哲:《商品化权的正当性论析——基于财产权劳动学说的思考》,《当代法学》2009 年第 3 期。

③ 参见熊伟:《形象权法律制度研究》,武汉大学法学院 2002 年博士学位论文。

誉，驰名商标的形成等虽然其中涵括劳动者的努力，但也不排除外界的宣传和消费者的追捧，这些都是起辅助作用的，并不因为这其中包含他人的劳动，而否定权利人本拥有的著作权、商标权等。马克思曾说过价值的含义分为体现在商品中的社会必要劳动和客观事物的有用性。就是说人们的劳动创造出的产品是能够满足人们需求的，符合马克思的价值理论的，就属于蕴含财产权的劳动成果，就理应受到保护。因此，所有与我同一的以及我所创造的都是属于我的，这是一种自然权利的理性。

二、先占理论

自然法学派的财产理论来源于古老的罗马法概念，即基于先占或加工而对财产的“自然取得”。在古罗马法中，先占是一种原始取得方式，即基于对物的占有而取得所有权，在先占之前，该物一直处于无主状态，占有人有了取得该物的意思表示，实施了占有的行为，从而取得对该物的所有权。① 梅因认为：“财产权利不可侵犯性在实际上长期得到了认可时，以及绝大多数享有物件已属于私人所有时，单纯的占有可以准许第一个占有人就以前没有被主张所有权的物品取得完全物有权。”②被占有之物在被占有之前不是权利的对象，因为占有人并没有获得对该物的所有权，只有实施了占有行为，此时的物就成了法律意义上的物，是占有的对象，那理应就是法律的调整对象。

该理论对于人格的商业化利用具有一定的借鉴意义。姓名、肖像等人格标识作为人的主体性要素，是伴随着人的出生而产生的。换言之，人从出生之时就占有了姓名、肖像等一切人格要素，在时间上优先于任何一种占有物。姓名、肖像等人格标识的持有人优先于任何其他人而占有自己的姓名、肖像。那么根据占有理论，权利人就拥有了这些人格标识的所有权，依照所有权理论，权利人就可以对自己占有的姓名、肖像等人格标识占有、使用、收益和处分。而且既然一个人的肖像、姓名等人格标识具有财产价值，可以区分为“你的、我的”，那么它所属的人为什么不能主张

---

① 参见吴汉东：《财产的非物质化革命与革命的非物质财产法》，《中国社会科学》2003 年第 4 期。

② [英]梅因：《古代法》，沈景一译，商务印书馆 2011 年版，第 145 页。

财产权利呢？对于这样一种财产，它的原始归属者显然有着比他人更为强烈的要求，它应当属于最先占有和使用他的人。这些人格标识中所蕴含的既有精神性利益，也有财产性利益，都属于权利人所有，权利人有权决定这些利益的使用方式，即处分权，更有资格享受这些人格标识所带来的一切经济利益，此为收益权。正是基于这种先占，其他人就不得干涉或侵犯这种自由的支配权。如果想对这种人格要素有所作为，就得征求人格标识权利人的同意，得到许可，这完全符合法律的公平正义原则。

三、功利主义理论

哲学家边沁有着著名的功利主义理论，他认为一种资源是否为产权，取决于该财产给人们带来的痛苦和快乐的比例，以及能否增加社会财富。如果它所带来的快乐远大于给人们带来的痛苦，而且能够增加社会的福利，那这种资源就是产权。一旦成了产权，要想成为一种财产权，要求该资源能够超越单纯的自然属性，满足人们的利益需要，使得人们有更加快乐的感觉，且能增加社会的财富。边沁主义的观点认为，没有存在于法律之前的自然财产之类的东西；财产完全是法律的产物，如果法律不存在了，那么财产也就不复存在了。[①]

具有一定影响力或吸引力的人格标识，并不是一种单纯的物理存在，它可以转化为直接的经济利益，有助于增进社会的总福利。因为“他们的表演、发明和努力有益于我们的社会，而他们对商业事业的参与可能能向消费者传递有价值的信息”。[②] 姓名、肖像等人格标识，作为商业标志使用降低了消费者的寻找成本与商家的宣传成本，使其成为既稀缺又有需求的生活资源，如果不通过法律上的权利制度对该利益进行分配，那么所有有商业眼光的人都会对其加以利用。“如果没有保护的话，人们将不愿意去参与可能会给他们带来名声，但也随之会带来对他们的姓名或形象的粗暴商业性利用的活动。如果法律承认了一项对未经授权的商业性利用进行控制的权利，那哪怕只是略微地促进了一下有益于社会的活动，都会

① 参见[澳]胡·贝弗利-史密斯：《人格的商业利用》，李志刚、缪因知译，北京大学出版社 2007 年版，第 345 页。

② [澳]胡·贝弗利-史密斯：《人格的商业利用》，李志刚、缪因知译，北京大学出版社 2007 年版，第 349 页。

使社会整体获得好处。”[①]因此，对具有一定影响力或吸引力的人格标识所具有的形象利益进行产权界定，建立一个合理的产权系统，可以一方面实现这些人格的社会影响力和号召力，社会上充斥着快乐的局面。另一方面还能消除权利主体的不安全感，使得权利主体更加有信心进行自身人格权的利用或者是转让给他人使用，这样既增加了自身的精神愉悦，又满足了使用人的精神需求和利益追寻，消费者的精神享受和物质需要也能得到满足，实现了利益的最大化，带来了更多的快乐，是一种善行。边沁曾说过，所谓善便是快乐或幸福，所谓恶便是痛苦。在一切可能有的事态当中，包含着快乐超过痛苦的最大盈余的那种事态是最善的。[②]

四、自由意志论

关于财产权的哲学基础，康德、黑格尔的自由意志论是继洛克的自然权利之后最有影响的理论。康德在关于人的意志与自由的论述中，把人的本质解释为自主的、道德的存在。自由是内在的权利，是“人根据人性而具有的唯一原初的、固有的权利”。这一基本权利意味着“每个人都是独立的并是他自己的主人”。[③] 此外，单纯感官意义的占有，尚不足以称之为“我的”，只有在不以肢体或个人力量来实现对物的占有，而是在观念上将某物视为“我的”情况下，并且物与人的事实上的分离也不能改变人与物的关系的情况下，才能称为所有权。因此，康德对于所有权的这样一种外在获得原则，可以这样表述：“无论是什么东西，只要我根据外在自由法则把该物置于我的强力之下，并把它作为我自由意志活动的对象，我有能力依照实践理性的公设去使用它，而且，我依照可能联合起来的共同意志的观念，决意把一物变成我的，那么，此物就是我的。”[④] 理性、自由、自主在康德的道德哲学中是交织在一起的基本理念，自主意味着每个人具有控制应用自己的权利，任何他人的干涉都是对其内在的自由权的侵犯。在康德的理论体系中，财产是人的自由的延伸，所有的物都可以被拥有和

---

① [澳]胡·贝弗利-史密斯：《人格的商业利用》，李志刚、缪因知译，北京大学出版社2007年版，第350页。

② 参见[英]罗素：《西方哲学史》(下)，马元德译，商务印书馆2009年版，第12页。

③④ [德]康德：《法的形而上学原理——权利的哲学》，沈叔平译，商务印书馆1991年版，第49、409页。

使用，假如存在人的控制能力之外的物，这将与人的自由相冲突，因为它剥夺了人按照意志利用这些物的自由。

黑格尔建构了财产权的人格理论，他认为，法是意志的体现，人有权把他的意志体现在任何物中，使该物成为“我”的东西；人具有这种权利作为他的实体性的目的，因为物在自身中不具有这种目的，而是从“我”的意志中获得它的规定和灵魂的，这就是人对一切物据为己有的绝对权利。① 黑格尔设想了一个情形，在其中，个人的意志体现在外部物体中。为了实现这一点，财产权成了一个人的核心权利，一项利用所有事物的绝对权利。黑格尔体系中的所有权的要点，不是去满足一个人的物质需要，而是去发展或实现他的人格。人格是纯粹的主观性的，需要通过对外部世界的一部分主张权利而使其在外部世界中得到体现。因此，财产主张的提出有助于发展人格，因为其带来了他人的承认，并因此有助于为财产主张者施加一个道德和社会的维度。② 因为人格只有在外在的东西上得到体现才能真正地实现自己。所有权的意义就在于它扬弃了人格的纯粹主观性，给自由以外部的领域，黑格尔因而提出“人格权本质上就是物权”。③ 可见，人格非但不排斥财产，并且依赖财产来实现自己。

黑格尔的人格理论在解说人格的商品化利用的正当性方面更有价值。一方面，黑格尔从一个更广泛的意义上来界定物，认为相对自由、意志而言是外在的东西均属于物的范畴。商品化权的客体种类繁多：其中虽然不乏自然界原本存在的外在于“我”的有形物，但绝大多数商品化权的客体仍然是与人的精神或身体密切相关的。另一方面，黑格尔没有将自由定格在对所有物的不受干涉地使用的层面，而是从人格的自主性角度来阐释自由：通过主张财产权，不仅使自由获得了外部的定在，还能使主体的人格得到实现和发展。这一思想对于认识商品化权的正当性极具启示；因为如果说财产的真正价值在于发展和实现主体的人格，那么较之

① 参见[德]黑格尔：《法哲学原理》，范杨、张企泰译，商务印书馆 1961 年版，第 20 页。

② 参见[澳]胡·贝弗利-史密斯，《人格的商业利用》，李志刚、缪因知译，北京大学出版社 2007 年版，第 343 页。

③ [德]黑格尔：《法哲学原理》，范杨、张企泰译，商务印书馆 1961 年版，第 52 页。

于有形财产形象因素的这种潜质则更为明显。[①] 在现实世界中，物权、债权、知识产权等财产权是人们的自由的外部所在，也是市民社会的基础，正是这些财产权使人们的行为有了合理的预期，从而使人们摆脱了原始的混乱状态，获得了真正的自由。人格标识不像有体物那样可被自然占有，但并不妨碍主体对这一对象“纯粹法律的占有”。它的占有者有权将其作为“我的”财产而不受他人干扰，他可以对其人格标识拥有如同他对物一样的各种权利，对其中蕴含的经济利益行使占有、使用、收益和处分的权能。

康德、黑格尔的自由意志论从一个角度揭示了人格商业化利用的哲学基础：从个人自治原则出发，每个人都有发展和完善形象的权利，同时也有权决定其人格标识的哪些方面以何种方式展示在世人面前。有人可能会认为，该理论虽可为人格标识的保护提供很好的理论基础，但是却无法为人格的商业化利用提供辩护。然而，不容置疑的是，擅自对他人人格做商业化利用，就会影响他人对其形象产生不同的看法。如果个人无权控制这种商业利用，则个人的形象可能会被用于铺天盖地的广告，而这常常违反了个人的意志，也侵入了个人自治的领域。人格的商业化利用是内在的财产利益外在为一种财产权，那么对人格的尊重就需要对该种财产权益的尊重，更是对人的自由意志的尊重，权利主体可以自由地享有、使用自身的人格标识，并有权利决定是否许可他人对其人格进行商业化利用，以实现人格的财产利益。因此，作为财产权的人格权通过商品化的人格维护了个人自由享有、使用和控制姓名、肖像等人格要素的权利；从这个意义上来讲，对商品化的姓名、肖像等的尊重就意味着“对个人意志自由和人格尊严的尊重”。

第二节　人格商业化利用的价值基础

人格商业化利用的价值基础何在？不可否认，人格的商业化利用，希望达到的目的不外乎将包含于权利客体当中的使用价值，通过让位使用等方式转化为具有流通性的财产利益，进而为权利人现实享有。有学者

---

① 参见赵宾、李林启、张艳：《人格权商品化法律问题研究》，知识产权出版社 2009 年版，第 147 页。

认为，商品化权旨在保护主体的“人格标识”或“人的确定因素”的价值，它的产生以人格特质为前提，以人的情感、声誉、地位为基础，这是区别于任何财产权利的本质特征。[①] 因此，人格商业化利用以人格因素为价值基础。

一、人格上附带财产价值

人格的发展过程同时也是人的伦理哲学发展的产物。在近代民法上，人格是以人的伦理价值为实质基础的，而人的伦理价值又具体表现为“生命、身体、健康、自由、尊严、名誉”等范畴。现代以来，各国民法开始使用“人格”的概念对这些伦理价值进行保护。但人格权与物权、债权等这些传统的民事权利不同，它是“内在于人”的，而传统的民事权利是“外在于人的”。传统的人的伦理价值，如生命、身体、健康和自由，是作为人的不可或缺的属性。这些价值可以被视为“人之所以为人”的底线，没有这些伦理价值就不是法律人。但是，随着社会的发展，人的伦理价值在现代社会出现了扩张，那些新兴的人的价值已经远远超越了“人之所以为人”底线（如肖像、隐私、知情、生活安宁等价值因素，在事实上已经与人的本体渐行渐远了）。这些价值已经无法包容在“人所固有的东西”的范畴之内，而更大程度上应当被视为“外在于人的事物”了。[②] 这种“伦理价值外在化”的观念为某些伦理价值因素延伸到商业领域提供了正当性的支持。随着商品经济关系在整个社会领域的蔓延，姓名、肖像等这些人的伦理价值因素开始具有了可以用金钱价值衡量的财产属性。人们开始对自身的那部分具有经济性价值的人格要素进行支配，就如他们当初支配财产那样。同时，未经本人同意而支配他人的人格要素的现象出现了，这实际上也是一种侵权，就如侵害他人的财产一样。传统民法中人格价值与财产的鲜明对立开始在某些领域模糊起来，人像拥有财产那样拥有某些人格价值，已经不再是不可想象的事情了。同时，一个人要实现自我的全面发展，成为一个真正的人，就需要将自身融入外在的世界，能够对外在的资源进行支配，财产权是确保该支配有效进行的必要形式。随着高新技术

---

① 参见杨立新：《人身权法论》(第 3 版)，人民法院出版社 2006 年版，第 375 页。

② 参见马俊驹：《关于人格权基础理论问题的探讨》，《法学杂志》2007 年第 5 期。

产业的迅猛发展，包含信息化、网络化、数字化、形象化的新经济形态呈现出来，以注意力经济为表现形态的形象化是新经济中一个最为明显且有着自己独特运作模式的特征。[①]

网络、电视的各种电子媒介融入人们的生活之中，人们足不出户便可知天下事，信息资源就出现了相对过剩的状态。“有价值的不再是信息，而是公众的注意力”[②]，如何吸引人们的眼球，让人们从众多的信息中选择最有价值且是自己所需要的信息成为共识，注意力经济的发展成了现代经济发展的趋向。人们第一视觉感受到的是事物的外在形象，有了形象才会有注意力，进而可以刺激人们的各种欲望。曾有学者这样形容形象的作用：“形象作为美学概念的时候，影响的是艺术领域，即人们的精神世界；而形象作为经济概念的时候，改变的却是整个世界。”[③]

经济学界认为形象经济的生产力要素分为个性化资源、概念商品化、品牌资本化以及传播市场化。[④]这里所谓的形象是一个广义的概念，包括姓名、肖像、姿势、手势等各种标表型的人格标识。形象经济强调的是被社会公众所认知的品牌效应，众多知名人物成为某种商品或者服务的代言人，也是利用名人的形象效应，名人被社会公众所熟知和追捧，那么他的个人形象特征就比较突出，被商业化利用的机会就加大，所带来的经济利润也会增加。人格商业化利用也是形象经济的一种表现形式，其所带来的利益包括精神层面的利益，主要体现在权利主体自身得以重视和信赖，生产者、经营者获取巨大商业利润的精神满足感，消费者购买自己追捧偶像代言的商品的愉悦感等；更进一步的是权利主体、生产者、经营者对物质利益的享受，形象优良的产品、服务的价值远高于相貌平平的商品或者服务，形象资源的利用能够直接影响消费者的消费行为，抢占市场地位，但如何有效地分配利益以及规制人们的行为，是人格权保护的新问题。

---

①④ 参见居易：《形象经济与形象学经济》，《苏州城市建设环境保护学院学报》2001年第4期。

② 孙科炎、董晓孝：《经济心理学》，中国电力出版社2012年版，第114页。

③ 姬旭升：《居氏形象经济学》，《中国名牌》2000年第6期。

二、人享有人格财产的处分权

从罗马法开始，就认为人是享有法律权利、承担法律义务的实体。人格是人之为人的最基本的要求，人格商业化利用的定义是人可以自己使用或者许可他人使用人格标识，首要的一点就是权利主体必须对该人格标识具有处分权，但这种处分权的行使不能违背最基本的伦理道理，如不能出卖自己的身体、器官、血液等这些人格要素。

现代民法学界对于人的概念有以下几种说法。第一种以康德为代表，认为人是自由、理性的行动者，人的存在本身就是目的，人是权利的享有者，人从出生开始，享受民事权利，享受的概念即为占有、使用、收益、处分，那人格作为"人之所以为人"的基本权利，人理所当然地享受对人格的处分权，人格上附带的财产价值作为人格的附带性利益，毫无疑问地更应受人的支配。第二种是洛克的理论，在他看来人是有自我意识的，具有理性思考能力，人们通过意识支配自己的行为，也就是人具有民事行为能力，表现在人格商业化利用中，即人知道如何去支配自己的人格，如何进行自身或者他人的人格商业化利用。还有观点认为人就是人体本身，维特根斯坦曾说过"身体是人之灵魂的最好画像"，这个观点过于苍白，人如果只是简单的是人体本身，那么属于人的姓名、肖像、外在形象等就脱离人而存在，划归于物的范畴之内，这与现代民法中的人与物的划分相矛盾，也违背了社会的伦理秩序。

洛克学派认同个人自治的劳动—应得理论，他认为"每个人都对他自己的人有一项财产权"，"身体的劳动、双手的工作，这些成果都正当的属于他"。[①] 换言之，一个人拥有自己的肢体以及肢体所创造出来的一切东西，根据上面的论述，身体与生俱来就是一个人的个人人格财产，那么姓名、肖像、形象等标表型的人格要素都是伴随人的身体而产生、发展和消亡；而且这些标表型的人格标识之所以具有一定的商业价值，是通过人的自身劳动所获得的，按照劳动—应得理论，这些价值就属于权利主体享有，这些人格标识本身是权利主体特有的，不能与权利主体相分离而独立存在，因为脱离了人自身，他们就没有价值可言。可外在的物质价值却是

---

① ［英］洛克：《政府论（下篇）》，叶启芳、瞿菊农译，商务印书馆 1982 年版，第 27 页。

可以与人身相分离的，独立地受权利主体支配。如果一直依附于权利主体而存在，是很难体现上面所附带的经济利益的，只有当脱离人身体，被运用到其他商品或者服务上之后，才能真正发挥经济效用。

三、公平、正义、自由的法律价值

公平与正义是人们追求的价值目标，而正义的主要问题是社会的基本结构，更准确地说，是社会主要制度决定由社会合作而产生的利益之划分的方式。“正义的关注点可以被认为是一个群体的秩序或一个社会的制度是否适合于实现基本的目标。如果我们并不试图给出一个全面的定义，那么我们就有可能指出，满足个人的合理需要和主张，并与此同时促进生产进步和提高社会内聚性的程度——这是维持文明社会生活所必需的——就是正义的目标。”①

从经济学上社会资源的配置来看，人格商业化利用要求在利益分配上的公平正义，对其进行法律规制的初衷也就是为了实现法律的公平与正义。人格商业化利用的法律规制首先表现在权利与义务的分配上，权利与义务具有对等性，权利主体自己使用或者许可他人使用自己的人格标识，这是权利的表现，同时也附加给权利主体一定的义务要求，他需要保证其自身确实是权利的享有者，能够自由处分人格上所附带的财产利益，这种财产利益是不带有瑕疵的；相对应的权利受让方只有在通过支付对价获得人格标识使用权之后，才有权利在法律规定和双方约定的范围内，商业化地使用权利主体的人格标识并获取一定的经济利益，但同时他需要维护权利主体人格标识的号召力、影响力，不得伤害权利主体的名誉，未经权利主体同意，也不得擅自转让给第三方使用。交易的双方实现了公平的利益享受和平等的责任承担，体现了法律的实质正义，当然整个的交易过程中，公平的交易程序以及交易双方矛盾处理过程中诉诸法律予以保护的权利救济方式是程序正义的体现。对人格商业化利用进行法律规制将法律的实质正义和程序正义发挥得淋漓尽致。对知名形象的保护，可以达到“分配正义”。一个知名形象，往往是相应的权利主体付出极

---

① ［美］E. 博登海默：《法理学——法律哲学与法律方法》，邓正来译，中国政法大学出版社 2004 年版，第 261 页。

大的心血和经济代价才创作和打造出来的。目前很多商家都是“拿来主义”,未经允许就将知名形象做商业性使用,自己独占知名形象的二次开发利润;而知名形象真正的权利主体却并没有得到知名形象商品化运作所带来的好处,这种现象违背了基本的“分配正义”的本质。只有衡平商家与权利人之间的利益分配关系,才能达到“分配正义”。同时,法要促进和保障诉讼的正义。商家和权利人之间的利益冲突是不可避免的,权利和义务的分配关系不可能受到所有人的尊重,由此引起的法律纠纷也必然是大量的。人格商业化利用的法律规制通过对违反法定义务者科以民事责任的设计以保障正义,通过对赔偿受害者损失的规定以恢复正义。

在人享有对人格财产的处分权中,论述了人享有处分自身标表型人格标识的自由,自由是一定社会中人们受到法律保护或得到法律认可的按照自己的意志进行活动的人的权利。① 人格是权利主体的权利,权利主体自由利用自身的人格标识,不受其他主体的干涉和限制,这是积极的自由;未经权利主体许可,他人不得擅自使用权利主体的人格标识,在法律规定的范围内,在不违背伦理秩序的前提下,权利主体可以自由决定人格的使用方式,这是消极的自由。人格商业化利用的法律规制明确了权利利用的方式、途径以及权利受到侵害的救济措施,为权利主体自由外在表现提供了保护措施,扩大了权利利用的范围和实现途径,任何组织或个人均不得限制权利的行使,实现了权利主体的积极自由;侵害权利主体人格标识的责任人必然要受到法律的追究,实现了权利主体的消极自由。这就维护了社会正常的流转秩序,有效地缓解了矛盾与冲突,也顺应了我国现阶段的经济平稳快速发展的趋势。

第三节 人格商业化利用的现实基础

法律是一门实用科学,法律制定的初衷就是为人们的行为提供行为规范和准则,它可以起到指引作用,同时又兼有教育作用、预测作用、强制作用及评价作用,对违反法律规范的行为进行相应的救济。一部法律的制定或者一个法律条文的制定都需要与社会现实相关联,将法学理论和司法实践相结合,从实证的角度看法律规制的意义极其重要。

---

① 参见卓泽渊:《法的价值论》,法律出版社 1999 年版,第 397 页。

在社会经济较为简单的时期，民事主体对客体的利益要求比较单一，要么为人格利益，要么为财产利益，随着社会的发展，自然人的姓名、肖像、声音等人格标识被广泛运用到商业之中，成了交易的对象，这些人格标识也随之产生了商业价值，他们不单单具有人格利益，这和传统的人格与财产的二元权利体系相冲突。

传统的民法以保护人的精神利益为己任，人格利益被看作是一种纯粹的精神利益，与财产利益没有任何关系，这显然无法应对现实生活中的人格商业化利用问题，仅用传统的精神损害赔偿方式来调整人格的商业化利用行为也无法有效地解决争议双方的权利义务冲突，法律反应的滞后性与社会的发展出现了脱节。

一、人格商业化利用是社会和经济发展的必然结果

马克思曾说过“社会——不管其形式如何——究竟是什么呢？是人们相互作用的产物”[①]，人的本质属性是社会属性，通过在社会上的一系列行为，从生物意义上的人转变成了社会意义上的人，“能够不在社会里生存者，不是禽兽就是神明”[②]。也就是说社会化实现了人的本质属性，但这种转变的前提是人的需求，首先人要有这种利益层面的需求，然后通过在社会中的各种行为方式，并迎合社会的发展趋势，实现自己的人生价值和人生目标；但是这些都必须满足社会的秩序，维持社会发展的有序性，协调好与他人之间的利益关系，才能形成最佳的社会行为，否则就是一种反社会化[③]，这是与社会的发展规律相违背的，与社会公众所认知的行为规范所不相符合的，那么最终是危害他人的利益，阻碍社会的进步。

在现代社会，随着社会的发展和科技的进步，经济活动的范围也随之扩大。在市场经济的条件下，个人成为商品交换的主体，需求成为商品交换的条件，任何能够使个人获取经济利益的事物都可以用来交换，所有可以导致增加收入的东西都是资产，其中当然包括相貌、天资和劳动力。社

---

① 《马克思恩格斯选集》，第 4 卷，人民出版社 1972 年版，第 320 页。

② 易益典：《社会学教程》（第 2 版），上海人民出版社 2007 年版，第 46 页。

③ 在社会学界，反社会的行为包括：无理性型行为和有理性型行为。前者是指对社会有害的行为，后者的行为结果是不利于社会上少数人而利于社会上多数人，或者表面看不利于现在却有利于整个社会的进步和发展。

会的发展日益突破了传统人格权不得让与和继承的原则，财产越来越多地变为无形的和非物质的，传统的被认为不含财产利益的姓名、肖像等人格权与财产的联系日益紧密，其人格因素也被卷入商业化的浪潮之中，被进行商业化的利用。有学者将人格标识的商业化利用称为“人格权出现了物化趋势”，指出人的伦理价值作为一种权利被法律保护时，这种价值就脱离了人本身而产生了物化的趋势，人格权保护的强化使其范围的逐步扩张造成了人格与财产之间的界线越来越模糊。① 如著名影星、歌星或运动员同意或授权他人将其姓名或肖像等使用于商品或广告上，或同意做商家的所谓“形象大使”而频频于电视等媒体或会议等公开场合露面。这些姓名、肖像的权利人，通过其权利的行使，可以享有一定的经济利益。在市场经济条件下，资源应流向最能发挥其效用的地方，由价值规律决定其配置，商家们在有限的资源中挖掘出了部分人格权中的经济利益。既然人格标识是一种经济资源，那么人为地将它压制，限制其利用和流通是违背市场经济规律的。而且像影星、歌星和运动员等，他们为成名而投入了大量的财力、智力和劳力，为自己的人格因素的可商品化付出了大量的劳动，因此，在其成为公众人物后利用自己的天资去取得经济利益是对其之前的劳动的回报，是理所当然的，也能得到社会一般公众的认同。所以，人格的商业化利用在市场经济中成了一种必然。

人格商业化利用的形式大致可分为：权利主体对自己的人格进行商业化利用；权利主体授权许可他人对其人格进行商业化利用，谋取一定的经济利益；他人未经许可，擅自利用权利人的人格进行商业行为，获取商业利润。前两种行为是有理性的社会行为，一种是自身享有所有权的情况，一种是在权利主体同意并授权的情况下进行商业化利用，是双方意思表示达成一致，是真正的法律行为，能够平衡双方的利益，符合社会的行为规范，有利于社会的和谐发展。但是第三种情况却是一种非理性的行为，未征得权利人的许可，双方的利益是失衡状态，这必然会带来一定的矛盾纠纷，就不利于社会发展和社会秩序的建立，更无任何竞争优势可言。

新技术革命在世界范围内兴起，信息技术突飞猛进，人格商业化利用

---

① 参见朱振、都本有：《人格权的伦理分析》，《法制与社会发展》2005 年第 3 期。

也成了一种常态，附着有人格的某种商品或者服务，是一种文化，也是一种时尚。它所具有的吸引力和影响力能够带来巨大的经济收益，消费者多数时候凭借商品或服务上的具有人格特征的形象，确定自己的购买意向，从而促成买卖合同的订立。这必然会产生相应的市场竞争，有些商家就会违背诚信经营的商业道德，未经权利主体许可，擅自使用他人人格标识进行商业行为，利用消费者的喜爱和他人人格的社会公知力来实现自己的利益需求。这种欺诈消费者，偏离社会主流价值观的行为会导致社会秩序的紊乱以及社会发展的停滞，所以为了维护合法的竞争秩序，就有必要明确人格商业化利用是一种受法律保护的行为，这种行为过程中权利的归属，权利的使用范围、期限，以及未经许可擅自使用的行为性质和需承担的民事责任，如确立相应的损害赔偿额等法律保护机制，从而给社会提供行为指引规范。这样行为人就能明确自己的权限，在既可以满足自己需要又可以尊重他人利益的前提下，实现利益双赢，遏制反社会行为的出现，定纷止争，既保护了权利主体的私有利益，又维护了消费者群体的社会公共利益，保持了社会关系中各方的利益平衡，促进了社会的发展与和谐。

二、大众传媒的发展为人格的商业化利用提供了现实性

在市场经济社会，大众传媒和商业广告发展迅速，大众传媒媒介已经构成了庞大的信息网络，强大的传媒已将全球时空缩至如同一个村落。商业广告通过传媒充斥着城市的每个角落，广播、电视、报纸、杂志和网络等传播媒体每天不断地将各类商品推向消费者，可以说，大众传媒已经深入到社会生活的各个方面，生活在社会中的个人已经被形形色色的广告所包围了。大众传媒深刻地影响着人们的日常生活，改变着人们的生活方式，对个人的消费行为的选择具有重大的作用。人们在挑选一种商品时有着复杂的心理行为，如对产品质量的认可、对生产厂家的认可、对产品价值的认可等，而这些行为在很大程度上都受到大众传媒的影响。其中广告宣传对于商品的销售具有重大的推广作用。名人是社会生活中具有显著性特征的标识性符号，具有“联想价值”。由于商业宣传的绝大部分都是影视明星或体育明星的姓名、肖像，而这些名人的知名度或影响力，容易使公众产生特定的联想，将名人和宣传的商品联想起来，往往基

于对名人的推崇或信赖进而对该商品产生信赖。明星的人格要素还具有提升商品价值的功能。现代的体育赛场和影视的虚构舞台几乎可以使人一夜成名，由于媒体的宣传和公众的追捧，这些明星的巨大的商业价值开始展现。电影明星和体育明星的家庭、朋友、业余爱好、喜爱的食物、选择的衣服、房屋的装饰等，都使普通人感兴趣，人们在购物、选择生活方式时常常要想想某明星是怎样做的。因此，名人与消费时尚已建立了某种联系，形成巨大的明星效应，带来可观的商业利益，消费者往往由于对某个人的认同或喜爱，进而对于他所推荐的商品也倍感信赖，从而购买此种品牌的商品，这对商品的销售起着重要的推动作用。因此，“日益普及的大众传媒深刻地影响了人们的生活方式和商品的营销方式。借助于大众传媒的传播功能，人的肖像、姓名的商业化利用的价值越来越大，从而具有商品化的现实性”①。

三、经济价值的驱动

著名经济学家科斯曾说过：“任何法律行为都存在成本与收益的关系。”②人格商业化利用行为同样也符合这条定律，利用人在做出行为之前，都会认真分析成本与收益的关系，权衡自己的利益得失，以此来决定自己的行为方式。法律一方面维护社会的正义，另一方面需要实现资源的有效配置，也就是法律的价值目标是正义和效率。英国哲学家和社会学家赫伯特·斯宾塞说过：“每个人都可以自由地干他自己所想干的事，但这是以他没有侵犯任何其他人所享有的相同的自由为条件的。”③也就是说每个人都应当维护自己的权利并获得相应的财产，其他任何人必须尊重他人的权利。

就人格标识的商业化利用而言，它对人格标识经济价值创造的激励作用有两方面。一方面，人格的商业化利用属于对形象利益经过第一次开发之后的第二次开发，即使没有人格标识商业化利用所带来的利益刺激，人们对于知名形象的塑造仍然会乐此不疲的。另一方面，我们也不能

---

① 王利明：《论人格权商品化》，《法律科学》2013 年第 4 期。

② 参见邓文莉：《环境犯罪的成因及其控制对策的经济分析》，《法学评论》2007 年第 6 期。

③ Herbert Spencer, Justice, New York:Greneral Books, 1891, p.46.

否认,对人格的商业化利用提供全方位的保护,权利人可以通过转让或者许可使用的方式获得巨大的经济利益,这对人们从事人格的商业化利用有很大的激励功效。它不仅表现为鼓励权利主体对自己的姓名、肖像等进行开发和投资,它还表现为鼓励权利人之外的人或组织对权利人的姓名、肖像等进行正当开发和投资。通过许可制度,权利人之外的投资者可以参与姓名、肖像等形象的创造过程,并分享人格标识商业化利用所带来的利益。如果没有这种激励机制的存在,单凭权利人个人的努力,人格标识的商业化是不可能形成一个发达的产业的,因而,用“产权”来激励知名形象的所有者是具有正当性的。美国的法律经济学对人格中的财产权的正当化做出了分析。该理论认为,认可人格中的财产权会带来对名人形象的更有效率的使用。这一理论被波斯纳适用在了公开权上,他认为允许一个人对用于广告目的的照片的使用享有财产权,会保证照片的使用权能被发现照片的使用的最大价值的广告商购买到。使照片成为所有广告商的共同财产是不能实现的,因为“将同一照片以各种方式使用于不同的产品之上,会降低其广告价值,甚至可能降为零”。没有哪位名人会毫不抗拒地将他的姓名或肖像出售给广告商。如果没有保护的话,一个人的肖像可能会被商业性地利用“至其使用的边际价值变为零”①。

人格商业化利用法律规制的建立,一方面需要确定人格商业化利用应受私法保护的权利理论,另一方面,由于人格的商业化利用的初衷是为了获取一定的经济收益,那么如何有效实现人格商业化利用的权益以及如何进行利益的分配也显得非常重要。我们以法律逻辑的角度也许只能解决第一方面的问题,但从法经济学的角度就能在一定程度上弥补法律逻辑思辨的不足,结合法律的经济学分析,可得知人格商业化利用需要解决的就是如何明确产权以实现资源的优化配置。H.登姆塞茨认为“产权的一个主要功能是引导人们实现将外部性较大的内在化的激励”②,也就是说一个人的财产收益来源,当内在化收益大于内在化成本时,将外部因

---

① 参见[澳]胡·贝弗利-史密斯,《人格的商业利用》,李志刚、缪因知译,北京大学出版社 2007 年版,第 356—357 页。

② [美]H.登姆塞茨:《关于产权的理论》,转引自 R.科斯、A.阿尔钦、D.诺斯:《财产权利与制度变迁——产权学派与新制度学派译文集》,上海三联书店、上海人民出版社 1991 年版,第 97—98 页。

素内在化。产权就是一个人对资源的利用问题,如占有、使用、改变、馈赠、转让或者阻止他人侵犯其财产等各种权利,①其最终目的是合理地利用现有资源以实现经济效益的最大化。人格标识的商业化利用,表明了当今人们对个体形象资源的充分自信。形象越有名,其形象资源就越突出,就越容易被商业化利用。人格权的财产权属性的确立,将促进姓名、肖像等人格标识这种稀缺资源的有效配置和利用,确保它向那些认为它最有价值的人手中流动。经济学分析的结果表明,为了使人格标识的使用更有效率,应赋予主体以对其人格标识控制支配的产权意义,为此,在法律上就必须赋予主体享有控制支配其人格标识的权能。

随着电子信息技术的发展,网络传媒的快速普及,形象化是经济发展的明显表现,其以注意力为表现形式,②这就是所说的形象经济,是指企业通过形象及其效应获取价值和利润的经济,它是人格商业化利用的社会根源。人格的商业化利用,是经营者利用权利主体在社会上的影响力和号召力,宣传商品,迎合消费者的心理需求,从而树立起自己的企业形象,这也是形象经济的一种表现形式。由于人格标识的实用性及稀缺性,那么必然会带来比较丰厚的经济价值,美国法律经济学家波斯纳说,由于资源的稀缺和人类的需求,需要将资源有效分配实现收益的最大化,确立产权即可排除他人对资源的滥用,并且可以自主决定权利的转让,这就能实现资源价值的最大化,③同时也符合经济效率的原则。因此,人格这种注意力资源的产权私有化取决于个人的收益率。④

人格被商业化利用成了一种稀缺的资源,人格权人可以自己进行商业利用,也可以通过转让协议的方式许可他人进行商业利用。转让协议作为合同的一种形式,本质在于为了实现交易目的双方意思达成一致,交易的过程必定需要考虑交易的成本与收益,以及当合同目的不能得到实

---

① 参见[美]罗伯特·考特、托马斯·尤伦:《法和经济学》,张军等译,上海三联书店、上海人民出版社 1994 年版,第 166 页。

② 参见居易:《形象经济与形象经济学》,《苏州城市建设环境保护学院学报》2001 年第 4 期。

③ [美]理查德·波斯纳:《法律的经济分析》(上册),蒋兆康译,中国大百科全书出版社 1997 年版,第 15、42 页。

④ 参见刘茂林:《知识产权法的经济分析》,法律出版社 1996 年版,第 77 页。

现时的救济。但是如果依照合同的违约损失比例进行求偿的话，这时会出现“设计出按比例承担损失的原则：潜在的施害者和受害者形成合同关系的费用太高，从而无法定下这种比例。其结果是侵权法要求以最直接的方式依法干预私人行为”①，侵权救济就成了违约救济的补充求偿方式。

侵权人非法使用人格标识而放弃直接与权利主体的交易，很大程度上是由于经济的驱动，侵权人如果通过权利主体的授权许可才可以使用他人的人格，这肯定是需要支付相应的对价，而且是一笔不菲的费用，如果非法使用未被发现，侵权人一方面节省了成本，另一方面获得了经济利润；即使该行为被权利主体发现并要求索赔，侵权人所获得的收益也可能远高于其所承担的赔偿金额。侵权人在实施侵权行为之初，对因实施侵权行为所需要承担的代价以及自己因侵权行为所能获得的收益是进行过比较和预期的，在确定实施侵权行为的成本低于其所能获得的收益，能够为他带来一定的效益的，才有可能去实施侵权行为。

按照传统的侵权损害赔偿的填平原则，侵权人只需支付受害人因侵权行为所遭受的损失，但在实质上侵权人未经权利人许可，擅自使用他人人格标识之侵权行为所获得的利益与给人格权人所造成的损害是不对等的，侵权人所获的经济利润是远高于给人格权人造成的损害金额，这在一定程度上不能有效地制止此类侵权行为的发生。所以我们需要专门对人格商业化利用进行法律规制，使侵权人意识到触犯法律的严重性，提高侵权行为的成本，降低此类侵权行为发生的概率。

第四节　人格商业化利用的功能

每个人与生俱来就有人格标识，这些人格标识蕴含潜在的商业价值，权利主体有权利以任何合法的方式自己使用或者许可他人使用自己的姓名、肖像、声音等标表型的人格标识，并由此获得一定的经济利益，这个巨大的商业价值以及社会影响力，推动了法律的创新和发展。

---

① [美]罗伯特·考特、托马斯·尤伦：《法和经济学》，张军等译，上海三联书店、上海人民出版社 1994 年版，第 470 页。

一、自然人人格商业化利用的功能

“人作为法权主体，是他自己的主人，但不是他自己的所有者。”[1]换言之，人对于那些与生俱来的生命、身体等人格不可随意支配以及处分，以保持人格的完整性。我国《宪法》中规定了公民的人格尊严不受侵犯，[2]人格是人之为人的最基本的权利，这也就决定了对于人格的权利行使必须有理可遵，有章可循。

自然人所具有的姓名、肖像、声音等这些带有个人标志性色彩的物化性符号，是区别于他人最显著的标志，早在第二次世界大战之前，人们遵从自由、平等、博爱，通过支付相应对价来商业化利用自然人人格标识的行为被视为有违伦理道德，被社会所广泛禁止。“在 19 世纪末期，虽然立法者已经注意到非法利用他人姓名或肖像以获取利益的行为是客观存在的，但对此并没有给予重视。司法界普遍认为，允许通过支付费用的方式利用自己的姓名、肖像供他人获取利益的市场化行为是违背人的尊严的。”[3]第二次世界大战以后，随着经济的快速发展，由经济基础所决定的上层建筑——人们的思想观念也随之发生了转变，人格商业化利用的案例不断增加，人们也能逐渐接受和认可人格商业化利用的行为。在我国，伴随改革开放的深入和商品经济的发展，权利主体意识到自身被大家所认知的标表型人格标识上所蕴含的潜在经济价值，有意识地进行开发利用获得相应的经济报酬，同时以营利为目的，追求商业价值的商人们敏锐地捕捉到人格的商业价值。出于竞争的需求，商家寻找社会知名人物作为自己商品或者服务的形象代言人，或者将有巨大社会影响力的人物姓名、肖像运用到自己商品或者服务的商标中，大肆进行广告宣传，实现经营利益的最大化。

康德说过：“人是自律的，人本身就是尊严，理性的人既被当做目的，

---

① 朱高正：《康德的自然法学——自由与和平的哲学》，郑永流：《法哲学与法社会学论丛》(第 2 期)，中国政法大学出版社 2000 年版，第 279 页。

② 《中华人民共和国宪法》第 38 条规定：“中华人民共和国公民的人格尊严不受侵犯。禁止用任何方法对公民进行侮辱、诽谤和诬告陷害。”

③ 王利明：《人格权法研究》，中国人民大学出版社 2005 年版，第 278 页。

也被看做是对彼此的特殊意图有助意的，也就是被当做了手段。”①自然人将自己的人格标识自己使用或者许可他人使用，是自我意识的体现，这与人格的内涵是相符合的，也是自由的一种表现形式，与人的伦理秩序并不违背，而且人格的商业化利用能加速经济的流转，有效地配置社会资源，符合现阶段我国的经济增长目标。对人格商业化利用进行法律规制，在获得经济利益的同时，也能保护权利被侵害者的合法权益，使之能够得到法律的保护，有效地扩大人格商业化利用的使用范围。法律的变化和发展根源于利益关系的变化和发展，归根结底源于人们利益要求的变化和发展，因此，人格商业化利用具有效益价值，它促使人们投入精力去发掘和创造更多的具有商业利用价值的人格要素，进而带动经济的发展。简言之，从功能上讲，自然人的人格商业化利用，一方面在于通过人格因素如姓名、肖像等的出让使用实现人格权财产价值的析出，使权利人更为充分地享有权利，另一方面则是为了将财产性的考虑引入人格权的损害纠纷中，突破人格权损害以精神损害赔偿为主的藩篱，为权利人提供更为全面的权利救济。② “承认人格权本质上具有经济利益内涵，并不是‘人格和尊严的商品化’和降低对人格权的保护，而正是加强对人格权的全面保护的表现。”③

二、法人人格商业化利用的功能

我国的法人分为企业法人和非企业法人两种形态，企业法人是指以营利为目的，从事生产经营活动的法人。企业法人拥有自己的企业名称或者商号，作为自己商业信誉的载体，在未经许可的情形下，任何企业和个人是不可以擅自使用的。有些企业法人从设立之后，由于经营策略得当，在社会上有了一定的知名度和社会影响力，为社会公众所熟知，其本身所包含的商业价值是不言而喻的。其他有竞争关系的相关企业出于不正当竞争的目的，擅自将知名企业的商号或者名称用于自己的企业，造成

---

① [美]列奥·施特劳斯、约瑟夫·克罗波西：《政治哲学史》，李天然等译，河北人民出版社 1998 年版，第 682 页。

② 参见姚辉：《关于人格权商业化利用的若干问题》，《法学论坛》2011 年第 6 期。

③ 赵宾、李林启、张艳：《人格权商品化法律问题研究》，知识产权出版社 2009 年版，第 96 页。

了对权利主体名称权、商号权等权利的侵害，也会对消费者造成重大误解，损害消费者的权益。当出于某些法定或者意定的原因，企业法人需要注销时，伴随的企业商号或者名称也要随之注销，这在一定程度上造成了社会资源的浪费，一个企业努力营造出的知名影响力随之消逝，不能有效地配置社会资源，促进经济的流转及传承。如果可以依法将自己的商号或者名称转让给他人使用，企业在为自己谋取经济利益的同时，也会给受让方带来可观的经济利润，减轻受让方的生存压力。

对于那些不以营利为目的，从事非生产型经营活动的非企业法人而言，他们的名称或者形象符号等人格要素标识，虽然与商业无关，但是由于非企业法人本身在社会中的重要功能以及威望，他们的人格要素标识客观上也存在巨大的商业价值，他们可以为商品的生产等起到推荐或者保证作用。这样亦能为商人带来丰厚的经济回报，对人格商业化利用的法律规制可以保护社会的公共资源不被滥用，也能为经营者提供平等、一致的公共服务。

第四章　人格商业化利用法律规制的必要性

第一节　人格商业化利用的法律规制是保护权利人利益的需求

一、人格商业化利用的侵权形式

法律分为应然层面和实然层面，法律制度的设立可以起到指引作用，为人们的行为提供规范性的指引，同时也有惩戒作用，对触犯法律的人予以相应的法律惩罚。在市场经济的大潮中，商人商业化利用人格的现象层出不穷，以实现利益的最大化，这些千姿百态的社会现象的出现，就需要法律的不断完善，从而实现法律与实践的紧密联系。目前，在我国现实生活中，追逐利润的心驱使越来越多的商人觊觎那些有着重要影响力的人格标识，以实现自己终极利益目标，由此引发的纠纷也日益增多。

人格商业化利用的侵权，是指未经授权，又无法律许可，擅自对他人人格标识进行商业化利用的行为。目前我国广泛存在非法使用民事主体人格标识的侵权行为。如模仿美国前总统克林顿的形象出现在中国商品的广告上，在中国的电视画面中谈笑风生，推销中国的商品；在某些风景名胜区，有人模仿名人的形象，招揽生意，获取报酬；还有歌星谢霆锋、刘德华等，与他们的名字谐音的“泻停封”“流得滑”分别被注册为止泻药、涂改液。此外，诸如模仿“唐老鸭”的配音演员李扬的声音做广告，进行商业宣传等，屡见不鲜。不但自然人的人格标识被广泛应用于商业领域，一些享有盛誉和知名度的法人或组织也未能幸免，大学的人文环境已成为相邻的房地产开发商的楼盘宣传的重要内容。[①]

在实践中,人格商业化利用的侵权主要有以下几种表现形式:

(1)擅自使用。是指未经授权,又无法律许可,擅自对他人人格标识进行商业化使用的行为。如,因照片被擅自使用做美容宣传,林心如、张馨予、李湘、柳岩、熊乃瑾五位女星集体维权,将浙江嘉兴一家医院告上法庭。上述女星称,嘉兴华山门诊在未经他们允许的情况下,在其经营的美容整形网站页面上擅自使用她们五人的照片进行商业宣传,并在照片周围嵌配各种去胎记、治疗粉刺、假体丰胸等美容宣传的相关文字介绍,其行为已严重侵犯了五位明星的肖像权和名誉权。林心如等五人认为,作为公众人物,自身一直以来都将维护个人健康形象作为工作的重点之一,华山门诊未经允许擅自将她们的照片用于商业性宣传,涉嫌侵犯肖像权;同时门诊擅自用原告照片以及涉嫌侵权照片所涉内容也使这五位明星受到了很多误解,这也涉嫌侵犯五位原告的名誉权。所以这场官司不得不打。[②] 在这方面美国的典型案例如"疯腿"(Crazylegs)案件,被告擅自使用足球运动员 Hirsch 的外号"Crazylegs"作为其产品——妇女剃毛器的商标,法院认为该行为侵害了原告的公开权。[③]

(2)假冒使用。是指未经授权,又无法律许可,假冒他人的形象,用以假充真的方法进行商业化使用,让公众误认为是人格标识权人所为的行为,比如,酷似梁朝伟的人以梁朝伟的名义开演唱会而不声明是在模仿。例如,在美国的"Midler"一案中,被告在电视中为"Ford"牌播出商业广告,其中所使用的声音模仿了原告的特别声音,美国第九巡回上诉法院认为被告侵犯了原告的公开权。[④]

(3)模仿使用。是指未经授权,又无法律许可,仿冒他人的人格形象,对之进行商业化使用的行为。如 2006 年 12 月出现在中央电视台的一个超级福满多方便面广告,模仿的是《武林外传》的一幕戏,对暗号和服装等

---

① 参见杨立新、林旭霞:《论人格标识商品化权及其民法保护》,《福建师范大学学报(哲学社会科学版)》2006 年第 1 期。

② 参见《嘉兴一家医院被林心如、柳岩等五名女星告上法庭》,《中国新闻网》2013 年 9 月 3 日。

③④ 参见程合红:《商事人格权论——人格权的经济利益内涵及其实现与保护》,中国人民大学出版社 2002 年版,第 220、220—221 页。

细节都是翻版的《武林外传》，但是演员却没有一个是《武林外传》中的，只是5个演员穿着与《武林外传》中相似的衣服，对剧情进行了改造，内容是在推销方便面，让人误以为是《武林外传》的场景和原班人马。

(4)诋毁使用。是指未经授权，又无法律许可，以可能损毁权利人人格形象价值的方式商业化使用该形象的行为。比如，温州市鹿城区雅美姬医疗门诊部、温州艺星医学美容医院有限公司、温州加美美容医院，在未经赵雅芝的许可下，在对外的宣传网站、宣传册内，使用赵雅芝的照片进行商业宣传。原告赵雅芝认为，在未经其本人许可的情况下，被告整形机构使用原告的照片用作商业宣传，侵犯了原告的肖像权。此外，赵雅芝方面还发现，这三家医院都未经其许可，擅自在医院内部墙体上张贴印有赵雅芝肖像的大幅宣传图片，在整形医院的网站注射整形栏目下多处配有其照片。她认为，这样的行为极易让公众产生误解，以为其曾在此三家医院进行过整容活动。赵雅芝认为，上述三家营利性美容机构的行为侵犯了她的肖像权、名誉权，造成了非常恶劣的社会影响，也影响了赵雅芝的形象，损害了其利益，因此请求法院判令被告雅美姬医疗门诊部等三家医院立即停止侵权，被告向原告赔礼道歉，被告赔偿原告经济损失、精神损失费共计282万元人民币。①

二、未经授权的人格商业化利用侵犯了当事人的何种权益?

以上人格商业化利用的行为，到底侵害了当事人的哪些权利？以模仿名人形象特征为例，这些模仿行为擅自使用他人的形象为自己创造商业利益，肯定没有侵犯被模仿人的肖像权。尽管某人长得与某个名人相似，并通过不同的形式再现自己的形象，显然也没有侵害名人的肖像权。因为他再现的毕竟是自己的肖像，哪怕某人长得和名人一点不像，而是通过化妆、整容后，以酷似名人的形象再现，他也没有侵犯名人的肖像权。同时，模仿行为也没有贬损名人的名誉或披露名人的隐私。但是，这些被模仿的人物所拥有的绝不仅仅是相貌上的美感或形象上的魅力，更重要的是他们在社会上所具有的影响力和号召力。当这种影响力和号召力被

① 参见《赵雅芝被代言 怒诉温州三家整形医院索赔282万》，《法制日报》2013年3月13日。

引入市场，应用于商品经济领域，便转化为经济利益。而这种基于人格利益产生的价值不被形象拥有者所享有，而是被无关的他人所占有、支配、开发、利用，并从中营利，这显然是不公平的。此外，人格标识利益的商品化开发利用之后所导致的权利配置问题，也是传统人格权体系中的姓名权、肖像权、名誉权、隐私权等具体人格权所无能为力的；对人格标识因商业利用而产生的财产权益，是否适用财产权的规则、在何种程度上适用财产权规则，现行的财产法同样无法做出回答。于是，当基于表现民事主体人格特征的人格利益被无关的他人占有、支配、开发和利用，创造出相当的经济利益，并且从中获利时，权利人痛苦万分，侵权人却沾沾自喜，而法律面对权利的侵害却显得苍白无力。因为我国立法和司法还拘泥于传统的人格权和人格利益保护模式，人格标识的商品化开发利用，不是传统的民事权利体系中的人格权或财产权所能涵盖得了的权利要求，因而使我国民法的人格权保护出现了盲区，所以，人格商业化利用中产生的权利义务关系亟须法律的规制。

未经授权商业利用人格可能影响到各种各样的利益，主要是影响到经济和尊严双重利益。

（一）侵害了权利人的商业利益

他人未经授权对当事人的人格标识进行商业化利用，侵害的并不是人们的隐私，而是使他们失去了潜在的财产收益，他人商业性使用其人格标识的关键之处不是商业上使用具有冒犯性，而是被使用者个人未从中获得补偿。

1995 年由美国法学会公布的《反不正当竞争法重述》（第 3 版）第 46 条规定，为了商业性的目的，未经许可而使用他人的姓名、肖像或其他身份标记，属于盗取他人身份中的商业价值，应当接受禁令并承担损害赔偿的责任。第 47 条则具体界定了“为了商业目的”的使用。根据规定，如果某人的姓名、肖像或其他身份标记被用来宣传使用者的商品或服务，或者被使用者用于商品上，或者被使用者用于服务之中，都属于商业性的目的。

肖像、姓名以及人格的其他标志，如声音，都可能具有巨大的经济价值，其大小一般取决于个人在公众中的知名度和声望。在司法领域，法院已经开始对人格权提供财产法方式保护，认为未经本人允许而对其人格标志进行商业化利用的广告,其侵害对象主要不是精神利益,更多表现为当事人的商业利益。这时,当事人所感受到的名誉和声望受到的伤害,要比经济上的损失小得多。[①] 在英美法中,这种无形财产权通过判例加以确认。1953 年在海兰诉托普斯一案中,一些著名的棒球手同海兰公司(下称“海兰”)签订了独占性许可协议,许可海兰在贸易卡片中使用他们的肖像。海兰的竞争对手托普斯公司(下称“托普斯”)同上述棒球手签订了类似的协议,为了避免被控故意诱使他人违约,他们通过代理人进行协商。不过,托普斯在一些情况下使用上述肖像并没有获得许可。于是海兰诉至法院称自己对上述肖像拥有独占性财产利益,托普斯辩称海兰所签订的协议仅能视为棒球手对原告放弃隐私侵权的起诉,并不能授予反对第三方的权利。美国第二巡回上诉法院法官弗兰克集中了大多数法官的意见,认为除了独立的隐私权外,一个人对他的肖像的经济价值还拥有一项权利,这项权利可称之为“形象权”。商业性使用他人的身份,不应该局限在精神痛苦的范围之内,而是直接涉及人格标识商品化开发中的财产利益,是一种财产权侵害。[②] 可见,“海兰案”不再将商业性地使用他人的身份局限在精神痛苦的范围之内,而是将其作为一种财产权的侵害,从判例上确认了名人真正需要保护的是其身份上的商业利益。美国知识产权学家尼莫教授也认为,名人需要的不是对于隐私的保护而是对于自己身份的商业价值的保护。尽管名人不愿意将自己隐藏在隐私的盾牌之后,但他们也绝不愿意他人未经自己的许可或者未向自己支付报酬而公开、使用自己的姓名、肖像或形象。“在大多数情况下,未经授权对知名人物人格要素进行商业使用所产生的损害实质是造成一种潜在的财产收益的损失,而非精神侵扰。关键之处不在于商业使用具有冒犯性,而是个人未从中获得补偿。”[③]

未经授权的人格商业利用构成了对他人商业开发自身形象的专有权利的侵犯。人格上的商业利益可以分为两个相对广泛的种类:既存的经

---

① 参见[德]马克西米利安·福克斯:《侵权行为法》,齐晓琨译,法律出版社 2006 年版,第 56 页。

② 参见李明德:《美国形象权法研究》,《环球法律评论》2003 年第 4 期。

③ 谢晓尧:《商品化权:人格符号的利益扩张与衡平》,《法商研究》2005 年第 3 期。

营利益和潜在的认知价值。[1] 有些名人很活跃地交易他们的个人形象，自行利用或者授权许可第三方，而其他名人的有价值的特征仍然是潜在的、没有实现的。广而言之，一个被他人剥削利用了人格特征的人，要么会因为牵涉进被告的经济业务而受害，要么会由于被告未经其同意就使用其个人特质而失去其本来可以收取的许可费用。如果未经同意而商业性地使用了他人的标志性形象，就构成了人格利用侵权的一类形式，在某一程度上构成了对他人商业开发自身形象专有权利的损害。

德国传统人格权理论中不承认人格权具有财产价值内容，认为人格权仅保护人的精神利益。为适应逐渐普遍化的人格特征商业化的经济现实，德国联邦法院逐渐改变原先对人格权商业价值利用的陈旧观念，而这一改变是从肖像权开始的。

原告保罗·达尔克(Paul Dahlke)为德国著名歌剧及电影演员，被告A为新闻摄影师，因公开的目的为原告拍摄照片。原告在被告B的建议下允许A为其拍摄了一张其骑摩托车的照片。被告B以40马克的价格将该照片卖给摩托车生产商被告C，被告C将此照片作为摩托车宣传广告使用。在原告此张照片的下面被告C还写有提示语："名人骑名车，演员D在X摩托车上。"原告要求被告C停止使用其照片并赔偿损失，被告C答应停止使用并交出所有洗好的照片，但拒绝赔偿。原告遂以上述三被告为连带债务人，请求2000马克之赔偿，诉至法院。一审判决三被告赔偿原告500马克，二审改判原告败诉，终审恢复一审判决。终审法院认为，肖像权系一种具有财产价值的专属性权利，知名艺人就其肖像上之利用，拥有自主决定权，决定是否以及以何种方式供他人商业使用。权利人就此种授权使用一般应在获得相当报酬的情况下才会同意他人使用。[2] Paul Dahlke案肯定了人格特征具有财产价值属性，权利人可以利用此种人格特征获取财产收益。在此案中，原告作为影视明星，是可能将其肖像用于推广商品以求获利的，因此被告不经原告允许而使用原告肖像就构成对此种获利的损害，性质上属于财产损害。在玛琳·迪特里希案中，德

① 参见[澳]胡·贝弗利-史密斯：《人格的商业利用》，李志刚、缪因知译，北京大学出版社2007年版，第78—79页。

② 参见张红：《基本权利与私法》，法律出版社2010年版，第215—216页。

国联邦法院在判决书中认为，人格权中所包含的经济价值可能是个人努力的结果，法律既保护人格权中的精神利益，也保护其经济价值，未经许可将他人人格权进行商业化利用的行为，既侵害了精神利益，也侵害了个人财产利益。[①] 翁泽尔德在《人格权的让与性》一文中指出，只要人格权的主体与客体的关系与无形财产权的主体与客体之间的关系具有可比性，人格权就能够像无形财产权那样具有让与性。被商业化了的个人信息就符合上述条件，具有让与性。[②]

（二）损害了人格尊严，造成了精神损害

人格尊严是指作为法律主体得到承认和尊重的法律地位，是人作为人应当受到的尊重。[③] 人格尊严是人作为社会关系主体的基本前提。虽然未经许可将他人的标表型人格要素进行商业利用会给权利人造成经济上的损失，但也不排除其行为同时侵害了人格权中的精神利益，损害了人格尊严，给权利人造成精神损失。因为人格利用是一个混合性的问题，既涉及经济利益，又涉及尊严性利益。尽管人格特质经常有商业价值，并能有效地作为商品而流通，但它们不能被认为是纯粹的经济利益。一个人可能会因为一些纯粹的主观理由而憎恨与一项特定产品产生联系，或者与任何形式的商业活动产生联系。当涉及尊严性利益的时候，不能只关注对物质损失的赔偿，对人格中的特定利益的侵犯本身就是让人讨厌的。证明个人尊严的存在、确保一项金钱裁决的实现，和确保对损失的赔偿是同等重要的目标。[④] 事实上，一个人对其姓名、声音或肖像的一项很重要的利益，就是他可以对其进行控制的利益，而这既有经济方面又有尊严方面的因素。未经授权的商业性利用，除了会导致经济利益的损失外，还会影响相关人的非物质利益或者尊严。侵犯一个人的名誉既可能导致财产性的损害，也可能导致无法用金钱度量的伤害。例如，我们设想一个著名

---

① 参见王叶刚：《人格权中经济价值法律保护模式探讨》，《比较法研究》2014 年第 1 期。

② 参见温世扬：《论“标表型人格权”》，《政治与法律》2014 年第 4 期。

③ 参见王利明：《人格权法研究》（第 2 版），中国人民大学出版社 2012 年版，第 226 页。

④ 参见［澳］胡·贝弗利-史密斯：《人格的商业利用》，李志刚、缪因知译，北京大学出版社 2007 年版，第 368—369 页。

外科医生的名字或者形象，未经其同意就被用在某种功能不定或者可能有害的医药产品的广告上，这很可能伤害他的名誉并成为诽谤诉讼的诉因。该医生受到的利益损害可能有多种表现形式。例如，由于有理性思考的社会成员会降低对他的社会评价而导致潜在的患者、客户或其他第三方退出与他的营业和社会关系，从而造成他的经济损失，同样地，由于被和假药连在一起，他可能会遭受感情伤害、挫折感和羞辱以及自尊受损。[①] 很少有人愿意被当作商品，很多人憎恨在非自愿的情况下被广告商和销售商利用。从隐私的视角看，人格利用是一种对尊严的侵犯行为，焦点在于隐私的丧失，该种行为引发当事人的愤怒与痛苦。如在德国，如果一个人的肖像未经同意而出现在性保健品的广告上，而使他受到嘲弄和侮辱，那么他就有权获得满足其尊严伤害的损害赔偿，而不是在任何实际上遭受的金钱利益损失或者被告由此获得的不正当利益。[②] 人格利用的尊严性方面反映了现代社会对个人隐私、感受和自治性上的价值的更大认同。美国的公开权制度保护的是自然人对其各种身份要素的商业利用进行控制的一种固有权利，它被看作用财产权制度处理人格商品化问题的典范。但是如果被告未经允许对原告的人格要素进行商业利用，导致其遭受的精神刺激十分巨大时，原告还可以在主张公开权受到侵害之外，主张被告的行为构成精神伤害侵权（tort of outrage），从而获得相应的救济。[③]

然而，人格商业化利用案件中的精神损害的有无及其严重程度的认定是较为困难的。精神损害与物质损害不同，它既没有直观的物理破坏的表象，也没有金钱数额上的减少，而是表现为肉体的疼痛、精神痛苦和丧失生活乐趣。[④]

《最高人民法院关于确定民事侵权精神损害赔偿责任若干问题的解释》第 8 条和《侵权责任法》第 22 条都规定了精神损害赔偿须以存在严重的精神损害为前提。因此，未经允许对权利人的人格要素进行商业化利

---

①② 参见[澳]胡·贝弗利-史密斯：《人格的商业利用》，李志刚、缪因知译，北京大学出版社 2007 年版，第 12、24 页。

③ 参见蓝蓝：《人格与财产二元权利体系面临的困境与突破——以“人格商品化”为视角展开》，《法律科学》2006 年第 3 期。

④ 参见谢鸿飞：《精神损害赔偿的三个关键词》，《法商研究》2010 年第 6 期。

用造成权利人精神损害的情况下，判断权利人是否存在严重的精神损害便成了关键。而关于精神损害“严重性”的理解，学者一般认为应该采纳“轻微损害不赔”的规则。精神损害不比物质损害，它是一个人内心的感受，与个人自身的特征具有很大的关系，因此外人往往难以知晓。虽然精神损害是一个人自身的感受，具有主观性，但作为一项损害，它和物质性损害一样，又都是客观存在的，“精神损害并不因为其是一种心理感受而失去客观性，精神领域中‘主观的’就是‘客观的’”①。因此判断是否存在精神损害以及损害的严重性必须依据客观的标准。一般认为精神损害的确定主要有两种途径，即事实自证和法律推定。所谓事实自证，是指根据公序良俗的一般的社会常识，所发生的事件本身即可证明受害人痛苦的存在，不需要其他证据加以证明；所谓法律推定，是指只要有证据证明侵权人有过错行为，受害人即可根据侵权行为的性质及严重程度提出相应的痛苦抚慰请求。② 这两种推定实际上都是一种损害的推定。在未经允许对权利人的人格要素进行商业化利用而给权利人造成精神痛苦的时候，权利人的精神损害也主要是通过推定的方式进行认定。能够推定权利人遭受精神损害的主要有两种情形：其一，权利人主观上根本没有将其姓名、肖像、声音等标表型人格要素进行商业利用的意愿，侵权人未经同意对其标表型人格要素进行利用，造成权利人被曝光，对其造成极大的精神困扰。其二，标表型人格要素被用于特定的产品或服务上，而将权利人与该产品或服务进行联系会造成权利人社会评价的降低。在前述的“赵雅芝与艺星美容医院肖像权纠纷案”中，法院认为被告未经授权在其整形宣传册中使用原告的肖像和姓名，并以原告的口吻表述“目前我比较偏爱逆时针去皱技术”，极易让他人误解原告曾接受过相关美容整形手术，影响了原告的形象，导致原告社会评价的降低。③ 在上述情形中，无须原告提供其他证据证明其遭受的损害，人民法院可以直接推定原告存在精神损害。

---

① 叶金强：《精神损害赔偿制度的解释论框架》，《法学家》2011 年第 5 期。

② 参见杨连专：《论精神损害赔偿中的痛苦》，《法律适用》2010 年第 6 期。

③ 参见温州市中级人民法院〔2013〕浙温民终字 1796 号民事判决书。

第二节 从司法实践中的典型案例看对人格商业化利用法律规制的必要性

一、司法实践中的同案不同判

在市场经济条件下，商人以追求利益的最大化作为自己的价值目标，资本的本性在于追逐利润，侵权行为也往往以获取利益作为终极目标，具有重要吸引力价值的是自然人和法人的人格标识。在我国的现实生活中，广泛存在非法使用民事主体人格标识的侵权行为，发生了许多人格商业化利用的法律纠纷，而我国的司法实践对人格商业利用案件的判决却面临诸多难题，甚至存在同案不同判，而且具体判决理由也往往缺乏法理依据和说服力。下面就是现实生活中真实发生的案件。

(一)中国人民解放军警卫第一师仪仗大队诉深圳市信禾工艺品有限公司侵害名称权、肖像权、名誉权纠纷案①

原告中国人民解放军警卫第一师仪仗大队(以下简称“三军仪仗队”)，作为展示我国军队风采，担负迎接外国首脑任务的特殊团体，有着自己独特的形象、名称，这些形象和名称等具有一定的意义，为公众所认知，且有一定的社会影响力。被告深圳市信禾工艺品有限公司(以下简称“信禾公司”)为了推销自己的“红色八一步枪”和“将军佩剑”等工艺品，未经原告三军仪仗队的同意，擅自在公司的宣传册、光盘等各种宣传手段中使用三军仪仗队的形象和名称，使得原告在整个社会上的名誉和形象受到了极大损害，严重影响了原告在社会公众心目中的形象。原告以被告侵犯其名称权、集体肖像权以及名誉权为诉讼理由，向北京市海淀区人民法院提起诉讼，要求法院判令被告立即停止侵害、消除影响、赔礼道歉并赔偿各类物质利益及精神利益损失共计 248 万(此处的 248 万是根据被告侵权行为获利计算得来)。被告辩称，他们在广告宣传中使用原告的名称和形象是可以获取相应的商业利润，但更重要的是出于对三军仪仗队的崇敬之情，是对革命精神的一种纪念，没有任何诋毁或者丑化原告的

① 参见北京市海淀区人民法院〔2005〕海民初字第 12312 号民事判决书，北京市第一中级人民法院〔2006〕一中民终字第 3240 民事判决。

意思。

北京市海淀区人民法院经审理认为，根据我国法律法规的规定，肖像权的主体仅为自然人，法人或者其他组织不享有肖像权，所以对于原告主张的侵犯其肖像权的诉求不予支持。对于原告提出的侵犯其名称权的诉讼请求，法院认为，被告虽然在广告宣传中使用了原告的名称，但是其只是对事实进行描述，并未进行任何虚假或者诋毁行为，所以法院也未支持名称权的诉求。一审法院认为，被告未经原告同意，擅自使用原告的名称和形象进行宣传，在一定程度上降低了原告在公众心中的地位，构成对原告名誉权的侵害，判令被告停止侵权、赔礼道歉并赔偿原告精神损害赔偿费 10 万元。原告、被告均提出上诉，二审法院北京市第一中级人民法院终审认为，信禾公司对于三军仪仗队名称的使用，体现的是三军仪仗队的形象，而该形象具有较高的商业价值，且信禾公司是利用了消费者对于三军仪仗队的崇敬之心，产品的商业价值被放大，其使用的最终目的也是获得商业利益，必定会给三军仪仗队带来一定的损害，也侵犯了该部队所拥有的整体肖像利益，故根据被告侵权行为的过错程度、侵权行为的性质、造成的后果、社会经济水平等因素，改判信禾公司赔偿三军仪仗队损失 80 万元。对于侵犯名誉权的，二审法院仍然未予以支持，因为上诉方在整个商业运营过程中，没有任何诋毁或者诽谤三军仪仗队名誉的行为。

(二)王军霞肖像权纠纷案①

王军霞是中国体育界的明星人物，是第 26 届亚特兰大奥运会 5000 米长跑的金牌获得者，从那时起她成了家喻户晓的人物。她胸前戴着金牌站在冠军的领奖台上，面带微笑地举起右手中鲜花的这一幕被收进记者的镜头，从此成了一幅经典的画面。昆明卷烟厂未经王军霞本人的同意，擅自将她的这个形象运用到广告宣传中，并大幅刊登在香港《大公报》上，注明“热烈祝贺中国奥运会代表团高奏凯歌”字样，王军霞肖像右侧有三盒红山茶香烟，其中一盒打开烟盒并抽出两支香烟，抽出的香烟过滤嘴对着王军霞肖像面部，香烟上方写有“国际名烟，时尚味道”字样，香烟下方写有“红山茶过滤嘴香烟”字样，同时在广告上，将王军霞的肖像与香烟

---

① 参见沈阳市中级人民法院〔1999〕沈民初字第 32 号民事判决书，辽宁省高级人民法院〔2001〕辽民终字第 162 号民事判决书。

相结合,营造出一种类似王军霞本人吸烟的假象。

王军霞作为原告将昆明卷烟厂告上了法庭,她认为被告在未经其本人同意的情况下,擅自使用其肖像用于香烟的经营,同时香烟广告的造型也可能造成社会公众对其误解,严重侵犯她的肖像权、名誉权,故请求法院判令被告立即停止侵权、赔礼道歉,并赔偿经济损失和精神损害1000万元。沈阳市中级人民法院经审理认为,一方面原告王军霞提供的证据不足以证明被告就是广告的发布者,另一方面该广告中并未出现任何侮辱或者诽谤王军霞的字样或者图片,故判决驳回王军霞的诉讼请求。王军霞不服,向二审人民法院提起上诉。二审法院审理后认为,在广告发布之初,未经王军霞本人同意,擅自使用她的肖像,且从广告的发布目的来看,是具有明显的营利性,该行为确实侵犯了王军霞的肖像权。该广告中虽没有直接侮辱或诽谤王军霞的情形,但由于该广告的商品是香烟,是社会所不提倡的,所以确实有损王军霞在社会公众心目中的形象,使人们对王军霞产生片面及错误的理解,这在一定程度上确实给王军霞造成了精神损害及经济损失,最后二审法院撤销一审判决,判令被上诉人昆明卷烟厂在《人民法院报》上向王军霞赔礼道歉,并赔偿王军霞人民币80万元。

(三)侵害姚明人格权及不正当竞争纠纷案①

姚明是国家级知名的篮球运动员,曾效力于NBA火箭队,在国际和国内均享有盛誉,各大商家都意识到姚明作为公众人物,身上具有较高的商业价值和巨大的市场影响力,纷纷与姚明签约,使其成为他们商品或者服务的形象代言人。但也有一些不法商家在未经姚明本人授权或者同意的情况下,擅自使用姚明的姓名或者形象等为自己谋取商业利润。

武汉云鹤大鲨鱼体育用品有限公司(以下简称“武汉云鹤公司”),在未经姚明同意的情况下,将其姓名和肖像用于其生产和销售的“姚明一代”产品及其宣传上。2011年6月,姚明认为“姚明一代”的生产商武汉云鹤公司,在未经其同意的情况下,擅自将“姚明”“姚明一代”作为其公司的商业标志进行使用,侵犯了他的人格权,亦构成不正当竞争,遂请求法院判令被告停止侵权、赔偿经济损失1000万元,并在《中国工商报》等媒体

---

① 参见《2012年中国法院知识产权司法保护十大案件简介》,《人民法院报》2013年4月24日第2版。

上登报致歉。湖北省武汉市中级人民法院一审认为，姚明因其自身的努力，凭借其在男子职业篮球领域取得的成就及其良好的社会形象，在广大消费者中的影响力及产生的相关权益受法律保护。武汉云鹤公司在商品销售的宣传过程中，多次使用姚明的肖像及姓名，将其生产和销售的运动型产品与姚明相联系，既侵害了姚明的姓名权及肖像权，也构成了不正当的竞争，判决其立即停止侵权行为，赔礼道歉并消除影响，因姚明提交的证据不足以证实武汉云鹤公司的侵权行为给其造成1000万元的经济损失，综合侵权事实及姚明的维权支出情况，酌定赔偿经济损失30万元。

姚明不服一审判决，他认为武汉云鹤公司未经本人许可，擅自将姚明的姓名以及包含其姓名的"姚明一代"作为商业标识使用，并且在经营活动中将姚明的姓名以及肖像进行商业性的侵权利用，这些行为均属于严重的恶意侵权行为，对姚明的声誉造成了极大的影响，同时也给姚明带来了巨大的经济损失，一审判决的30万元经济损害赔偿不足以弥补其所遭受的名誉和经济损失，遂向湖北省高级人民法院递交了上诉状，要求二审法院判令武汉云鹤公司赔偿经济损失100万元，并承担二审的诉讼费和为维权所支付的合理费用。湖北省高级人民法院认为姚明案存在复杂的法律关系和事实问题，法院经依法查明事实，并依据相关的法律法规审理认为，未经权利人授权或者许可，任何企业或者个人不得擅自将他人姓名、肖像、签名及其相关标识进行商业化利用。武汉云鹤公司作为市场的经营者，理应遵守商业道德，公平合法地参与市场竞争，但在姚明案中，违背商业道德以及诚实信用原则，在未经上诉人同意的情况下，擅自将上诉人的姓名、肖像等进行商业化利用，不仅损害了权利主体的合法权益，也损害了消费者的信赖利益，严重扰乱社会主义市场经济秩序，应当予以严厉制止和惩罚。原审法院并未充分考虑被上诉人侵权行为的性质、后果、持续时间以及持续的不利影响等。在2010年3月姚明本人通过新浪网发布正式声明后，武汉云鹤公司仍继续实施侵权并放任侵权，遂判决认为武汉云鹤公司恶意侵权行为具有主观恶性，且造成了严重的侵权后果，应赔偿上诉人包括维权合理费用在内的经济损失共计人民币100万元。

二、从审理此类案件遇到的障碍看法律规制的必要性

在我国，人民法院对于案件的审理，都是以现行的法律规定为裁判依

据的。但是法律不是万能的,法律也具有滞后性、空白性,针对人格商业化利用的问题,我国现行立法没有做出相应的规定,没有进行专门的保护,也未对人格要素商业化利用所产生的利益分配问题做出规定。面对社会生活中越来越多的人格要素标识商业化利用产生的纠纷,人民法院对该类案件的审理,还处于摸索的阶段。办案法官的认识不同,其结果是对于案件事实基本相同的人格商业化利用的侵权案件,法院依照不同的立法所做的判决结果相差甚远,面对纷繁复杂的纠纷,甚至可能出现同案不同判的现象。

以"三军仪仗队形象权纠纷案"为例,一审法院是按照传统人格权的法理思路做出的判决,认为被告通过宣传册、光盘、挂画等形式使用原告三军仪仗队的形象和名称,推销其"红色八一步枪"和"将军佩剑"工艺品的行为,侵犯了原告三军仪仗队的名誉权,但未侵犯原告的肖像权及名称权,基于被告侵犯了原告的人格利益,依据《民法通则》规制侵犯人格权的法条判决被告停止侵权、赔礼道歉并赔偿原告精神损失费人民币 10 万元。而二审法院北京市第一中级人民法院则认为,被告信禾公司的上述行为侵犯了原告三军仪仗队的名称权、集体肖像利益,但未侵犯原告的名誉权,被告的上述侵权行为并没有使原告的人格精神利益受到伤害,而是使原告的财产利益受损,依据《民法通则》规制侵犯人格权及财产权的法条判决被告停止侵权、赔礼道歉,并赔偿原告损失人民币 80 万元。从一、二审法院针对被告的同一侵权事实做出了不同判决依据和结果,可以看出,我国在有关人格商业化利用上承认了形象这种标表型的人格标识可以被商业化利用,但出现实质的损害权利人人格标识行为时,如何认定权利人所遭受的物质损失以及不法利用人的赔偿数额上确实存在一定的法律空白点,以至于法院在遇到该类案件时有些无所适从,最后出现同一案件有着不同的判决依据和判决结果。此案一审判决被告赔偿精神损失 10 万元,而二审的北京市第一中级人民法院则认为,信禾公司对于仪仗队名称的使用属于推广商品的商业性使用,因而判决信禾公司对仪仗队给予 80 万元损害赔偿,但是对该项损害赔偿的计算方法并未予以说明。这就引发人们思考,被告信禾的行为究竟侵害了原告三军仪仗队何种权利?被告的行为是侵害了原告的人格权益还是财产权益?如果像二审法院所判决的被告的行为是侵害了原告的财产权益,那么,这是否意味着人格利益除了包含精神利益外，还包含着财产权益？这种财产权益如何定性，其属于人格权的范畴还是财产权的范畴？传统民法人格与财产的二元权利体系划分是否需要重构？

“王军霞肖像权纠纷案”也使我们产生了疑惑，名人的利益到底该如何进行保护呢？法院认定造成了经济损失，那这种损失如何计算，这种财产权益在法律上属于何种权利？这种违法行为是否属于侵权行为？侵犯的是哪一种权利？这些都是传统的人格权理论不能解答的。

而姚明一案中，由于姚明本人的知名度及其影响力，备受媒体和社会关注。一审法院认为被告武汉云鹤公司侵害了原告姚明的姓名权和肖像权，也构成了不正当竞争。而二审法院则认为，在姚明案中，武汉云鹤公司违背商业道德以及诚实信用原则，在未经上诉人同意的情况下，擅自将上诉人的姓名、肖像等进行商业化利用，不仅损害了权利主体的合法权益，而且损害了消费者的信赖利益，严重扰乱社会主义市场经济秩序，应当予以严厉制止和惩罚。可见，二审法院认可了人格要素的商业化利用价值。如此一来，便会造成我国法律体系下同案不同判，给法制的统一性带来了挑战。尽管本案通过适用《反不正当竞争法》对具有商业价值的、在商品经营中使用的自然人姓名、肖像等给予了保护，但在数额的确定上，一审判决赔偿经济损失 30 万元，二审判决赔偿 100 万元，同样的案件，一、二审法院在经济损害赔偿额度的计算上存在着巨大的差异。如此，我们不得不深思这种差异产生的原因，在我国现行的法律法规中，我们无法寻求统一的计算标准，如何公正公平的将法律与现实生活紧密结合，法律要保护的不是一个两个的个人利益，而是使整个社会的群体都能公平地享受法律的恩惠。

可见，在我国的司法实践中，人格商业化利用案件的判决面临诸多难题。人格商业化利用的利益冲突和利益衡量如何解决，人格要素被侵权后损害赔偿如何计算等都是亟待解决的难题。围绕人格要素的商业化利用的纠纷案件，通常重视人格要素精神利益，无视人格要素财产利益。法院主要是以精神损害赔偿模式来保护受害人，受害人追责的主要依据是《民法通则》第 100 条、第 120 条。然而，以精神损害赔偿来救济人格商业化利用的侵权纠纷，对权利主体极为不利。精神损害赔偿的适用条件严格，而且赔偿数额不高。精神损害赔偿救济不足，人格要素的财产利益又尚未得到承认，这无疑是对这种侵权行为的放纵。回看已经发生的这些案件，会发现不法行为人在侵害权利主体人格的同时，自己获取了相当可观的经济收益，用传统人格权理论的精神损害赔偿制度来处理案件不符合法律公平正义的理念，所以有必要构建一种新的救济方式来有效保护人格权主体的利益，人格商业化利用中产生的权利义务亟须法律的规制。

第三节 我国人格商业化利用的规制现状及不足

一、人格商业化利用的传统人格权法保护模式及其缺陷

人格商业化利用中产生的权利义务需要法律的规制，但人格商业化利用的属性是什么？我国在早些年已经有学者对人格的相关问题进行研究，但是至今为止，我们尚未在法律条文中对人格商业化利用问题进行明文规定，没有规定人格要素具有财产利益，没有承认人格权的精神和财产双重利益。我国的民法体系中对于人格的保护存在这方面的盲区。我国没有专门人格权法，关于人格权的保护散见于《民法通则》和相关司法解释。在我国《民法通则》第四节人身权部分进行了一些罗列式的规定，如自然人的生命权、健康权、姓名权、肖像权、名誉权、荣誉权，法人的名称权、名誉权、荣誉权等，通过对这些法条的文义解释，我们可以推断出经过自然人和法人的许可同意，他人可以以经营为目的利用他们的人格权。①

以《民法通则》为基础的保护路径，表面上看《民法通则》第 100 条和《民法通则意见》第 139 条禁止未经同意使用他人肖像营利，似乎立法承认肖像权包含财产利益，并将“以营利为目的”作为人格商业化利用的侵权的要件具有理论上的合理性。事实上，对于第 100 条，不少学者认为其并非侵权责任的构成要件条款，而是一个授权性的规范，或者说是一个权

① 《中华人民共和国民法通则》第 98 条规定：“公民享有生命健康权。”第 99 条规定：“公民享有姓名权，有权决定、使用和依照规定改变自己的姓名，禁止他人干涉、盗用、假冒。法人、个体工商户、个人合伙享有名称权。企业法人、个体工商户、个人合伙有权使用、依法转让自己的名称。”第 100 条规定：“公民享有肖像权，未经本人同意，不得以营利为目的使用公民的肖像。”第 101 条规定：“公民、法人享有名誉权，公民的人格尊严受法律保护，禁止用侮辱、诽谤等方式损害公民、法人的名誉。”第 102 条规定：“公民、法人享有荣誉权，禁止非法剥夺公民、法人的荣誉称号。”

利宣示条款[①]，其目的在于宣示公民享有肖像权，所表述的只是诸多侵害肖像权的形式之一，并未直接赋予肖像权具有财产价值的内涵。即便第100条可以作为肖像权包含财产利益的法律依据，但是该条是否具有类推效力，从而适用于姓名、声音等人格要素之上也值得怀疑。此外，《民法通则》第120条第1款规定了肖像权和姓名权遭到侵害后的救济权有停止侵害、消除影响、赔礼道歉、赔偿损失等，至于损失可以理解为经济损失，但是此处的经济损失是否包括权利人因人格要素的商业价值被侵害遭受的人格财产利益损失是不明确的，或许仅指因人格权被侵害造成的医疗费和维权成本等物质损失。学者认为："依现制，人格权之财产价值保护在我国法制中并未得到明确承认。"[②]因此以《民法通则》为基础的保护路径仍然存在着一定的缺陷。2002年12月全国人大常委会公布的《中华人民共和国民法(草案)》沿用了《民法通则》的表述，对人格要素商业化利用保护方面未有创新。

民法起初对人格要素商业化利用不予承认，主要是基于一种观念，即认为人格权制度的目的是通过私人自治来保护人格的独立、人格尊严和人格利益，利用自己的人格标识符号进行商业化利用，将使"纯洁的精神利益"染上铜臭。因此，人格标识商业化利用的行为，被认为是不道德的行为。但随着人格标识商业化利用成为一种社会现象并出现许多纠纷时，我国的司法实践不得不面对。我国的司法实践大多参照传统的民法理论，即以传统的人格权法理论，适用精神损害赔偿制度来处理人格商业化利用。人格被商业化利用会给利用人带来巨大的经济利益，经营者在自己的商品或者服务中使用他人的人格标识，可以通过权利主体的人格的影响力来提升自己商品或者服务的知名度，吸引更多的消费者，获取更大的经济利益。权利主体通过将自己的人格标识许可他人使用，赚取许可使用费，许可使用费相对于经营者的获利来说，是相当微小的。而且如果经营者未经许可商业化使用了他人的人格标识，可以规避支付许可费并获得客观的经济收入。

---

① 参见张红：《"以营利为目的"与肖像权侵权责任认定——以案例为基础的实证研究》，《比较法研究》2012年第3期。

② 张红：《人格权总论》，北京大学出版社2012年版，第189页。

用精神损害赔偿模式来调整人格的商业化利用，显得有些不合时宜，侵权人的不法行为，不单单是给权利人造成了精神痛苦，而且还带来了物质利益的损失，如果仅仅根据传统的人格权理论适用精神损害赔偿，会违背民法的公平原则，有可能侵权人并没有给权利人带来精神上的痛苦，仅仅是权利主体感到自己经济利益受损。例如在崔永元诉北京华麟集团有限公司侵犯肖像权、名誉权一案中，一审法院支持了原告 10 万元的精神损害赔偿，没有支持原告 170 万元的经济损失赔偿。从崔永元的诉讼请求来看，其要求被告赔偿因使用其肖像而非法获得的利益。北京朝阳区法院认为，被告使用原告肖像的行为，并未含有侮辱、诽谤原告崔永元内容，因广电部要求节目主持人不能做广告，故被告的行为可能使人们对原告崔永元有不好的评价，造成其社会评价降低。因此，依据《民法通则》规定的侵害人格权之精神损害赔偿条款(第 120 条)，判决被告赔偿原告精神损害赔偿费 10 万元。[①] 可见，崔永元案中法官严守传统人格权法理论，认为人格权受侵害只能用精神损害赔偿的方式处理，原告要求的经济损失赔偿于法无据。

以传统人格权理论——精神损害赔偿模式来调整人格标识的商业化利用，并以此立法目的来解决该类纠纷，属于"未对症下药"。因为当事人发生纠纷的原因不仅仅在于给受害人造成了精神痛苦，还在于所产生的损害实质是造成了一种潜在的财产收益的损失，解决由此带来的利益分配问题，才是关键所在。用精神损害赔偿模式来解决人格商业化利用产生的纠纷，可能会使当事人双方、社会都感觉不满。对原告来说，其起诉被告的重要目的之一，是"剥夺"被告非法使用其人格标识所获得的利益。而使用精神损害赔偿制度给予原告救济，不仅赔偿性质定性不准确，而且赔偿数额也难以令人满意。对被告来说，用精神损害赔偿制度给予其制裁，也很难接受。因为侵权人并未以侮辱、诽谤等方式来使用权利人的人格标识，精神损害赔偿制度仅适用于给受害人造成严重精神痛苦时。如果被告因商业性使用他人人格标识，被判决高额的精神损害赔偿，属于适用法律不当。对社会来说，法院判决赔偿未考虑侵权人非法获得的价值因素，侵权人侵权获得了丰厚的利益，而承担了较小的赔偿数额，这实际

---

① 参见北京市朝阳区人民法院〔1999〕朝民初字第 04248 号民事判决书。

上是一种鼓励侵权行为，法律的公平正义精神就不能得以体现。

民法学界的专家学者以及法官们感觉到用精神损害赔偿制度来追究不法侵权人的救济方式不能从本质上弥补权利人所遭受的损失，这时就诞生了财产权益保护模式，也就是在出现不法商业化利用他人人格纠纷的案件中，为了遏制不法侵害人不断扩张自己的经济利润，而采取的人格权法和侵权法相结合的纠纷处理机制。

在我国人格商业化利用实证分析中，列举出的两个案例就是较好的例证，“三军仪仗队形象权纠纷案”中，二审法院依据《民法通则》中有关法人名称权和财产权的侵害的相关规定①，认为被告以营利为目的，侵犯了原告的名称权以及整体的肖像利益，应依法赔偿给原告相应的财产损失，这些损失包含被告侵权获利。王军霞肖像权、名誉权纠纷案中，二审法院依照《民法通则》中自然人享有肖像权以及侵害他人财产权的相关规定，②认为被告未经原告的同意，擅自在香烟上使用原告的形象，确实属于侵犯原告肖像权的行为，而且被告的此种商业促销方式为自己带来了巨大的经济利润，所以判令被告赔偿原告相应的损失，从赔偿的数额可以看出，这里面亦包括了财产利益。

可见，在我国司法实践中，已经开始广泛运用人格权条款和侵害财产权条款来审理案件，这种财产权益模式，可以平衡双方的利益，侵权人的非法利益被予以惩戒，受害人的赔偿数额得到有效保护，为人们的行为提供了规范性指引，具有良好的社会效果。近年来，有学者提出了二元权利理论，也就是将人身权和财产权相结合，为了满足主体的物质需求，人身权在必要时应当被视为一种财产，人格商业化利用就是最好的例证，一个客体对应了两种利益，姓名、肖像等人格标识既是人格权的客体，又是财

---

① 《中华人民共和国民法通则》第 120 条规定：“公民的姓名权、肖像权、荣誉权受到侵害的，有权要求停止侵害，恢复名誉，消除影响，赔礼道歉，并可以要求赔偿损失。”第 117 条第 2、3 款规定：“损坏国家的、集体的财产或者他人财产的，应当恢复原状或者折价赔偿。受害人因此遭受其他重大损失的，侵害人并应当赔偿损失。”

② 《中华人民共和国民法通则》第 100 条规定：“公民享有肖像权，未经本人同意，不得以营利为目的使用公民的肖像。”第 106 条第 2 款规定：“公民、法人由于过错侵害国家的、集体的财产，侵害他人财产、人身的，应当承担民事责任。”

产权的客体,这能有效地避免利益冲突带来的混乱。[①] 此外,按照立法机关的解释,《中华人民共和国侵权责任法》第 20 条承认了姓名和肖像有一定的商业价值,能够在一定程度上解决精神损害模式来保护人格要素的财产的诸多弊端,但《侵权责任法》只是救济法,有较大的局限性,一是立法对权利和权益的保护未做严格的区分,二是不能为权利人积极商业化利用其人格要素提供法律依据。[②]

二、人格商业化利用的知识产权法保护模式及其缺陷

在知识产权的保护领域,对人格商业化利用的保护是一种间接保护模式,这是由知识产权制度自身的特点所决定的。知识产权保护的客体是无形的,保护的是一种智力成果和标记的归属及使用权,人格被商业化利用的时候,就是一种符号要素的使用,这时候就等同于知识产权保护的客体。知识产权制度被用来解决人格商业化利用问题,不是因为人格商业化利用权具有知识产权的性质,而是由于姓名、肖像、声音等的人格标识的商业化利用与知识产权现有制度之间存在密不可分的关联。比如,当自然人的姓名、肖像用于商标、商号等商业标记时会构成商标权,而肖像、声音的存在一般都要以肖像作品和录音作品为载体,其商业化利用自然又与著作权和邻接权联系起来。于是,实践中一些国家和地区出于立法方面的考虑,将人格商业化的规范内容规定在了知识产权法中,如台湾地区的商标权相关规定,未经他人承诺,不得将他人姓名和肖像作为商标申请注册;德国、荷兰和意大利则在著作权法中规定了肖像人对其肖像的使用、公开所享有的权利。[③] 有学者对上述现象做了描述:“在一般民法的人身权和版权之间,以及在商标权、商号权、商誉权与版权之间,存在着一个边缘领域。正像把工业版权领域的问题无论放到工业产权领域还是版权领域解决,都不尽合理一样,把这一边缘领域的问题无论单放到人身权(或商标权等)领域还是单放到版权领域解决,也都难得出令人满意的

①③ 参见蓝蓝:《人格与财产二元权利体系面临的困境与突破——以“人格商品化”为视角展开》,《法律科学》2006 年第 3 期。

② 参见张善斌:《人格要素商业化利用的规制模式选择及制度构建》,《江汉论坛》2015 年第 2 期。

答案。”①

但上述做法也有一定的弊端，主要表现在其对人格商业化利用的保护是分散和间接的，无法为权利人提供全面的保护。知识产权法对人格商业化利用的保护模式，首先要求权利人的人格标识成为人们智力活动或者商业标记的要素，这样才可能成为知识产权保护的客体，此时侵权人的侵权行为，损害的就是知识产权人的知识产权，知识产权人就可以以知识产权受到侵害为请求权基础，来进行自身权利的维护。但这种保护模式是一种间接保护，并未归纳出人格商业化利用所享有的权利的性质，且人格权人必须将自己的人格权转化成知识产权或其组成部分时，才能得到知识产权法的保护，这样的保护模式就有了一定的局限性，人格权人的利益仍然不能得到有效的保护。

此外，各种人格要素在商业化利用的过程中，并不必然地与知识产权发生联系，有些用于商业活动的姓名就不构成商标，即使产生了联系，也是分别指向不同的部门法，这决定了对人格标识的商业化利用的规范无法作为一个整体移植到知识产权法中，只能分别纳入各个部门法。姓名的商业化利用归入商标权法，声音、肖像等的商业化利用归入著作权法。

（一）著作权法对人格商业化利用的保护及其缺陷

著作权法对人格商业化利用的保护，表现在人格被商业化利用后，人格标识成了作品的一部分，而这些作品因为具有独创性或者原创性受到著作权法的保护。换句话说，就是人格标识必须附着在一定的客观物质载体上表现出来，但此时可能会出现权利保护的冲突，当肖像权人与著作权人是同一个人时，出现未经许可使用该肖像作品从事商业化利用时，权利人既可以在肖像权和著作权中择其一而诉求，也可以同时要求赔偿两种权利被侵权的损失；若肖像权人和著作权人不是同一人时，此时侵权人侵犯的是两个主体的不同权利，那就只能分别进行诉求，而且侵权行为发生后，侵权人只要能证明其投入商业使用的肖像等人格标识是合法来源时，可能就无须承担赔偿责任。

因而，我国现行著作权法对人格标识的商业化利用保护仍然存在一定的缺陷。首先，著作权的保护侧重于思想的表述，而非思想本身。而人

① 郑成思:《商品化权刍议》,《中华商标》1996 年第 2 期。

格要素的商业利用的保护并不局限于某个特定的形式，而是凡能够标识特定人物的形象因素都将受到保护。人格标识的保护的范围具有开放性，注重保护思想的内容，而非形式，超出了著作权所涵盖的范畴。若要将人格标识纳入著作权的保护，必须得改动或者扩大著作权所涵盖的范畴。那么著作权将有较大的改动，甚至要将著作权法的保护侧重于保护形式而非内容的根本性特征做一改变。其次，著作权法只能间接性地对人格标识进行保护，没有针对性。著作权法只有通过对作品的保护来保护人格权。然而这忽视了虚构角色可以独立于作品而存在的问题。虚构角色有一定的知名度，其形象因素可以被商业化利用，产生一定的商业价值。此时虚构角色突破了原有的作品而单独存在，著作权无法对其进行规范和保护。就著作权来说，只要该作品具有独创性就受到法律保护，至于其中人物是否为抄袭和复制则不在著作权的管辖范围内。1994 年的“黑猫警长”案件中，原告向法院提出的诉求是著作权侵权，法院没有对其诉求予以支持。[①]原因是新的作品尽管使用了“黑猫警长”的虚构角色，但其作品具有独创性，依据著作权法不构成侵权。在著作权法中，原作品中的虚构角色是可以被引用于新的作品之中的，并且可以被任意商业性使用。所以，以著作权来保护人格标识显得有些牵强。再次，著作权保护的核心是作品的独创性，关注该作品是否抄袭，是否是对原作品的复制。人格权保护的核心是商业价值，是信誉，关注的是具有标识性的形象因素是否在未经权利人许可的情况下被商业利用。人格权的侵权判定标准为消费者是否基于该具有标识性的形象因素联想到了权利人本身，从而对该商品或服务产生信任感后进行消费。基于这些区别，无法用是否侵犯著作权的判定标准来衡量是否侵犯人格权。最后，人格权和著作权的侵权赔偿标准也有所不同。《著作权法》第 48 条规定，先依照权利人的实际损失赔偿，若实际损失无法计算，以侵权人侵权所得为赔偿标准。《最高人民法院关于审理著作权民事纠纷案件适用法律若干问题的解释》第 24、25

① “黑猫警长”是作者诸志祥在连环画《黑猫警长大战外星人》和儿童文学作品《黑猫警长全传》中刻画的虚构人物，其后作者发现该人物名称被他人出版的相同作品名称的《黑猫警长大战外星人》连环画所采用，但后者所描述的人物形象及故事情节与前者不同，故原书作者所提出的著作权侵权未能被法院认定。参见李新生：《知识产权审判疑难案例评析》，人民法院出版社 2005 年版，第 186 页。

条规定，权利人的实际损失可以通过因为侵权人的侵权使得权利人的作品发行减少量或者侵权的销售量与权利人发行时的单位售价的乘积计算。若该产品因侵权减少的发行量难以计算的，以侵权产品的发行量来计算。权利人的实际损失和侵权人的侵权所得都无法计算的，人民法院可以依职权或者依当事人的请求按照《著作权法》第 48 条第 2 款的规定赔偿。然而，在人格侵权中，侵权人往往基于人格因素的影响力而非人格因素本身而为侵权行为。侵权人未经权利人的许可擅自使用其人格标识，侵犯了权利人人格标识的商业价值，损害了其“信誉”。被侵害的商业价值与通过《著作权法》计算出来的价值相比，有较大的差距。若以《著作权法》为赔偿依据，权利人便得不到合理的赔偿。比如在三毛集团公司著作权侵权案件中，法院认定被侵犯的是著作权，按照著作权法得出的赔偿数额为 10 万元补偿费。然而，“三毛”的形象被评估出 5.9 亿元的价值，两者相差巨大。[①]

（二）商标法对人格商业化利用的保护及其缺陷

商标法对人格商业化利用的保护，体现在权利主体的人格标识成为商标法中的商标或者是某个商标的组成部分，这样就与商品或者服务联系起来，成为表明商品来源的符号。权利主体自身的知名度就会为商品带来相应的吸引力，更加吸引消费者的注意。通过商标法的保护能够克服损害赔偿金额的限度，因为根据我国商标法的相关规定，在计算侵权损害赔偿时，可以根据单位商品的利润乘以相关产品的数量来计算损害赔偿额。由于人格权与商标权的联系密切，两者的保护对象也有部分重合。姓名权、肖像权的客体是“信誉”，是形象的商业价值，其载体为形象因素，例如姓名、肖像等。这些人格因素具有可识别性，可以作为商标使用。在商标法体系中，无须证明商标的独创性，只要他人商业标识与其注册商标具有相似性，容易造成混淆，就构成侵权。商标法的赔偿标准以产品的销售量作为计算标准，较为合理。

但商标法对人格商业化利用的保护也存在一些缺陷：首先，由于我国采用的是注册商标制度，权利主体的人格标识要得到商标法的保护，必须

---

① 参见孙爱民、须建初：《“三毛”著作权纠纷案评析》，载郑成思：《知识产权研究（第五卷）》，中国方正出版社 1998 年版，第 183—187 页。

要将自己的人格标识注册为商标，如果没有注册的话，就不能利用商标法来保护自己的利益，而人格价值随着市场的变幻，也不停起伏波动。如果人格权的保护也需要经过特定的程序授权，那么很有可能错过人格价值的高峰，等到能够合法保护时人格价值已经下降。人格权人这段时间差内的经济损失将无法得到保障。而商标注册必须依商品分类分别申请，在现有商标法框架下，权利人为了通过注册商标专用权来保护人格标识，就必须对可能使用该商标的各个商品类别分别申请注册商标，而每个申请均单独付费，因此注册成本高昂。其次，注册商标保护的范围较为局限。商标法保护的只局限于几种商品和服务。所以，在注册时要依照商品分类分别申请。在没有相关制度的情形下，虚拟角色在所有商业领域（包括非注册商标在内）被他人恶意使用是不可避免的。① 再次，我国《商标法》规定能够被注册为商标的要素具有一定的局限性，只包括了文字、图形和数字等。我国的商标只局限于可视性，而非可视性的，例如声音、动作等都不可以注册为商标。也就是说不具有可视性的形象因素都不可以注册为商标，也就不能受到商标法的保护。然而，恰恰是很多非可视性的形象因素被商业化利用，例如在广告中使用知名人物的声音、动作等。最后，现实生活当中出现很多注册商标被闲置的状况，这类商标被视为“垃圾商标”。我国为了防止这类现象的产生，对此做了严格的规定。我国《商标法》第 44 条规定，如果连续停用注册商标 3 年的，将有可能被撤销。这一规定对于商标的管理具有较大的作用，然而却不利于人格权的保护，这使得人格权的商品化变得较为困难。

三、反不正当竞争法对人格商业化利用的保护及其缺陷

反不正当竞争法在弥补具体知识产权规则的漏洞、解决具体知识产权的权利冲突、覆盖具体知识产权规则调整不到的领域等方面具有重要意义。它可为知识产权制度提供一种兜底的保护，一种立体的保护。② 当知名人物的形象被直接或间接用于商业宣传时，当虚构角色不符合著作

① 参见赵家华:《关于“三毛”商标权与著作权纠纷案的法律思考》,《中华商标》1998 年第 4 期。

② 参见宋红松:《反不正当竞争与知识产权保护》,《烟台大学学报》2002 年第 3 期。

权法对所保护的作品的要求时，当人格权权利人未注册商标而寻求主动保护模式时，反不正当竞争法就可以发挥作用。

我国《反不正当竞争法》第5条规定，擅自使用他人的企业名称或姓名，引人误以为是他人的商品的，属于一种不正当竞争行为，也就是未经人格权人许可，擅自将他人人格进行商业化利用，利用消费者对权利人的喜爱，给消费者造成了一定的误认的，这从反不正当竞争法的角度来看，就属于一种欺诈行为，是违背商业道德和诚实信用原则的。

但是，反不正当竞争法对人格商业化利用的保护也存在缺陷，它并不是设定权利来保障权利的积极实现，而是设定“禁用”来排除对利益的妨害。[①] 首先，反不正当竞争法保护的主体范围过于狭窄。反不正当竞争法的调整范围，通常要求双方具有竞争关系，否则，难以适用反不正当竞争来规制。根据我国《反不正当竞争法》第2条的规定，受保护主体主要是“经营者”，即从事商品经营或营利性服务的法人、其他经济组织和个人。当主体不是从事营利商业活动的经营者或与侵权经营者之间不存在直接竞争关系时，对于侵权人的行为，反不正当竞争法就无法适用了。其次，反不正当竞争法保护的权利只是一种消极的权利。它主要是通过禁止各种形式的不正当竞争行为保护其他市场参与人的权利，而并未赋予权利人一种支配性的权利，因此这种权利无法在事先通过权利人的转让、许可使用等积极支配行为表现出来，只能在权利受到他人侵犯时通过诉讼表现出来。既然主体实施了积极的人格标识的商业化利用行为，法律就应用积极的赋权行为来正面规制，并辅以消极的侵权法来保护，这样才比较周全。再次，反不正当竞争法规定的赔偿原则仍然是民法规定的填平原则，而没有像知识产权法那样规定法定赔偿原则。这样使权利人的权利价值得不到切实的体现，在客观上也纵容了侵权人。很多侵权人只需付出不多的赔偿及罚款，就可以通过不断的侵权行为获得巨额利润，这对权利人显然是不公平的。

四、我国台湾地区“民法”对人格商业化利用进行保护的学说与判例

传统民法理论是以权利为中心构建起一套完整体系，在权利制度内

---

① 参见熊伟：《形象权法律制度研究》，武汉大学法学院2002年博士学位论文。

部，又是以民事权利客体所体现的利益为标准区分出了人格权与财产权，财产权主要保护主体对客体享有的财产利益，因而可以转让，而人格权是存在于自己人格上的权利，因出生而取得，因死亡而消灭，具有人身专属性，在权利关系中不得让与或抛弃，系属于所谓的非财产权。台湾学者王泽鉴先生认为，随着社会经济活动的扩大，科技的发展，特定人格权（尤其是姓名权及肖像权）既已进入市场而商业化，如作为杂志的封面人物，推销商品或出版写真集等，具有一定的经济利益的内涵，应肯定其兼具财产权的性质。①

王泽鉴先生认为，人格的商业化利用会产生经济利益，因此，应承认人格权随着社会经济的发展，具有了一定经济利益的内涵，应肯定这些特定人格权兼具有财产权的性质。此时涉及人格利益中的财产权益能否授权使用的问题。王泽鉴先生认为，近年来报纸杂志，企业厂商常使用他人肖像、姓名、声音或隐私资料作为商品广告或报道内容，获取利益。于此等情形，为进一步强化对人格权的保护，如何去除加害人所获利益，是法律上的一项重大课题。王泽鉴先生认为，未经他人同意，擅自使用其肖像、姓名、声音等，作为商品广告等商业性利用，系受有利益致他人受损害，可以从不当得利制度中寻找解决问题的办法。此时，不当得利是否成立，其关键问题在于是否侵害应归属人格权的权益内容，而欠缺法律上的原因，传统上多认为人格权系属非财产权，不得对人格加以处分变价，然此时并不排除上述人格法益具有财产性质（人格财产或经济法益），得成为交易的客体，予以商业化。尤其是与他人订约以其肖像、声音或姓名等作为销售商品的广告，或以自己的生活隐私作为报道的内容，此等契约基本上并不为法律所禁止或违反公序良俗。人格权是一种支配权，权利人对此等得为交易客体人格财产法益，具有专属排他的权利，侵害者，乃取得应归属他人权益内容的利益，欠缺法律上的原因，由此加害人所取得的利益属于不当得利。加害人所受的利益，系对此等人格法益的使用，依其性质不能返还，应偿还其使用此等权益客观上所应支付的对价。②

---

① 参见王泽鉴：《民法总则》，中国政法大学出版社 2001 年版，第 134 页。

② 参见王泽鉴：《债法原理（二）：不当得利》，中国政法大学出版社 2002 年版，第 173—175 页。

例如，乙偷拍甲的照片，作为其所发行杂志的封面女郎，系侵害甲的肖像权，取得应归属于他人的权益，应成立不当得利，甲得依不当得利规定请求乙返还使用其肖像的利益，而以通常应支付的对价计算其应偿还的价格。被害人是否有将其肖像加以商业化的意愿在所不问。又被害人是否为知名人士，乃属计算肖像权财产价值的因素，对不当得利的成立不产生影响。[①]

从王泽鉴先生的论述中可见，不当得利制度在人格权的保护中也具有重要的作用，它为人们在人格商业化的利用问题上提供了一条解决问题的重要路径。

在我国台湾地区，未经许可使用他人肖像从事商业化利用的案件已经发生，我国台湾地区"法院"在审理该新类型案件时，亦感觉很棘手。比如，有些商家未经权利人许可，将他人肖像用作产品的代言广告，权利人将该商家起诉至"法院"，要求被告承担侵权赔偿责任，其要求赔偿的标准是被告非法使用其肖像的获利额。我国台湾地区"法院"经过审理该案，支持了原告的诉讼请求。其依据的理论是，被告未经许可使用原告的肖像做代言广告，侵害了原告的肖像权，原告基于肖像权受到侵害，可以主张非财产上精神痛苦的赔偿，精神痛苦的赔偿应该考虑被告侵权的获利程度。[②] 可见，我国台湾地区"法院"是依据精神损害赔偿的模式，来调整人格标识商业化利用的纠纷。但是未经许可使用他人人格标识从事商业化利用，侵权人的目的是获得经济利益，受害人遭受的损失亦是未获得许可使用费的损失，而"法院"仅依据精神损害赔偿模式给予救济，显然在纠纷的定性上不够准确。

---

① 参见王泽鉴：《民法总则》，中国政法大学出版社 2001 年版，第 135 页。

② 王泽鉴：《民法学研习方法与大型论文写作方法》，载人大法学院编：《在人大法学院听讲座》（第 1 辑），中国法制出版社 2007 年版，第 15 页。

第五章　两大法系对人格商业化利用之保护提供的法律规制及其借鉴

我国属于大陆法系国家，现行的法律制度也根源于大陆法系，同时也吸收了部分英美法系的法律特色。人格商业化利用的法律规制，较早出现在西方国家的法律中，有着较为丰富的理论学说和判例经验，我们可以吸取两大法系中的精华，来逐步完善我国的法律规定。

第一节　英美法系

一、英国——侵权行为模式

英国普通法对人格权中经济利益的保护主要通过“仿冒”(passing-off)与“盗用”(misappropriation)之诉来进行，辅之以商标法、版权法和外观设计法的相关规定。工业革命的爆发，市场快速发展和分化，商人之间的竞争愈发激烈，商人们寻求收益更大的方式拓展市场，姓名、肖像等人格的商业化利用成为商家促销商品、吸引消费者最为广泛的途径。早在1887年英国女王维多利亚在继位庆典时，商人们将女王的个人形象广泛地应用于香水、香粉、药丸、洗液、香皂、珠宝、可可粉等一系列的商品上，这应该是英国最早将个人形象进行商业化的利用。[①]发展到现今，姓名、肖像等人格标识的商业化利用已经成为英国社会的一种普遍现象，它是商人促销商品、吸引消费者以及带来经济效益的手段。人格的商业化利用，商品会具有较强的吸引力，就会为商人带来一定的经济利益，因此被广泛使用。特别是对知名人物的人格标识进行商业化利用，可以大幅度地增

① ［澳］胡·贝弗利-史密斯:《人格的商业利用》，李志刚、缪因知译，北京大学出版社 2007 年版，第 4 页。

加商品的知名度、吸引力,同时也能加大社会公众对商品的信任度,这样在一定程度上易于消费者接受他们自身所喜爱的商品或者是某些对消费者而言存在犹豫不决现象的商品。例如,在 1995 年至 1996 年间的足球赛季中,英国的曼联足球俱乐部将该俱乐部的足球明星的人格标识进行广泛的商业化利用,为该俱乐部带来了近 2500 万英镑的收入,该收入占到全年营业额的 71.4%,而这些足球明星的工资收入仅仅只是其中的一部分,足见人格标识的商业化利用可以为商家带来巨大的经济效益。但这些名人同样也会通过各种各样的方式来保护自己的人格权,防止商家的不法利用。

但英国对人格商业化利用保护得较为保守,既不承认人们对自身人格进行商业利用的独占权,也不承认和保护人格权。有些英国学者认为,人格商业化利用是一个商业性问题,应该从侵权行为的角度为受害人提供保护,但是英国法并不倾向于对人格商业化利用提供实体性的保护,所以到目前为止法律中对该类问题的规定并不显著。① 只在立法以及司法层面,在商标法、仿冒诉讼和版权法中能看到零星的保护人格商业化利用的条款。

(一)商标法中对人格标识商业化利用的法律规制

在英国,商标仅可用来保护一定范围内相互竞争的类似商品不被混淆,为了获得商标权的保护,商标专用权人和商标之间必须建立联系。无论是从严格意义上还是更广泛意义上包含质量保证或者产品区分功能,商标更被视为“无声的推销员”,而非商品来源的指示,即它能触发消费者对产品或者服务产生联系,而且能够促进销售这些产品或者服务,或更富争议地说,促进销售其自己。②

法官在审判案件时,认为英国的现行法中并不存在人格权,更不存在独立使用自己姓名和形象的权利,法律中更无须创设这项权利。商标是指示商品或者服务来源的标记,如果某个标志具有足够的独特性并能将

---

① 参见孔祥俊:《反不正当竞争法新论》,人民法院出版社 2001 年版,第 508 页。

② 参见[澳]胡·贝弗利-史密斯:《人格的商业利用》,李志刚、缪因知译,北京大学出版社 2007 年版,第 40—41 页。

申请人的商品和竞争性经营者的产品区分开，是可以获得注册的。[①] 当同一或者相似的标志被用在与注册商标所用商品相似或者不相似的商品或服务上，同时这个标志在英国享有盛誉，且因为没有正当的使用理由，被不当利用或者是有损于该标志的名誉而被利用的，都可以认定为一种侵权行为。但是英国法院并不倾向于将商标注册视为一种保护人格的经济利益的工具，该经济利益包括了既存的营业利益和潜在的认可价值，它只是对那些可能注册为商标的事物进行了一些限制，由此侵权的范围也被相应地缩小化。例如，英国戴安娜基金会诉富兰克林公司未经许可擅自使用戴妃形象制造和销售纪念王妃玩具娃娃案，是比较典型的人格标识商业化利用纠纷案。案情大致为，英国戴安娜基金会将戴安娜及其所喜爱的颜色作底色之签名为特征的商标，用于法定商品上，以试图阻止其他人对戴安娜的形象加以利用，富兰克林公司制造和销售戴安娜模样的玩具娃娃，英国戴安娜基金会认为富兰克林公司侵犯了其商标权，向英国法院提起诉讼。法院认定戴妃属于公共领域的人物，基金会无权阻止他人对戴妃的形象加以利用，判决原告败诉。[②] 在另一个案件中，被告未经许可销售纪念已故摇滚乐之王爱尔维斯·普雷斯利(Elvis Presley)大事记的产品，原告 Elvis Presley 公司依据商标法提起诉讼，请求阻止被告的行为，同样遭到败诉，上诉法院裁定被告可以继续销售其产品，因为消费者对此不会产生误认。法院认为，商标只是指示商品或服务来源的标记，否认英国现行法中存在人格权，确切地说是创设这种权利。Elvis Presley 公司之所以败诉，是因为该公司与受指控的侵权产品之间从未有过任何贸易关系，它根本没有生产过这种产品，消费者只是希望买到带有 Elvis 容貌的产品，而不在意它是否经过授权。当局认为"Elvis"和"Elvis Presley"的标志是描述与 Elvis Presley 有关的商品，在商品和申请人的营业之间并不具有独特的关联。[③]

(二)仿冒诉讼对人格标识商业化利用的规制

仿冒诉讼，简言之，就是对以仿冒自己的姓名、肖像、商号、商标等标

---

①③ 参见[澳]胡·贝弗利-史密斯:《人格的商业利用》，李志刚、缪因知译，北京大学出版社 2007 年版，第 46、43—44 页。

② 参见祝建军:《人格要素标识商业化利用的法律规制》，法律出版社 2009 年版，第 132—133 页。

识，侵害自己的人格标识或商誉的行为所提起的侵权之诉。[①] 这一诉讼类型源于19世纪，当时商人们往往通过采用与自己的商品相联系的方式，使用竞争对手的商号、商标等标识，以此诱导潜在的客户相信商品是其竞争对手的，以吸引顾客获取不当的利益。在18世纪，法官Langdale提出了这一诉讼法所依赖的原则，即一个人不要把自己的商品假冒他人的商品出售。在邓迪案中，扮演"鳄鱼邓迪"（Crocodile Dundee）的演员Paul Hogan曾先后于1988、1989年提起两件仿冒之诉，分别起诉Koala Dundee和Pacific Dunlop两家商业公司。其中，Koala Dundee有几家商店，都叫"邓迪领地"（Dundee County），它还设计了像鳄鱼邓迪那样穿着打扮的考拉熊形象，用在商店内外的标志上和T恤衫、购物袋及衣服标签上。法院认为在鳄鱼邓迪和被告的商品之间存在关联，这已构成虚假代表。Pacific Dunlop公司则是把《鳄鱼邓迪》电影中的一个画面用于宣传它的鞋类商品。Pincus法官认为，被告使用这样的形象"意在使他们的顾客在头脑中联系到Paul Hogan或是这部影片或者两者兼有，或者简而言之，就是想从鳄鱼邓迪上获利"。[②] 法院认为这会欺骗公众，使他们误认为活动经过了原告授权而其实它没有，故法院支持了原告的诉讼请求。

英国法律一般不承认名人对其姓名、肖像等利益具有独占权，如果他人提供的商品导致消费者识别上的混淆，认为与名人存在某种联系，那么则运用仿冒诉讼来进行救济。但是，仿冒之诉的成立应当具备五个要件：(1)虚假陈述。(2)该陈述是由一个商人在其所从事的商业活动过程中做出的。(3)是向预期的客户或产品、服务的最终消费者做出的。(4)该陈述是被打算损害另一个商人的营业或商誉（在其作为一个可以被合理预见结果的意义上）。(5)该陈述对另一个商人的营业或商誉造成实际损害。[③] 当然，人们更愿意利用侵权构成要件的"经典三要件"来分析：(1)原告在其商品、名称（姓名）、标志等方面享有商誉。(2)被告的误导性陈述

① 程合红：《商事人格权论——人格权的经济利益内涵及其实现与保护》，中国人民大学出版社2002年版，第229页。

② ［澳］胡·贝弗利-史密斯：《人格的商业利用》，李志刚、缪因知译，北京大学出版社2007年版，第103页。

③ 转引自程合红：《商事人格权论——人格权的经济利益内涵及其实现与保护》，中国人民大学出版社2002年版，第229—230页。

导致了混淆(或者欺骗)。(3)对原告造成了损害。[①]

在仿冒诉讼中,英国的法律规定,在未经权利人许可的情况下,只要能够谨慎经营,妥当使用权利人的人格,是可以规避仿冒诉讼的。想要通过仿冒之诉来维护自己的权益,必须满足权利主体被利用的人格在社会上享有一定的声誉,他人的非法使用确实导致了消费者的误认而且权利主体受到了一定的损害,条件非常严格,而且仿冒和盗用须以侵犯商誉为核心,如果未构成对商誉的侵犯,未经他人许可将他人姓名或肖像进行商业化利用则无须承担责任。

英国法律中规定了仿冒诉讼的前提就是侵权人存在虚假陈述,如果权利人以仿冒诉讼的名义将侵权人诉讼到法院,侵权人有权通过澄清条款来维护自己的利益。[②]也就是说,即使侵权人未经许可使用了权利人的人格标识,但同时能澄清自身与权利人之间无任何关系的,这样能够使得消费者免于陷入误认的状态,这样在仿冒之诉的规定中就不再构成假冒。

仿冒诉讼成立还有一个重要的要件即是名人已经在该商品上形成了信誉,否则即使诉讼到法院,也无法胜诉。譬如一个名人在生前并未将自己的人格用于任何商业经营活动,在其死后若人格标识遭受了侵害,该名人只能通过隐私权来寻求保护,而非人格标识的仿冒诉讼。

人格的商业利用问题在英国实质上是归属于财产法的范畴,它将人格上的商业利益分为两个相对广泛的种类:现存的经营利益和潜在的认知价值。在仿冒诉讼中,英国法院关注的是原告既存的,至少是潜在的经营利益的范围,而不保护姓名、肖像等标识上的权利。这对主体在人格的商业化利用中存在着不足:首先,传统的仿冒诉讼制度要求侵权人与被侵权人均为商人。而在现实生活中,人格标识利益受到侵犯的往往不是商人,受害者并不实际从事商事活动,而大多是其他领域的有成就的名人或具有个性特色的普通人。当他们的人格标识利益受到侵害时由于主体要件的不符而无法通过仿冒之诉获得救济。其次,仿冒诉讼保护的对象主要是商誉。当侵权人盗用他人的姓名、肖像、商号等,而未损害其商誉时,

---

① [澳]胡·贝弗利-史密斯:《人格的商业利用》,李志刚、缪因知译,北京大学出版社 2007 年版,第 68 页。

② 郭玉军、甘勇:《论角色商品化权之法律性质》,《知识产权》2000 年第 6 期。

仿冒诉讼对受害人所遭受到的损失就不能提供救济。最后，仿冒诉讼忽视了主体的人格自主原则。按照仿冒之诉的原理，如果对人格标识的盗用既不存在诽谤，也不存在消费者对产品来源或有关赞助、授权的混淆时，被告就可以自由地、不经允许地使用该自然人的人格标识做广告或进行其他商业利用，这是与人格自主的原则相违背的。自然人有权控制自己的人格，有权决定是否及以何种方式向公众展示自己的人格标识，或展示人格标识的哪一部分、哪一方面。因此，仿冒之诉忽视了人格自主原则的要求，其原理不适用于对自然人人格商业化的利用。

（三）版权法对人格标识商业化利用的法律规制

英国的版权法也对人格的商业化利用进行了保护，但保护力度相对较弱。未经许可使用他人照片等人格标识的，如果照片的人物确实是权利主体的，权利人可以根据版权法的相关规定阻止他人使用照片，但是获得的赔偿却只是照片的许可使用费，这是完全不足以弥补权利人所遭受的损失的。

鉴于上述状况，英国曾经有人提出单独设立一项法定的权利来预防那些将人格标识进行商业化利用的不当行为。当时曾有学者提出以命名“形象权”来进行保护，但该提法一直遭到反对和否定，没有得以实施。这并不影响在实际的商业运作中，名人通过实际的措施来保护自身人格标识的商业化利用。譬如上文提到的商标权，名人们将自己的姓名或者肖像注册成商标，然后通过广告等一系列的商业营销手段来提高自身的标识知名度和影响力，这样只要他们未经许可使用名人们的人格标识，就侵犯了名人的商标权。

综上，英国通过知识产权法的间接保护来实现人格商业化利用的法律规制，一直以来都没有直接地保护人格权，也不承认权利人对其人格商业化利用所享有的专有性权利，所以就无从在英国法中找到人格商业化利用法律保护的直接法律规定。

二、美国——双重权利模式

美国法是通过双重权利模式来实现对人格权中经济价值的法律保护，进行人格的商业化利用的。此种保护模式的基本内涵是：通过隐私权实现个人人格利益（精神利益）的保护，通过独立的公开权实现对个人姓名、肖像等人格标识中经济价值的保护。

美国关于人格商业化利用法学理论和实践判例一直处在国际的前列，经历了从隐私权向公开权转变的过程。最初的保护依据是隐私权(Right of Privacy)。隐私权起源于萨缪尔·沃伦和罗伊斯·布兰代斯的一篇文章，文中认为："法律应当承认隐私权，禁止擅自公开他人的私生活、习惯、行为和与私人生活相关的一些东西，这些东西虽然是真实的，但擅自公开会干扰他人的正常生活，使人感到窘困和不安。"[①]他们深切关注"未经当事人授权的私人肖像的发布、流通"[②]，但这并没有得到司法界的肯定与认可，在一些判例当中，美国法院认为隐私权尚不存在于法律制度中，如果对其实施保护，会产生很多荒谬的诉讼，这遭到了民众的反对。纽约州就颁布了美国历史上第一部隐私权法，规定未经授权使用自然人的姓名、肖像用于广告、商业目的要承担民事甚至是刑事责任。[③] 法律保护的重点是侵犯隐私行为所带来的对个体尊严的影响而不是对财产权利提供保护。隐私权在保护个人姓名、肖像等人格标识财产利益方面存在着明显不足：一方面，隐私权是一种精神性的权利，并不能保护个人人格中的财产价值；另一方面，隐私权主要是一种消极防御性的权利，且具有专属性，不能让与，无法继承，不能满足个人积极利用其姓名、肖像等所包含经济价值的需求。[④]

科技的进步和社会的发展，越来越多的名人形象被商业化利用，也会产生一些权益侵害的实施，若此类案件依据隐私权受到侵害进行诉求，则不能得到法律的保护。因为法律界认为名人作为令人瞩目的知名形象，其人格被商业化利用，并不能使他们的精神遭到侵扰，他们丧失的是一种潜在的财产利益，他们个人未能从中得到补偿。[⑤] 美国的蒂恩·普罗瑟教授在《隐私权》一文中，将隐私权分为四种类型：侵入原告私生活、公开原

---

① Warren & Brandeis, The Right to Privacy, Harvard Law Review, 1890(193). 转引自李明德：《美国形象权法研究》,《环球法律评论》2003 年第 4 期。

② Warren & Brandeis, The Right to Privacy, Harvard Law Review, 1890(193).

③ Now Codified in New York Civil Rights Laws, Section 50—51.

④ 参见王叶刚：《人格权中经济价值法律保护模式探讨》,《比较法研究》2014 年第 1 期。

⑤ Brown Denicola Cases on Copyright, Unfair Competition and Related Topics, 5 ed. Foundation Press, p. 890.

告的私生活事实、发布有关原告之不实形象的信息、擅自利用原告的姓名和肖像等，以此来保护人格标识的商业化利用。① 这些隐私权的观念深刻影响了美国此类案件的私法判决，对于受害人的损害赔偿均是依照受害人的精神痛苦来决定的。但随着名人形象商业化利用案例的增多，他们作为社会公众人物，身上所蕴含的商业价值已不是简单的情感伤害赔偿可以弥补的，②他人商业化使用名人的人格标识的关键是名人未从中获取商业利益，如果仅用受害人的情感，即隐私权来保护名人的人格商业化利用，就不能使明星等知名人物充分有效地享受自己的人格标识。

为了缓解这种困境，在1953年的海兰(Haelan)案中首先承认了公开权(Right of Publicity)的概念，在该案件中，Haelan实验室与美国的众多知名棒球运动员签订了肖像权独占性许可使用协议，Haelan实验室有权在其相关商品中使用这些运动员的肖像，并排除他人的利用。Russel发现了Haelan实验室所获得的商业利润，在明知Haelan公司已经享有独占性许可使用权的情况下，也与这些著名的棒球运动员签订了许可使用协议，并将所获得的使用权有偿转让给了被告Topps口香糖公司，被告将这些运动员的肖像使用在自己的商品上，提高自己商品的知名度以获得更多的经济利润。原告认为被告侵犯了其独占使用权，被告辩称运动员并没有确定无疑地将使用权授予原告，仅授予原告排除他人非法利用他们隐私权的潜在责任。因为隐私权是属于个人的，是不可以进行转让的，原告并没有获得再利用运动员肖像的独占性权利。法院并没有支持被告的辩解，法院宣称："在私有领域范围以外，公众人物的形象是具有经济利益的，并将这种额外的经济利益定义为公开权，这项权利的设定能保证将肖像用于商品或者服务时的独占性特权，而且这项权利不随着商业活动发生转移。"③Flank法官承认，事实上很多显赫的人物，并不因为其姓名

---

① 郭玉军、向在胜：《美国公开权研究》，《时代法学》2003年第1期。

② 孙法柏、姜新东：《名人形象的商业化利用及其权利保护沿革——形象权的历史解读》，《前沿》2007年第1期。

③ Haelan Laboratories, Inc. v. Topps Chewing Gun, Inc., 202 F. 2d 866(2d Cir. 1953). 该案中，被告未经原告的同意，将原告的相片用于口香糖的助销，原告认为被告侵犯了其独占使用权而申请禁令，法官支持了原告的诉讼请求，认为被告侵犯了原告金钱上的价值。

或肖像未经许可被用于商业目的而遭受精神上的痛苦，然而因为没能向这种商业开发收取任何费用而感到了一种痛苦的被剥夺感。于是，公开权诞生了，作为一种财产权，它可以使个人能够阻止未经授权而对其姓名和肖像进行商业利用的行为，并且更进一步的是，提供了相关的可以授予他人开发利用的排他性权利，这种排他性权利是可以由被许可人直接行使的。①

公开权制度的建立突破了原本将人格限定在精神损害的层面，将公开权认定为一种财产权，每个人的人格标识都具有财产利益。将公开权定义为公众人物的姓名、形象、肖像等公共利益应受法律保护的权益。②此项权利创立之初是为了保护公众人物角色所具有的巨大货币价值。③公众人物有权禁止那些未经授权擅自利用其名誉权中所蕴含的潜在价值的行为，这有助于控制角色权商业化利用的方式和时间。④ 然而，这个相对较新型的财产权⑤并不拥有传统意义的财产权所享有的一切保护方式。⑥ 例如，已死亡的公众人物的公开权如何保护，公开权的保护期限有

---

① 参见[澳]胡·贝弗利-史密斯：《人格的商业利用》，李志刚、缪因知译，北京大学出版社 2007 年版，第 198 页。

② Shipley, Publicity Never Dies; It Just Fades Away: The Right of Publicity and Federal Preemption, 66 Cornell L. Rev. 673,1981(677).

③ Haelan Laboratories, Inc. v. Topps Chewing Gun, Inc., 202 F. 2d 866,868(2d Cir.), cert. denied, 346 U. S. 1953 (816). Nimmer, The Right of Publicity, 19 Law&Contemp. Probs. 203,1954(215).

④ Price v. Hal Roach Sudios,400 F. Supp,836,847(S. D. N. Y. 1975).

⑤ Haelan Laboratories, Inc. v. Topps Chewing Gun, Inc., 202 F. 2d 866,868(2d Cir.), cert. denied,346 U. S. 1953(816), subsequent courts have done so. See ,Cepeda v. Swift,415 F. 2d 1205,1206 (8th Cir. 1969); Ettore v. Philco Television Broadcasting Corp.,229 F. 2d 481,489 (3d Cir.), cert. denied, 351U. S. 1956(926); Uhlaender v. Henricksen,316 F. Supp. 1277,1280(D. Minn. 1970).

⑥ First Victoria Nat'l Bank v. United States,620 F. 2d 1096,1103-04(5th Cir. 1980) (stating that publicity right's status as a property right does not prevent limits on devisability and inheritability).

多长，并由此引发了一系列问题。① 尽管评论员普遍认同公众人物生前的形象具有财产权利是能产生一定社会效用的，②但是一些法院担心承认已逝公众人物的形象上的无形财产价值可能会与其他正当的公共目标相冲突。③ Healen一案法院最终因缺乏有效的规则指引而不得不承认这种未经授权使用他人形象行为的有效性。④ 因此公开权的历史上一直在思索制定一些规则来缩小无限使用姓名或者形象中蕴含的财产利益时所引发的潜在风险。由此产生了商业化利用的需求这一概念，将商业化利用限定在公众生命存续阶段，并限定该种权利及其附带的财产利益不得被继承。⑤

---

① Compare Memphis Dev. Found. v. Factors Etc., Inc., 616 F. 2d 956(6th Cir.)(holding that under Tennessee law that the right of publicity does not survive death), cert. denied, 449 U. S. 953(1980), with Factors Etc., Inc. v. Pro Arts, Inc., 579 F. 2d 215(2d Cir. 1978)(holding that the tight does survive death), cert. denied, 440 U. S. 908(1979) rev'd on other grounds, 652 F. 2d 278(2d Cir. 1981). For a discussion of the descendibility issue concluding that legislatures would be better suited than courts to determine the parameters of the right, see Case Comment, The Descendibility of the Right of Publicity: Memphis Development Foundation v. Factors Etc., Inc., 14 Ga. L. Rev. 831(1980). See generally Sims, Right of Publicity: Survivability Reconsidered, 49 Fordham L. Rev. 453(1981)(arguing for a descendible right of publicity); Note, Inheritability of the right of Publicity Upon the Death of the Famous, 33Vand. L. Rev. 1251(1980)(advocating the right of publicity as a properth right that should survive death).

② Comment, The Right of Publicity vs. The First Amendment: Reconciling the Conflict Between a Proprietary Interest of the Plaintiff and the Constitutional Guarantee of Free speech, 27 Vill. L. Rev. 1205,1206 n. (1982)(listing the federal and state courts that recognize the right of publicity).

③ Memphis Dev. Found. v. Factors Etc., Inc., 616 F. 2d 956(6th Cir.),cert denied,449 U. S. 953(1980); Lugosi v. Universal Pictures,25 Cal. 3d 813,824,603 P. 2d 425,431,160 Cal. Rptr. 323,329(1979)(en banc).

④ Thirty years after the development of the right of publicity, one commentator on the subject states that: courts have not yet fully articulated the injury that the unauthorized advertising use of a personality inflicts. Treece, Commercial Exploitation of Names, Likenesses, and Personal Histories, 51 Tex. L. Rev. 637,638(1973).

⑤ Hicks v. Casablanca Records, 464 F. Supp. 426(S. D. N. Y. 1978); Factors Etc.,Inc. v. Creative Card Co.,444 F. Supp. 279, 282—85(S. D. N. Y. 1977); Felcher & Rubin, Privacy, Publicity, and the Portrayal of Real People by the Media, 88 Yale L. J. 1577,1618(1979).

1954年尼默在《论公开权》一文中最先使用了公开权的概念，他建议将诸如人的姓名和形象的使用从私有利益转变成公开利益是非常必要的，因为一个杰出人物的姓名和肖像如果不能合理地授权给他人使用，这些人格的公开价值就会受到限制，将其转变成公开权以后，可以避免损害这些新型的公认权利的价值。① 他将公开权定义为，每个人对其创造和购买的公开的价值享有控制或获取利益的权利。② 也就是说，每个人都有对自己的人格进行商业利用和获得收益的权利，因为一个人人格的形象之所以被广泛认同是源于他个人的努力工作，他就理所当然地有权从任何利用其形象的活动中获得财产报酬。③ 历经数年，一个人的姓名、形象才能在一定的环境中被认同为商品，那些对形象价值和环境形成没有任何贡献的人未经许可侵占他人形象的行为所获得的利益属于"意外利润"。④ 任何人不能通过任何一种方式侵害他人的公开权，如果发生侵权行为，损害赔偿金额应当根据公开形象的金钱价值进行估算。公开权从隐私权中独立出来，成为一项专有的民事权利，致力于保护与人身有关的财产利益。公开权作为一种商品化的人格权，被普通法所认可，但是权利的使用界限仍是一个难题，⑤公众人物死后的公开权是否需要保护仍有所争议。

当公开权确认受法律保护时，法律规定公开权的商业化利用需要发

---

① Nimmer, supra note, at 209. Felcher & Rubin, supra note 10, suggests that in some instances the separation of the right of publicity from the right of privacy has been a "source of confusion, because the distinction between the two simply does not withstand analysis.' Id. at 1620. But cf. Note, supra note 7, at 1255(acknowledging the distinction between the right of privacy and the right of publicity).

One clear difference between the two rights goes to the heart of why the right of publicity was created—assignability. Id. at 1260. It is possible, however, to assign one's right to benefit from the publicity value of one's name.

② Nimmer, The Rright of Publicity, 19 Law of Contemp. Prob. 203,216(1954)

③ Factors Etc., Inc. v. Pro Arts, Inc., 579 F. 2d 215,221(2d Cir. 1978), cert. denied, 440 U. S. 908(1979), rev'd on other grounds, 652 F. 2d 278(2d Cir. 1981); Estate of Presley v. Russen, 513 F. Supp. 1339,1355(D. N. J. 1981); Shipley, supra note 1, at 677(1981).

④ Factors Etc., Inc. v. Pro Arts, Inc., 579 F. 2d 215,221(2d Cir. 1978), *cert. denied*, 440 U. S. 908(1979), *rev'd on the other grounds*, 652 f. 2d 278(2d Cir. 1981).

⑤ Memphis Dev. Found. v. Factors Etc., Inc., 616 F. 2d 956,960(6th Cir.), *cert denied*, 449 U. S. 953(1980).

挥其最大的潜在价值，使其自身的优越性得以充分显现[①]，并符合社会利益，具有一定的创造性[②]。但由于公开权还包括那些已经在媒体等公开领域以一种公开的方式传播并被大家所熟知的肖像、形象等，此时如果赋予权利人无限的权利，就与美国宪法第一修正案所规定的公众可以普遍利用公共信息相违背[③]，对公开权的行使加以限制是必要的。

公开权区别于隐私权的是，它是一项可以自由转让的财产权，而不是一项人身权。公开权是一项具有财产价值的人格权，保护的是财产权益，权利持有人可以在法定范围内任意行使该项权利，并自主决定享有或者转让权利上所附带的财产利益，以实现利益的最大化。[④] 未经授权对他人人格进行商业化利用所产生的损害被认定为一种潜在的财产收益的损失；公开权的主体是每一个自然人，不限于名人，且不受自己的人格先前被开发利用的限制，Judge Holmes 在“O'Brien”案件中这样论述公开权：隐私权有别于为商业广告目的使用自己姓名、肖像的权利，后者是一个每一个人都拥有的财产权，他的价值可以或多或少，甚至只是名义上的，但是，它是人自身的权利，对该权利的侵犯不可被豁免。[⑤] 公开权的对象是指主体的肖像、姓名、声音，以及与某人人格有特定联系的实物、未固定介质的真实表演等人格；其客体就是指权利人的姓名、肖像等人格中所蕴含的商业价值，这是一种应当受到法律承认和保护的利益。公开权突破了

---

① Sims, supra note 7, at 480.

② Felcher & Rubin, supra note 26, at 1131.

③ Felcher & Rubin, supra note 26, at 1129.

④ This formulation incorporates the idea set forth in Grant v. Esquire, Inc., 367 F. Supp. 876(S. D. N. Y. 1973), that an inherent feature of having a property right is the ability to decide whether and when to sell it. Id. at 880. It also incorporates the notion that the particular form of property represented by the right of publicity should be protected to ensure that an individual's persona is not expropriated by another individual in a quest for profit. See generally Radin, Property and Personhood, 34 Stan. L. Rev. 957 (1982)(arguing that property is not solely a means of economic expression but is also a means of protecting personhood). But see Bhalla, The Basis of the Right of Property, Ⅱ Anglo－Am. L. Rev. 57,58(1982)(stating that the basis of the right of property is to be found in the economic utilization of an object).

⑤ O'Brien v. Pabst Sales Co, 124F. 2d 167,170(C. A. 5. 1941). 转引自王利明：《人格权法研究》，中国人民大学出版社 2005 年版，第 273 页。

传统人格权与权利主体不可分离与转让的限制，作为一种财产性的权利，是可以转移与继承的，这样可以充分利用公开权的商业价值。以受到损害的权利的性质作为区分公开权与隐私权的标准，形成了二元权利体系。在人格被商业化利用过程中，能够产生一定的商业利益，但同时权利主体的尊严性利益也可能遭受损害；在出现侵权行为时，既要重视经济利益，又要考虑尊严性的利益，有效地保护人格商业化利用。

美国是公开权的发源地，人格因素在美国被商业化利用最为普遍。自海兰案判决之后，逐渐有法院接受这种新型权利。1977 年在联邦最高法院的推动下，公开权在司法界及学术界获得了广泛的支持，并最终得到了美国法学会的一致确认：美国《反不正当竞争法（第三次）》第 46 条规定，一个人对其形象的商业价值享有公开权。未经他人同意，出于商业目的使用他人的姓名、肖像或其他人格标识即构成侵犯公开权，判其承担责任的形式包括下达禁令和金钱赔偿。迄今为止，美国已有 25 个州立法保护这种权利，美国联邦最高法院也通过判例承认这项权利。现在，美国大部分学者认为公开权属于知识产权。由于知识产权主要是财产权，对经济利益的保护是理所当然的。

然而，美国的公开权并没有十分完善，仍有不足之处。

首先，美国的公开权制度还只停留于州法，并没有得到普遍的认同。如果公开权制度只停留于形式，而非实质上的，那么很多不规范的用语容易引起不必要的误解。美国的公开权还没有联邦各州统一适用的制定法或普通法，只有州法上的公开权法。所以，美国的公开权法也存在过于抽象化，一些用语容易引起误导的问题。公开权这一概念之所以会被美国普遍接受，是因为美国商业的发达和融通，还有立法文化决定的。而美国之所以会出现停留于州法这种状况，与美国的立法特征，及美国各州对于隐私权、人格商业化使用的认识存在着不同的观点有关。

其次，美国公开权保护的范围并不包括虚拟角色。美国的公开权主体只有自然人，美国将虚拟角色列入了知识产权的保护体系内。但是，在知识产权体系内，虚拟角色并没有得到充分的保护。虚拟角色一般都源于某一作品，该作品受到了知识产权的保护，而该虚拟角色又是作品的组成部分。虚拟角色同作品一样，凝聚了作者的创造性劳动。所以，用著作权保护虚拟角色，似乎无可厚非，并无不妥之处。然而，虚拟角色的形象因素被商业化利用的现象现在普遍出现。例如，虚拟角色的声音和动作会作为促销手段被运用于商品上。此时，虚拟角色被侵犯的不是形式上的，而是实质上的商业价值。如果还是用著作权加以保护，似乎有些牵强，虚拟角色的形象因素也得不到较好的保护。依照“思维表达两分法”，可以将其分为形式上的和内容上的。而著作权保护的是形式上的表述，有可复制性的才可被著作权法保护。而此处，虚拟角色受到的是内容上的信誉和商业价值的侵犯，无法以著作权维护自身权利。

第二节　大陆法系

一、德国——统一权利模式

德国法的统一权利保护模式是指通过扩展人格权的权利内涵，使其包含经济价值的方式，实现人格权中经济价值的保护。这种保护模式的主要特点是以既有的人格权体系为基础而构建。

德国法早期为日耳曼的习惯法，后来全面继受罗马法，[①]罗马法将名誉、荣誉等视为无体物，不将其看作是一种财产，[②]所以也就不存在人格商业化利用的问题。大约到了中世纪，商品经济虽有所发展，但是经济社会的发展环境仍不足以支撑人格标识的商业化利用，所以在德国的中世纪也就不存在对人格标识商业化利用的法律。如果出现了侵犯人格权的情形，一般都是通过刑事或者民事的制裁手段进行法律救济，但这种救济方式是一种惩罚性的救济，而非补偿性的救济形式。

1900 年《德国民法典》出台，其中界定了人的法律概念，未提及人格的概念，即使是对人的民法保护也是不全面的。[③]《德国民法典》第 823 条第 1 款规定，因故意或者过失不法侵害他人生命、身体、健康、自由、所有权或者其他权利的，对他人因此造成的损害负赔偿责任。

德国法上的统一权利模式的形成很大程度上是判例和学说推动的结果。《德国民法典》中并没有关于人格权中经济价值保护的规定，人格权

---

① 余能斌：《民法典专题研究》，武汉大学出版社 2004 年版，第 117、132 页。

② 梅夏英：《财产权构造的基础分析》，人民法院出版社 2002 年版，第 75、76 页。

③ [德]福尔克尔·博伊廷：《德国人格权法律保护问题及其最新发展》，欧阳芬译，载南京大学—哥廷根大学中德法学研究所主编：《中德法学论坛》（第 1 辑），第 89 页。

中经济价值的逐步肯定与保护很大程度上是判例和学说推动的结果。

到了19世纪的后半期，《德国民法典》的立法者已经注意到未经许可使用他人姓名、肖像等从事商业活动牟取经济利益的案例大量出现，但又没有相应的法律予以规制，理论界和实务界均认为不法利用人通过支付许可使用费的方式来进行商业化的利用是一种有悖伦理道德的行为，是不符合社会的道德秩序的。随着社会发展，实践中出现越来越多与人格有关的事件，德国的判例和学说提出了侵权法保护一般人格权的理论，即当人格权受到了严重并且连续的侵害时，实质是对一般人格权的侵害，侵害人需要支付相应的精神损害赔偿金来弥补权利人精神上所遭受的痛苦，这慢慢地又承认了具体人格权的概念，将人格利益类型化。① 德国的判例和学说逐渐承认了名誉权、肖像权、隐私权等具体的人格权，将人格利益的类型化发展成为具体的人格权，这些具体的人格权是在一般人格权的解释之下产生的，目前已发展成为独立的具体人格权。

德国著名学者基尔克提出了"人格权商品化理论"，他认为某些具体的人格权不仅仅是一种人身权利，还是一种财产权利，包含了精神利益和物质利益两方面的内容，②但当时并未被立法和司法实践所采纳。"二战"之后，随着人格权观念的发展以及对人格权保护的加强，人格因素在商业化浪潮中表现出来的财产性，德国的立法、判例和学说均给予了重视和相当程度的保护。在著名的"Paul Dahlke"一案中，德国联邦最高法院认为，在广告中使用名人的肖像的，在很多情况下只有通过巨额费用才能够获取对方的同意，从而在法律上承认了人格权市场化的行为。③ 德国联邦最高法院在此案中也将肖像权归入"具有财产价值的排除权"。此后，该观点亦适用于姓名权，承认一般人格权也具有财产价值成分。"在一个人并未参与制作广告，但其姓名出现在广告中或其相片被用来制作广告时，联

① 参见王利明：《我国民法典重大疑难问题之研究》，法律出版社2006年版，第209页。

② 参见王利明：《人格权法研究》，中国人民大学出版社2005年版，第277页。

③ BGHZ 20,345,353.转引自王利明：《人格权法研究》，中国人民大学出版社2005年版，第278页。

邦最高法院不是以侵犯姓名权，而是作为侵犯一般人格权的案件受理的。"[1]而在"骑士(Herrenreiter)案"中，被告未经允许将原告的肖像用于功能性药物的广告中，联邦最高法院认为，由于原告从未有过类似的许可使用行为，也根本不会同意此类利用行为，因此，无法适用许可费赔偿对原告进行救济。据此，肖像权中并不包含经济价值，因为要适用许可费等经济方式对受害人进行救济的前提是，受害人有过类似的许可使用行为，或者推断受害人会许可此类利用行为，依据这一判决，肖像权原则上不包含经济价值。[2]

但是在后来的"玛琳·迪特利希(Marlene Dietrich)案"中，德国联邦法院承认了人格权具有经济利益的内涵，并采一般人格权对其中的财产利益进行保护。[3] Marlene Dietrich 是第二次世界大战期间因反纳粹而投奔美国的著名德国演员，于 1992 年 5 月 6 日去世。光坊音乐剧制作责任有限公司的经理人于 1993 年许可飞雅特汽车公司制造销售 2000 辆特殊造型的兰吉雅 YIO"Marlene"，并允许该公司使用 Marlene 之签名，和 Marlene Dietrich 摄于 1930 年代的一张照片以及注册商标"Marlene"。此外，光坊音乐剧制作并销售许多商品，其中均带有 Marlene Dietrich 的照片。Marlene Dietrich 之独生女与唯一继承人以光坊音乐剧经理人使用 Marlene Dietrich 之照片、姓名及签名致使其母亲死后的人格权及其继受美国 Marlene 公司 Marlene Dietrich 的权利受损为由，向柏林高等法院提起了诉讼。

柏林高等法院判决支持了原告要求被告不得允许第三人在为标志商品服务的广告中使用 Marlene Dietrich 之肖像、姓名及(或)"Marlene"；发行带有其他企业使用"Marlene"及 Marlene Dietrich 肖像作商品服务广告之宣传单的文书著作；销售或交由他人销售带有 Marlene Dietrich 肖像但却没有其他关于她本人、生平及作用之文辞或符号讯息的商品的诉讼请

---

① [德]卡尔·拉伦茨：《德国民法通论》(上册)，王晓晔、邵建东、程建英等译，法律出版社 2003 年版，第 174 页。

② 参见王叶刚：《人格权中经济价值法律保护模式探讨》，《比较法研究》2014 年第 1 期。

③ 参见 BGHZ(德国联邦最高法院民事案例集)，第 143 卷，第 214 页，"Marlene Dietrich"一案。

求，驳回了原告关于请求确认被告负损害赔偿义务及提供关于侵害行为之咨询义务的请求。

德国联邦最高法院则判决撤销柏林高等法院驳回请求的部分。德国联邦最高法院认为，因为《德国民法典》第823条所保护之一般人格权及其特定之表现形式（例如肖像权、姓名权）不仅保护人格之精神利益，亦保护其财产利益；Marlene Dietrich之人格权于死亡后由原告继承；被告有过错地侵害此等权利，因此对原告负损害赔偿及提供资讯之义务，其主要观点如下：

1. 人格权亦保护财产利益。人格权主要在于保护人格的精神利益，若受侵害，则必须以金钱之损害赔偿加以救济。除此之外，人格权及其特定的表现形式（例如其肖像权、姓名权）亦保护人格的财产利益，因为此等人格在社会大众享有之知名度会为其带来可观的商业利益。

2. 人格权的财产利益可继承。对于有商业利益之人格权的财产成分是否可转让、继承此一问题，联邦最高法院至今未明确表示看法。该院在几个判决中已指出，不可转让、继承原则不必然适用于人格权的所有成分。死者在其肖像、姓名等人格特征上所创造之财产价值，若任由第三人侵害，而非交给其继承人、家属或与其亲近的人，亦不公允。法律应为新的市场形势提供秩序框架，一个以排除权为限的无效人格权保护制度不是防止人格被不当商业化的合适工具。学说中有很大的部分支持人格权的财产权可为继承，始能满足一些特殊的保护需要。

3. 人格之特征可具有相当的经济价值。长久以来，姓名、肖像等人格特征可做商业广告使用，因而始终与财产利益之保护有关。过去数十年的技术、经济及社会条件已有改变：技术可将人格的特征固定、重制及散布，达到前所未有的程度。将著名人物商品化已是商品发展中重要且不可或缺的要素。

玛琳·迪特利希判例对德国的学术界有一定的影响。对于人格权的商品化问题，可以将人格权视为一个统一的权利，其包含两部分：一部分旨在保护人格的精神利益，另一部分保护人格的财产利益，该部分可称为使用权。二者统一构成人格权，人格权中财产部分的保护期限取决于精神利益的保护期限。德国法将姓名、肖像等人格标识的商业利益看作是“人格权的财产成分”，认为人格权的经济利益只是人格权的内涵的一部分，而不是其他独立的权利。他们否认独立的、可任意转让的财产性的人格权，因为独立的、可任意转让的财产性的人格权违反了德国基本法第1条第1款关于人的尊严的规定，从人格权的专属性出发，无法将一个人的人格权毫无保留地转移给另外一个人，否则，一个人的部分人格权可能完全脱离其本人的意愿而完全由他人处分。

因此，面对人格的商业化利用问题，德国采用了法院判例和学理解释的形式，逐渐在法律上承认人格要素商业化利用行为的合理性，并主张采取统一权利模式，即将人格权视为一个统一的权利，同时保护人格的精神利益和财产利益，这使人格权的内涵发生了扩张，由纯粹的精神性权利扩展为同时包含精神利益和经济价值的权利，由最初的消极防御性的权利转变为同时包含积极利用的权能，权利人可以通过授权他人使用其人格权而获得经济利益。但在这种权利模式之下，人格权所包含的财产利益是保留在人格权当中的，不能脱离人格权独立存在并转让，因为德国基本法认为人格权是具有专属性的，是附随于人的身体而存在的，是不可能毫无保留地转移给他人，是不能脱离人格权而独立存在的，人格权本身是不能转让的。这种统一的权利模式，人格权中的经济价值属于人格权的组成部分，与人格权的精神属性不可分割，这可以有效防止人格权过度商业化利用给个人的人格尊严造成妨害，有利于维护个人的人格尊严，但在一定程度上也可能限制人格权中经济价值的利用。

在权利的救济上，未经许可而利用了他人的人格，有时候并未对权利人的精神利益造成损害，损害的往往是权利人的财产利益。这个时候在对受害人的救济上，分为两种情况：一种是权利人虽未授权任何人使用其人格标识，但是他主观上愿意将其人格进行商业化利用，对侵权人擅自使用其人格标识的行为并不反感，即使侵权人的使用本身也是违法的，此时的损害赔偿额可以比照许可使用费进行主张，要求侵权人返还其侵权行为所获得的不当利益；另一种情况是受害人主观上并不愿意其人格被商业化利用，且侵权人明知该人格标识属于权利人所有的，此时权利人可以行使请求权,[①]请求法院发布禁令,要求侵权人立即停止侵害,同时还可以索求精神损害赔偿。[②]

德国的司法判例促进了人格商业化利用法律规制的发展,一般人格权以及姓名权、肖像权、形象权等这些具体形式的人格权,既具有精神性利益,又具有财产性利益,而且将人格商业化利用的法律保护延伸到死者的人格利益保护,认为人格上的这种财产利益是可以继承的,而且进一步确认了继承人享有损害赔偿请求权。这种规制的目的在于对抗他人的无权商业化利用行为,以保护死者的人格标识。

二、日本——商品化权模式

在日本,商品化被描述成形象对顾客的吸引力,在商品上使用自然人的姓名或者肖像等人格特征,以达到吸引顾客、销售商品的目的。美国创设了公开权制度对自然人人格标识的商业化利用进行了法律规制,受美国公开权制度的影响,日本引进了该项制度,并于 20 世纪 70 年代将其命名为"商品化权"或"商业形象权"。它定义为:是名人对其姓名、形象及其他对顾客有吸引力、有识别性的经济利益或价值(publicity value),进行排他性支配的权利。[③] "当姓名和肖像作为具有经济价值的信息传播手段进行使用时,将其称为商品化价值,为了控制这种价值可以考虑的权利称为商品化权。"[④]它包括真实人物商品化和角色商品化。日本学者认为,商品化权的保护对象如果能够满足日本商标法、著作权法、反不正当竞争法的一般条件,就能得到这些法律的保护,如符合商标法中注册为商标后,在指定的商品或服务上受到法律的保护;具有一定的独创性,通过许可协议方式将角色商品化,可以受到著作权法保护等。为受到反不正当竞争法

---

① 《德国民法典》第 687 条第 2 款规定:"某人虽知道自己无权将他人事务当作自己的来对待却这样做的,本人可以主张因第 667 条、第 678 条、第 681 条、第 682 条而发生的请求权。"第 667 条规定:"受委托人有义务将其为执行委托而获得的一切和因处理事务而取得的一切,返还给委托人。"

② 参见王利明:《人格权法研究》,中国人民大学出版社 2005 年版,第 280、281 页。

③ 参见[日]萩原・有里:《日本法律对商业形象权的保护》,《知识产权》2003 年第 5 期。

④ [日]五十岚清:《人格权法》,[日]铃木贤、葛敏译,北京大学出版社 2009 年版,第 141 页。

的保护，就要求这些商品被社会公众所广泛周知。

日本法院在有关判例中确立了未经许可商业化使用他人人格理应受到法律保护，并认为“凭借演员的名声、社会评价、印象等，在商品上使用演员的姓名、肖像以达到促进商品销售的目的，必须满足征得演员的许可，并获得相应的对价”①。由此，将商品化权定义为名人对其姓名、形象及其他对顾客有吸引力、有识别性的经济利益或者价值，进行排他性支配的权利，若未经许可利用上述人格标识的，可请求停止侵害、赔偿损失、销毁侵害产品等。

例如，在日本的“马克·李斯特案(Mark Lester case)”中，被告未经许可将英国著名演员马克·李斯特的银幕形象用于商品宣传，原告就此提出姓名、肖像权之诉，东京地方法院判决认可了原告的诉请。马克·李斯特是英国知名演员，在日本也很受欢迎。其在电影《小目击者》(Litter Witness)中的面部特写镜头被乐天(Lotte)巧克力制造商用于电视广告。特写照片下附有文字描述“From Litter Witness—Mark Lester It，too”，而原告与另一巧克力厂商森永(Morinaga)公司早签有独家广告合同。法院裁决乐天公司部分使用了森永公司的电视插播广告，且明知原告不同意其姓名、面部特写的照片被如此利用而侵犯了原告的播放权，给予原告经济损失赔偿及被怀疑为两家竞争者做广告的名誉损失赔偿。② 法院判决的理由在于：演员基于自己获得的名声享有以其姓名肖像许可第三人使用，换取对价的权利。法院认定，在利用演员的名声、社会评价、印象等可收到促进商品销售的预期效果时，从演员方来看，演员因自己获得自己的名声而拥有以自己的姓名和肖像换取对价、许可第三人专有利用的利益。③ 对于未经演艺界的名人许可、制作和销售他们的挂历的案件，东方高等法院于1991年9月26日也曾做出过类似的判决：法院承认商业形象权，承认基于作为财产权姓名、肖像权的损害赔偿、停止侵害、销毁侵害产品的请求。以这些案件为契机，在日本，当演员等的姓名及肖像被擅自使用的时候，由最初的以损害姓名权和肖像权为由，改成后来的以商品化权

---

① 杜颖：《论商品化权》，载梁慧星主编：《民商法论丛》(第13卷)，法律出版社2000年版，第8页。

② Christopher Health and Zen Tatsumura, Comment, IIC, 1997(3), p.421—423.

③ 参见[日]《判例时报》第817号，第23页。

受到侵害为理由，要求做出无承诺商品的生产和销售的暂行处分请求也得到了认可。①

对于商品化权的法律性质，目前还未达成共识。当认可商品化权的独立性的时候，就产生了商品化权究竟是什么性质的问题。一部分认为是“人格权”，另一部分认为是“财产权”。② 从不同的见解出发，对案件的权利主体、时间限制、救济方法等的结论都会有所不同。五十岚清认为，并非不愿意认可商品化权在人格权中的特殊性，只是觉得在目前的情况下，应该把它定位于人格权，特别是将它定位为姓名权和肖像权的一部分，既可以将其作为认可停止侵害的充足依据，又因为对人格权的侵害本来就经常会造成财产损失，因而也不存在理论上的障碍。③

日本最早的判例将商品化权定义为名人对其姓名、肖像以及其他那些具有显著标识性能够对消费者产生吸引力的经济利益或者价值，进行排他性支配的权利。对于那些未经许可使用名人的姓名或者肖像的行为，日本法院的判例认为侵害了名人的商品化权，权利人可以要求侵权人立即停止侵害、赔偿损失或者销毁商品等。

关于商品化权的主体，日本学者认为除了名人，即演员、电视节目主持人、著名运动员可以是商品化权的主体外，为了建立“物”的商品化权，那些创作漫画或者是动画片中的人物，甚至是动物，因为他们均对社会公众具有吸引力，所以创作他们的人或著作权人都可以成为商品化权的主体。

关于商品化权是否可以继承的问题，同样存在分歧，主张商品化权的主体为自然人的，认为商品化权是一种人格权，与人身不可分离，是主体的专属权利，所以不能转让与继承；而另有一些学者认为，每个人都有决定自己权利的自由，人格权本身就是一种既包括精神利益又包括经济利益的权利，所以无须另设“商品化权”。还有一些人认为，商品化权具有财产权属性的那一部分权利可以成为继承的对象，在本人死亡后一定时期

---

①③ 参见[日]五十岚清：《人格权法》，[日]铃木贤、葛敏译，北京大学出版社 2009 年版，第 144、146 页。

② [日]萩原·有里：《日本法律对商业形象权的保护》，《知识产权》2003 年第 5 期。

内，没有继承人的承诺不能擅自使用死者的商品化价值。①

商品化权的保护对象不仅包括人的姓名、肖像等人格，同样还应包括物的名称，只要是对顾客有吸引力的，能带来商业价值的，都应囊括在商品化权的保护范围之内，这才是商业正义的体现。

综上，日本的民法理论以及司法实践通过商品化权的规定来保护人格标识的商业化利用，日本的商品化权不仅仅是人，还包括动物以及物品的商品化权。但是日本商品化权也有一定缺陷。因为在大陆法系国家，民事权利以权利所体现的利益不同为标准分为财产权和人身权。财产权是以财产为标的，以经济利益为内容的权利；人身权是基于主体人身而发生的以主体的人身利益为内容的权利。而商品化权基于其人格利益与经济利益的结合，无论是将其划入财产权还是人身权，在逻辑上都有点不妥。依照"商品化权"理论，姓名、肖像等人格要素在被用作商业用途时，主体享有的是"商品化权"，在没有用途时，主体享有的权利又变成了"非商品化权"，也就是说，姓名权、肖像权等具体人格权既可能是"商品化权"，又可能是"非商品化权"，这在逻辑上有点混乱。体系化是实现法律目标和贯彻法律理念最有效的方法，如果要在原有的法律体系的基础上创造一种新的民事权利，那么最重要的就是要契合原有的体系，不然就会造成体系的混乱，影响功效的发挥。

第三节　比较法视野中的人格商业化利用的法律规制

一、两大法系立法模式之特点

通过上述列举论述，可以看出现今世界范围内对于人格商业化利用的法律规制主要有两种模式——双重权利模式（以美国为代表）和统一权利模式（以德国为代表）。美国的双重权利模式将人格权分为公开权和隐私权两部分，可以被商业化利用的公开权应归属于财产权的范畴，单独地受到法律的保护；德国的统一权利模式是将人格商业化利用行为归入人格权的保护范畴，认为这种商业利用行为是人格权的一种权利

① 参见［日］五十岚清：《人格权法》，［日］铃木贤、葛敏译，北京大学出版社 2009 年版，第 149 页。

扩张，是一种既包含财产利益又包含精神利益的权利。这两种模式有自己的特点：第一，体现的价值层面不同。从价值层面来看，体现的是美国法和德国法的人格权保护价值方面的区别，耶鲁大学惠特曼教授曾经提出美国和欧洲在对个人私生活保护方面存在着不同的价值观，美国法主要保障的是个人的人身自由，而欧洲法主要保护个人的人格尊严。[①] 正是这种价值层面的区别导致了两种模式的差异，美国的公开权制度就是将权利人的隐私、肖像等权利中财产价值凝聚为一种独立的财产权，认为将财产利益予以利用是个人自由的体现，因此应对这种自由予以保护。而以德国为代表的欧陆国家更注重对人格尊严的保护，因此人格商业化的利用仍然是在人格权内部发展，形成人格权内容的一部分，与人格权的精神属性不可分割，这可以有效防止人格权过度商业化利用给个人的人格尊严造成妨害，有利于维护个人的人格尊严。第二，从形式上看，是否以既有的人格权体系为基础不同。德国的统一权利模式是在既有的人格权体系的基础上形成的，即通过扩张姓名权、肖像权和一般人格权内涵的方式，实现人格权中经济价值的保护，也就是说，是通过变通解释传统人格权法的规则对人格中的经济价值予以保护，这有利于维护人格尊严，但在一定程度上也可能限制人格权中经济价值的利用。而美国的双重权利保护模式并不是以隐私权为基础建立的，而是通过在隐私权概念之外创设独立的公开权的方式，实现人格标识上经济价值的法律保护，其隐私权的内涵并没有因公开权的创设而发生大的改变。

二、我国应采取德国的统一权利模式

我国学术界对人格商业化利用归结起来也有两种重要观点：一是主张如美国公开权一样，将该种行为纳入财产权的保护范畴。持这种观点的学者认为，应当在人格权的体系外解决人格的商业利用问题，应当将人格权中的经济价值独立为一种权利，此种观点又可分为人格权说、财产权

---

① 参见王利明：《论人格权商品化》，《法律科学》2013 年第 4 期。

说、知识产权说、新型权利说以及其他权利说等不同观点。[①] 二是主张采纳德国的统一权利模式。此种观点认为,在市场经济条件下,某些人格权具有一定的经济价值,可以作为商业利用的对象,但这并不改变其人格权的本质属性,只要承认人格权的经济价值即可。这只是某些人格权的内容或权能的扩充,而没有必要创设出诸如公开权、商品化权之类的新型的独立权利。在这一点上,我们应当采纳德国的统一权利模式,承认人格权中包含财产利益和精神利益两部分,财产利益可以进行商业化利用并作为交易的对象,侵害了这一财产利益的应当承担损害赔偿责任。[②]

在我国现今的社会实践中,针对自然人姓名、肖像等人格标识的商业化开发利用,立法和司法还拘泥于传统的人格权和人格利益的保护模式来调整,这是不能适应社会发展需要的。因此,面对人格的商业利用问题,法律作为民事主体的行为规范和社会关系的调节器,应当从现实经济生活的实践出发,立足于社会发展的需要,承认人格权中的经济价值并加以保护,完善我国的人格权法律制度。面对世界上关于人格的商业利用问题的两种规制模式,笔者认为我国应当采取德国的统一权利模式,其理由如下:

首先,美国的双重权利模式不适合我国的人格权的立法体系。在美国法中没有具体的人格权类型,只有较为宽泛的隐私权概念。像姓名、肖像、名誉这些权利最初是用隐私权来保护的,后来感到用隐私权保护有很多的困难,因为这些权利本身可以作为商业化的用途来使用,但隐私权这个概念本身是不考虑商业价值的,它只是强调一种精神利益、人格利益。因此,在隐私权的基础上形成了美国特有的公开权制度。它是一种由判例法创制的权利类型,是一种功能性的权利类型,而不是体系化、类型化的概念。由此,在美国法中对自然人人格权的保护形成了一种隐私权和公开权的双重的权利模式。而在我国现行的民法体系中,已经建立了相对完善的人格权体系。我国《民法通则》规定了生命权,姓名权、肖像权、

① 参见杨立新、林旭霞:《论人格标识商品化权及其民法保护》,《福建师范大学学报(哲学社会科学版)》2006 年第 1 期;程合红:《商事人格权论——人格权的经济利益内涵及其实现与保护》,中国人民大学出版社 2002 年版,第 51 页;谢晓尧:《商品化权:人格符号的利益扩张与衡平》,《法商研究》2005 年第 3 期;温世扬《人格权"支配"属性辨析》,《法学》2013 年第 5 期。

② 参见王利明:《人格权法研究》,中国人民大学出版社 2005 年版,第 283 页。

名称权、名誉权以及婚姻自主权等多项人格权，我国《侵权责任法》还在此基础上规定了隐私权、荣誉权等人格权，学者还主张我国未来还应当规定个人信息权、声音权等人格权。因此，我国的人格权体系已经相对完善，并不存在美国法缺乏抽象的人格权概念和具体的人格权类型的难题。而且，公开权不等于具体人格权，公开权主要说的是具体人格权利益中的财产价值的保护，并不是一个具体的权利。我国民法对具体人格权的规定尽管不是十分完善，但随着人格权理论的发展，在具体人格权的解释中可以囊括具体人格保护中的财产利益，所以没有必要再次抽象出公开权的概念，以免造成权利的杂糅。如果引入公开权的概念，则自然人所享有姓名权、肖像权等具体人格权与公开权这种新型权利的关系难以理顺，就可能产生就同一人格利益而形成多重权利的格局。在自然人的姓名、肖像受到侵害后，可能既发生侵害公开权的问题，又发生侵害具体人格权的问题，使侵权行为的侵害客体发生混乱，人为地造成不必要的责任竞合，从而不利于对公民权利的保护，法官也难以准确适用法律。就美国的公开权制度本身来说，制定得也不够完善，美国的各法院和学者仍然存在诸多争论，在公开权的性质、公开权的客体范围及公开权是否有可转让性、可继承性等方面存在较大的争议，一直存在不同的观点。可见，公开权制度本身还是一个不成熟、未完善的理论。因此，美国法上的公开权制度在我国就像是“一株在大洋彼岸的空气中无法枝繁叶茂的娇嫩树木”。我国一旦借鉴该种模式，可能会造成现有权利体系的混乱，更加不利于人格商业化利用的保护。因此，面对人格商业化利用问题，只需要扩展人格权的内涵，使其包含经济价值即可解决。

其次，德国的统一权利模式适合我国的法律现状。早在《德国民法典》制定之初，人格权的概念并未被法律所接受和采纳，立法者均认为人格权应当由刑法加以保护。在一般人格权的概念确立之后，人格权才被吸纳进民法典，之后慢慢产生了具体人格权，该种权利模式有利于实现法律的确定性与安定性，通过对一般人格权的保护可以扩大具体人格权的保护范围。人格商业化利用是认可了人格中所蕴含的经济价值，这并没有改变人格的本质以及其基本特性，我们只需要承认人格中附带有财产价值，且这些财产价值可以加以利用并得到合法许可使用即可。采用统一权利模式，能与我国现有的人格权模式相接轨，符合我国的民法人格权理论，我国《民法通则》中明确规定人享有生命权、姓名权、名称权、肖像权等，《侵权责任法》中又新增了隐私权，人格商业化利用只是对人格权的利用形式，仍然是基于人格尊严发展而成为人格的组成部分，只不过是人格的利用出现了新形式。

再次，采用美国的双重权利模式会提高我国的立法和司法成本。从美国公开权制度自身的体系看，它不仅保护人格标识的价值，而且还保护表演者的表演行为。我国的著作权法已经对著作权人的表演权和邻接权中的表演者权做了规定，引入公开权制度只会导致重复保护，提高立法和司法成本。事实上，法律源生于一个国家或民族在长期的生活实践中形成的习惯，同时又要对经济生活的实践起到现实的指导作用，而不应自我局限于一种先验的或继受于外国立法的模式。①

事实上，在市场经济条件下，某些人格权具有一定的经济价值，可以作为商业利用的对象，但这并不改变人格权的本质属性，人格的商业利用并非产生一种特殊的权利，只是包括在人格权内，只能理解为某些人格权的权能，特别是利用的权能发生扩张，而不是生成其他的权利。所以，只要承认某些人格权的经济价值，就能够较好地解决人格权的商业利用问题，而没有必要创设出诸如公开权之类的新型的独立权利，以免权利体系变得复杂而混乱。因此，针对人格的商业化利用问题，笔者比较赞同王利明教授的观点，即我国应采取德国的统一权利模式，在现有的人格权制度内承认某些人格权的经济价值，以解决人格的商业利用问题。

① 参见范健、王建文：《商事人格权论纲》，http://www.civilaw.com.cn，2003-12-05/2015-10-21。

第六章　我国未来人格商业化利用的法律规制

任何法律规范的形成都是和所在国国内的法律传统、法律体系等密切联系的。因此，在确认了我国人格商业化利用应采用德国的统一的模式后，还要充分考虑我国的具体国情，将国外的制度与中国的特色相结合，创建有中国特色的法律保护模式。笔者从以下几方面来论述人格商业化利用的法律规制的一些构想。

第一节　人格权法的保护模式

法律是社会关系的调节器，是协调社会各种利益并保护被确认为合法利益的手段。在我国当前社会，对姓名、肖像等人格要素的商业化利用中出现的种种问题，立法和司法机关还拘泥于用传统的人格权和人格利益的保护模式来调整，这是不能适应社会发展需要的。人格权法的保护模式主要在于完善人格权立法。

一、人格权法总则应对部分人格权中的经济利益内涵予以确认

确认权利，能充分发挥法律对效率的促进功能。确认和保护产权，能明确财富的归属关系，促进生产者的积极性，鼓励人们为着效益的目的而占有、使用或转让（交换）财产。“人往往有创造性和惰性两种倾向，法律是刺激人们奋发向上的有力手段。法律不可能直接下命令使某人成为一个发明家或创造出优秀的音乐作品，但它却可以为人们发挥创作才能提供必要的条件。”[①]这种法定权益将对市场主体产生指引作用，即通过明示性的规定，指引市场主体决定怎样作为或不作为，并

① [美]E. 博登海默：《法理学——法律哲学与法律方法》，邓正来译，中国政法大学出版社 2004 年版，第 392 页。

以一定的客观评价标准，判断、衡量市场行为是否合法有效。同时，依靠作为社会普遍规范的法律，市场主体可以预先估计到相互间将如何行为，在法益和利益间反复博弈，理性地选择自己的行为，对自身合法权益的安全感也得到了大大的增强。因此，在法律上确认权益是增强法律的透明性，指引和规范市场主体的行为，维护和完善市场秩序的迫切需要。

随着社会的发展，我们发现只保护有形物而不保护无形的财富对促进生产不利。在许多场合，我们要保护的也根本不再是什么“物”，于是，法律越来越把财产定义为对价值的权利而非对物的权利。英美法学者在提及“正在出现的财产权”时，列举有四：一是对信息的财产权；二是对个人人格标识的财产权；三是对人体组成部分的财产权；四是作为夫妻财产的学位和职业培训的财产权。[①] 承认人格权具有经济内涵并不是“人格、尊严的商品化”，并不会降低对人格权的保护，反而是一种对人格权的强化。人格权的内涵包括精神和经济利益两部分，其中经济利益的存在并不意味着人格的“商品化”。马克思在《共产党宣言》中对资本主义“把人的尊严变成了交换价值”的批判，只是说资本主义将人的人格、尊严等完全商品化了，只承认人格权的经济利益，不承认其精神利益。这并不意味着马克思不承认人格权有经济利益的内涵。传统的人格权法由于历史的局限只保护了人格权中有关精神利益的那一部分，并没有考虑其中的财产利益，现代的人格权法应在传统的基础上填补传统法对人格权经济利益保护的空白。

我国的人格权制度应该强调人格权的经济利益和商业利用的可能性。这已被许多国家的立法或司法实践所确认。现代社会和科技的发展使得越来越多的人格标识被用于商业领域，哪些人格标识可以用于商业化，是由经济发展的需要和社会道德观点的认同所决定的。人在哪些伦理价值上可能及可以享有财产利益，是在不断发展变化的。对于民法典

① R. G. Hammond, Personal Property, Revised Edition, Oxford University Press, 1922, p. 82.

而言，它应是既具有内敛性，又具有外溢性的。[①] 所以，在制定人格权法时也应当体现这样的立法精神：凭借价值理念和内在逻辑处理未明文包含的、在制定时未出现的现象，使之具备自我圆足与自动生成的功能。原则权利的设定能缓解法律的稳定性与社会的变动性之间的矛盾，这对于对象是不断变化发展的人格商业化利用制度来说是更为必要的。

因此，我国立法可在人格权的总则即一般规定中做出原则性的规定，确认姓名、名称、肖像、声音等人格标识中具有经济利益的内涵，从而使主体的人格利益与财产利益能够糅合在统一的人格权概念之下，又不至于因人格利益内涵的扩充而动摇人格权理论。市场经济下允许可以商业化利用的姓名、肖像、声音等人格标识都属于标表型精神人格权，而器官买卖、身体交易等对物质型人格权和尊严型精神人格权、自由型精神人格权进行商品化的行为是严重违背伦理道德、被各国法律所禁止的。因此，在未来的民法典人格权编或人格权法中，应该在界定人格和人格权概念的条款（总则部分）中承认标表型精神人格权包含附属性经济利益，不要将人格权完全置于财产权的对立面，这既有利于保护目前商品化的人格权，又不悖于人格权保障人的人格独立、自由、尊严的宗旨，对我国传统文化的价值观念也不会造成太大的冲击。

由王利明教授主持起草的《民法典》学者草案“人格权篇”第一章一般规定的第 297 条，规定了人格权之专有使用权和商品化权，“权利人就其人格利益享有专有使用权。权利人可以在公共秩序和善良风俗允许的合理范围内许可他人使用其姓名、名称、肖像、隐私等人格利益，并获取报酬。因侵害姓名、名称、肖像、隐私等人格利益而获有不当利益的，受害人有权在获利范围内请求返还”。这是对人格标识商业化利用进行规制的一般性条款。

该《民法典》草案的立法理由书将人格标识的商业化利用称为“人格利益的商品化”，其论述道：“人格利益的商品化，是当代社会的一个较为

---

① 所谓内敛性，系指民法典凭借价值理念和逻辑序位使整部民法典自成体系。其各组成部分能相互证明且不存在矛盾；所谓外溢性，系指民法典现有条文虽不能全面反映现实的或未来的一切关系，但凭借其抽象的价值理念和内在的逻辑体系却可以推论民法典所未明文包含的各项关系并对其做出界定或进行处理。参见刘云生：《民法与人性》，中国检察出版社 2005 年版，第 384 页。

普遍的现象，这就是自然人的人格标识不仅可以自己专有使用，而且可以允许他人使用并获得报酬。这种人格标识的商品化的权利，就是商品化权，即美国法上的公开权。我国民法典是否应当规定商品化权？对此，存在不同的观点，反对者认为，人格权是非财产价值的权利，是不能应用于商业领域的，如果将人格权及人格利益应用于商业领域，就是将人格商品化，是当代民法面临的一个新课题，是我国民法典人格权篇制定中必须解决的问题。现代社会进入了大众消费时代，市场经济蓬勃发展，大众传媒的不断普及，以及商业推广的不断创新，激烈争夺消费人群的眼球。由于自然人尤其是著名人物的姓名、肖像等人格标识具有特殊的影响力和亲和力，因而使用这些人格利益要素就可以促成消费者的信赖，从而产生巨大的商业价值。某些人格利益商品化是一个必然趋势，因此，民法应当适应时代的发展，规定商品化权，允许自然人对自己的姓名和肖像等人格标识进行部分转让，进行商业化开发，并收取相应报酬。”

王利明教授的《民法典草案》“人格权篇”对人格标识的商业化利用做出了明确规定。他主张人格权不在民法总则中规定，而是独立成篇，这样人格标识的商业化利用成为人格权享有的一项重要的权能。草案对人格标识的商业化利用的调整采取积极授权与消极保护相结合的方式进行。一方面，草案肯定人格权人对其人格标识不仅可以自己专有使用，而且也可以允许他人使用并获得报酬，使用方式必须符合社会公共利益，这是从积极授权的角度来规定的；另一方面，草案禁止他人未经许可使用权利人的人格标识，否则，受害人有权要求侵权人在获利范围内返还其不当得利，人格标识依法已经或者按照权利人的意思即将进入市场的，应当对非法使用该人格标识的财产损失予以赔偿。因此，草案对人格标识商业化利用的调整就比较全面，既给人们的积极行为提供行为规范，又给受到侵害的权利人提供矫正救济。笔者赞同王利明教授关于人格标识商业化利用的相关规定，但值得注意的是，能够进行商业化利用的人格标识，还包括声音以及其他人格标识，但草案中并未对上述人格标识的商业化利用做出规定。

二、人格权法分则应规定人格商业化利用的行使方式和范围

在人格权制度的总论部分承认部分人格权具有经济利益只是人格权

立法的第一步，制度的完善应当在人格权法中以专章的形式对人格商业化的利用制度做出规定。主要包括以下内容：

（一）承认人格权中的经济利益的可转让性与可继承性

1. 人格权中经济利益可转让的依据和形式。传统的人的伦理价值是作为人的不可或缺的属性，像人的生命、身体、健康，包括自由都是人不可或缺的伦理价值，这些价值可以被视为“人之所以为人”的底线，没有这些伦理价值就不是法律意义上的人。但是，现代社会中那些被扩展了的人的伦理价值，如肖像、姓名、隐私等价值因素，事实上已经与人的本体渐行渐远了。这些价值已经无法包容在“人所固有的东西”的范畴之内，而更大程度上应被视为“外在于人的事物”了，它们已经远远超越了“人之所以为人”的底线。[①] 因此，不妨将人的伦理价值分为“我之所是”和“我之所有”两部分：“我之所是”是人内在化的伦理价值，其具有严格的专属性，不能转让和继承，如人的生命、身体和健康；“我之所有”是人的外在化的伦理价值，它们只是表示人的一个符号或象征，与人身并无绝对不可分离的关系，人对其具有真正的支配权利，可以进行转让和继承，如人的姓名、肖像等。体现“我之所有”人的伦理价值的这一部分人格权并非只是单纯具有精神利益之内涵，其尚包含经济利益之内涵，权利人通过权利之行使，可以享有一定之经济利益，而且这些行为符合社会发展之需要，并为社会观念所接受，在法律秩序上亦应该被肯定。学者指出，随着商品经济关系在社会领域的蔓延，越来越多的人的伦理属性，开始具有了可以用金钱价值衡量的财产属性。一方面，人开始对自身的部分人格价值进行支配，犹如他们当初支配财产那样；另一方面，未经本人同意而支配他人人格要素的现象出现了。从法律上看，这种现象与未经主人同意而对于其物的擅自使用具有相当的同质性。这样，传统民法中人格价值与财产价值之间鲜明的对立开始模糊，人像拥有财产那样拥有人格价值已经不再是不可想象的事情。[②] 因此，我国民法首先应承认姓名权、肖像权等标表型人格权中的经济利益，确认自然人对自己姓名、肖像等人格标识中的经济利益的独占享有。

---

① 参见马俊驹：《关于人格权基础理论问题的探讨》，《法学杂志》2007年第5期。

② 马俊驹：《人格和人格权理论讲稿》，法律出版社2009年版，第376页。

人格权经济利益的实现方式有多种。一是自己实施。权利人自然可以将人格财产价值部分通过商品广告、出版等多种方式予以商业化利用，以实现其经济价值。二是交给他人实施。能否交给他人实施，即第三人能否获得该商业化利用权，在我国的司法实践中是较为困难的问题，我国的学说和立法也没有明确的规定。在美国，公开权作为一种独立的财产权在可转移性上是没有问题的，权利人可以将其全部内容或者个别使用种类予以转移。而我国的主流学说认为人格权是不可转让的，因为这与人格尊严的不可触碰、人格发展的保护相违背。然而，由他人将权利人人格标识予以商业化利用也是权利人自我决定将其人格标识予以商业化的实现，社会现实也急需人格商业化利用权的转移，从而在更大程度上实现权利人人格的商业价值。由他人对人格权的经济利益进行商业使用，在权利人和实施人之间就存在许可转让法律关系。因此，在法律上应该承认标表型人格权的可让与性。因为如果仅仅是自己使用，其财产价值就不能充分体现，失去本可以赚取的利润，而通过授权的方式将自己的声望、信誉与他人分享，一方面可以带动其他企业共同发展，另一方面可以使人格权的财产价值得以充分的实现。这能使转让人的人格标识在最佳的人手中发挥最佳的作用，创造出最大的经济效益，使权利人与商业利用人在人格权商品化中各自获得所需的利益，达到双赢的效果。如果不允许其转让，保护的只是人格因素，对财产因素的保护就不够周全。以个人肖像为例，根据不可转让的原则，其结果只能是被动的判令擅自进行商业使用的人赔偿损失，而不允许权利人主动授权他人商业性的使用而获取使用费，这是不合情理的。因此，法律的态度不如从纯为禁止盗用的“堵”转变为鼓励他人合法使用的“疏导”，使对人格权的保护从侵权法走向人格权法，直接授权权利人进行转让或许可他人使用。因此，我国民法的人格权法应承认部分人格权，即标表型人格权的可转让性，这也是权利人将其内在的追求赋予他人商业化利用其人格方面的权利的法律后果的表达，是权利人行使其人格自主和自我决定的重要途径。只有这样，才符合市场价值规律，有利于人格标识商业化利用中的转让人和受让人等相应主体的经济利益的保护。

我们还应注意标表型人格权的转让形式。因为自然人格权中所具有的精神利益因素，其转让不能是整体的转让，而只能以授权许可的方式进行，即授权他人对自己的人格权进行商业上的利用，权利人仍然保留人格权的基本权能。被授权人通过授权协议，确定对人格权的使用时间和范围，根据此协议，被授权人可以一般地使用人格权客体，也可以取得权利人的地位，排斥或对抗其他被授权人甚至侵权人。企业法人通常对自己的人格权能的出让也采取授权许可的方式，只有当企业发生分立、合并等整体性转让时，其人格权包括名称、商誉、信用等也随之整体转移到新的企业，成为新企业人格的一部分。

2. 人格权中经济利益的继承。就自然人的一般人格权而言，由于具有强烈的人身属性，当权利主体死亡时，其人格权也就不复存在，谈不上继承的问题。而人格权中商业化利用的经济利益是否可以继承，我国学界目前对于该问题没有一致的认识，立法上也不存在相关规定。美国法上，公开权因与隐私权分离而成为独立的财产权而得以继承。德国最高联邦法院在 1968 年的 Mephisto 案的判决中指出，除了其中的财产价值部分，一般人格权是一种具有高度人身性的权利，不得转让和继承。该案首次提及人格财产价值部分继承的可能性。直到 1999 年的 Marlene Dietrich 案才明确论证并承认人格权财产性部分可以被继承，由此，确立了人格商业化利用权可以继承的通说地位。①

我国民法的传统学说关于人格权不可继承的观点，是基于传统人格权仅对人格精神性部分予以保护而做出的。在对人格的精神价值予以保护的层面，人格权的确具有人身一体性，不可与人格权权利人相分离。而人格权财产价值部分虽然是人格权的组成部分，但其本质为财产价值，可与权利人相分离，而且财产价值在其权利人死亡后可以继承是民法的一项基本原则，因此应当承认人格商业化利用权的可继承性。人格权财产价值的可继承性也是人格权可分离性下的必然结果，既然权利人可以在合同项下允许他人使用自己的部分人格权益，并且获得来之不易的收益，使得人格权具有了商业价值，那么这种商业价值自然也就能够在其死后被其继承人所继承。② 美国学者认为："如果一个人确定一个人的姓名或

① 参见刘召成：《人格商业化利用权的教义学构造》，《清华法学》2014 年第 3 期。

② 参见张民安：《公开权侵权责任研究：肖像、隐私及其他人格特征侵权》，中山大学出版社 2010 年版，第 11 页。

肖像可被利用方面的利益类似财产权，那么它将因其所有人的死亡而成为遗产的一部分，而且，与其他资产一样可以由被继承人继承。”[①]因为，能产生经济利益的人格权即使权利人死亡，作为权利客体的姓名、肖像等仍能产生其原有的效应，为使用者带来经济上的利益，正是这种财产属性，使得标表型的人格权的继承有了实际的意义。一个人的姓名、肖像在其死亡后，在事实上仍会惠及他的后代和其他近亲属。因为，既然人格权中有经济利益的内容，根据继承法的规定，这种经济利益是作为个人的合法的财产的，在其死后必定要留给继承人，因而，不允许继承人像继承死者生前的其他财产利益那样享有标表型人格权中的经济利益，而允许社会任意使用，将有悖于公平原则。况且，如果权利人一死，其人格标识就进入公共领域，那么之前未获得授权许可的人和之前已经支付过许可价金的受让人一样地使用其人格标识，这无疑对受让人是不公平的，也会使以后想要使用他人人格标识的商家在支付许可价金时犹豫不决，不利于人格标识的转让。既然承认了姓名、肖像等人格权的经济利益，那么也就承认了这些人格利益与其他财产权利一样能被继承。但应注意，不能无期限地赋予继承人享有死者人格权中经济利益的权利。继承与一般的转让不同，后者是需要付出对价的，而继承则是无偿受让专有权。同时，死者在其死亡一定期间后，一定程度上成了历史人物，部分地融入了一个国家或民族的历史之中，成为共同的民族财富。停止对其私权的保护，使其进入公共领域，有利于社会公共文化的进步。在比较法上大多对其存续期间予以限制。在德国，一般认为，具体期限的确定取决于人格的密度和强度，对于每种人格权并不存在统一的保护期限，是一个根据个案予以判断的弹性期限。[②] 当然，这一点也可以借鉴著作权法中对人身著作权和财产著作权分开保护的方法，规定商品化人格权的精神利益随着主体的死亡而消灭，但商品化人格权的财产利益保护期限为权利人终生加死后一段时间，并且允许商品化人格权的财产利益可以被继承。当然，我们也可以借鉴美国的公开权制度。美国法律中的公开权制度确认了对自然人姓

---

① ［美］阿丽塔·L. 艾伦、理查德·C. 托克音顿：《美国隐私法：学说、判例与立法》，冯建妹、石宏、郝倩等编译，中国民主法制出版社 2004 年版，第 304 页。

② 参见刘召成：《人格商业化利用权的教义学构造》，《清华法学》2014 年第 3 期。

名、肖像进行商业利用权的可继承性，根据美国法学会《反不正当竞争法重述(第三次)》第39条规定，原公开权人死亡后，其公开权仍可在一定期限内存在，在该期限内，公开权由其继承人继承享有，侵害该公开权人要承担相应法律责任。在美国，学说主张该期限以50年为宜，也为美国大多数州法所采用，但也有个别州采用10年、40年甚至100年的规定。① 本书建议继承人享有权利的期限为30年，这样既提供了被继承人后一代的成长之需，又不会导致被继承人的后代在其声誉上坐享其成。

(二)设置计算赔偿数额的基本标准

姓名、肖像等人格标识中所含的人格利益由于其商业化利用而具有财产价值，使其兼具了人格和财产的双重属性，对其进行损害赔偿的性质究竟为何，学者间产生了认识上的差异。有学者认为，这种损害赔偿，既不同于精神损害赔偿那种非财产损害赔偿，又不同于对有形财产损害进行赔偿的那种财产损害赔偿，是一种特殊的财产损害赔偿，或者称之为人格性无形财产损害赔偿。这种赔偿有其独立性，既不依附于精神损害的赔偿，也不依附于对其他具体经济损失所进行的财产损害赔偿，并不被它们所包容。当事人既可以独立主张，也可以与其他损害赔偿请求一并提出。② 我国台湾学者邱聪智先生认为，可将非财产损害赔偿的概念，分化为二：一为固有意义之非财产赔偿；另一为抚慰金。前者属于一般的非财产损害赔偿，人格权的被害人均得请求赔偿；后者只适用于明文规定限制的精神损害赔偿。③ 人格商业化利用的意义不仅在于实现其财产价值因素的转让变现，同时还在于将财产性的考量引入人格权损害赔偿的范畴之中。因此，我们不妨将人格商业化利用的损害赔偿确定为财产性的损害赔偿，但同时亦应考虑其中不含财产性的内容的纯粹人格利益的损害。

人格权权能中虽然包含了财产性的内容，但其并不如债权、物权那样具有明确性，人格商业化利用的价值往往是难以进行精确计算的，未经许

① 参见王泽鉴：《人格权法：法释义学、比较法、案例研究》，三民书局2012年版，第312页。

② 参见程合红：《商事人格权论——人格权的经济利益内涵及其实现与保护》，中国人民大学出版社2002年版，第254页。

③ 参见邱聪智：《新定民法债编通则(上册)》，中国政法大学出版社2003年版，第165页。

可，擅自在商业活动中利用他人的标表型人格要素，剥夺了权利人获得其人格要素商业利用价值金钱对价的权利，给权利人造成了经济利益的损失。然而，权利人所遭受的这一经济损失并不同于一般的财产损失，权利人很难通过直接的证据证明其所遭受的具体的经济损失。司法实践中，一些法院即以原告未能提供充分的证据证明其存在经济损失为由，驳回了原告的经济损失赔偿请求。在崔永元诉北京华麟企业集团公司侵犯肖像权、名誉权案件中，法院判决被告侵犯原告肖像权、名誉权成立，判决被告给付原告崔永元肖像侵权赔偿金6万元，名誉侵权赔偿金4万元，但对其要求赔偿170万元的经济损失的诉讼请求，不予支持，因为原告未举出其他证据证明其遭受了经济损失。[①] 在本案中，由于原告是央视主持人，按规定不能为产品做广告，因此很难提供证据来证明其实际损失，因此本案判决结果，显然不利于制止侵权行为的发生。

王利明教授曾指出："人格权依法已经或者按照权利人的意思即将进入市场的，应当对非法使用该人格权造成的财产损失予以赔偿。前款损失不能确定的，可以按照使用该人格权使用费的市场价格或侵权人获得的利益计算。"[②]主张先适用具体损害计算法，必要时适用合理的许可费计算法以及加害人获利计算法。

在现实生活中，发生非法将他人人格标识进行商业利用的情况时，被侵权人大都认为其首先在经济方面遭受到了损失，只有在少数的案件中，当事人认为其主要遭受到精神利益的损害。如果仅仅提供精神痛苦的抚慰，而不对财产损失进行补偿，尤其是在不法行为人侵害他人人格权而取得巨大的非法经济利益的情况下，如果不予以补偿将可能导致对受害人严重不公平的后果。而且这种低成本的违法行为也会使得侵害他人人格权中经济价值的行为频频发生。因此，对人格权的侵害应当区分精神损害和财产损害，并进一步分别计算赔偿额。德国联邦最高法院法官在迪特利希(Marlene Dierrich)案中认为，应当根据权利人的主观意愿区分两种情况处理：一方面，如果受害人主观上愿意将其人格权市场化，而侵权

---

① 参见北京市朝阳区人民法院民事判决书(1999)朝民初字第4247号。

② 参见王利明：《中国民法典学者建议稿及立法理由(侵权行为编)》，法律出版社2005年版，第381—382页。

人并未事先获得其授权或同意，此时，被侵权人可主张损害赔偿或返还侵权的不当得利，损害赔偿数额以权利人同意将其人格权市场化情况下的合同价金为参照标准。另一方面，如果受害人在主观上有将其人格权市场化的意愿，此时首先可以要求停止侵害等不作为的禁令，并进一步可以要求精神损害赔偿。

因此，未经允许将自然人的姓名、肖像、声音等人格标识进行商业利用谋取利益，对权利人的赔偿可能涉及两方面内容：(1)一般情况下受害人是纯粹的经济损失，如许可费的损失。(2)特殊情况下因侵权人的侵权行为导致自然人精神痛苦，自然人可以要求精神损害赔偿。因此，根据不同的侵权情况，法律应规定给予经济损失赔偿和精神损害赔偿择一或是同时给予赔偿。

我国《民法通则》规定了不得擅自以商业目的使用他人的肖像；公民的姓名权、肖像权受到侵害的，有权要求停止侵害、赔礼道歉，并可以要求赔偿损失。可以此为基础，具体规定未经他人同意而使用他人姓名、肖像等人格标识的损害赔偿制度。对赔偿的范围和数额的确定，可以考虑以下因素：一是被侵权人因行为人的非法使用行为所造成的金钱损失的范围和行为人因其行为所获得的利益；二是行为人非法使用行为的性质和范围；三是行为人的主观恶意和是否知道或是否应该知道其行为违法。法院在具体审理非法对他人人格标识进行商业化利用的案件中，在认定侵权后，确定具体赔偿数额时可综合考虑以上三个因素做出判断。在许多侵害人格权财产利益的案件中，受害人的损失和行为人的利润都难以确定。为解决这一问题，可制定法定赔偿金制度，按照在人格权商品化市场中，通常情况下人格标识许可他人使用的许可费市场标准或交易惯例确定。其适用前提是已经造成损害，但具体数额没有证据证明，由相关部门对不同的人格权侵害确定固定的赔偿数额等级，法院再针对具体案件选择赔偿标准。[①] 这种赔偿方式在实践中的意义非常重大，就多数侵犯他人商誉、信誉的情况而言，确定受害人的损失和侵权人的利润并非易事，如果因为无法取得相关损失证明从而导致索赔失利，对受害人来讲是不

① 参见上海市高级人民法院：《完善我国知识产权侵权损害赔偿制度》，《人民司法》1997 年第 7 期。

公平的。采取法定赔偿金制度可减轻受害人的举证负担，防止受害人因对其所受到的损失不能举证而得不到赔偿，以更充分切实地保护受害人的合法权益。

也有学者认为，对于人格权商业化利用的侵害所造成的损失，属于一种机会性的损失，亦即由于加害人的行为使其丧失了将其人格权的财产性利益加以商业化利用的机会所造成的损失。这种损失具有常态下难以计算的特性，因此在赔偿的计算上，可以借鉴不当得利返还以及非真正无因管理的推算方法，当然有时还需附带考虑当事人之间的实际情况，在可能的范围内引入公平性考量。[①] 此种观点也有一定的合理性。

第二节　侵权责任法保护

市场经济高度发达的今天，商业活动日益增多，人格商业化利用的案例愈发普遍，笔者认为人格具有双重的权利属性，是一种精神权利，而在商业化利用的过程中，又附带有财产属性，但这并不是一个新生的权利，仍然是人格权。但在权利主体的人格标识未经同意的情况下，被他人擅自使用造成的损害行为，应该在我国未来民法典的制定过程中予以明确，将其界定为一种特殊的侵权行为，予以专门的条款罗列出来。无救济即无权利，构建完整的权利救济体系对于人格要素的商业化利用的正常进行必不可少。

一、人格商业化利用侵权行为构成要件

未经人格标识权利人许可或者同意的情况下，擅自将权利人的人格标识进行商业化利用，以此给权利人带来了一定损害的行为即为人格商业化利用的侵权行为。

用侵权行为的保护模式进行社会资源的有效配置，前提条件是该种行为必须符合侵权行为的构成要件，下面将分别进行论述：

（一）人格商业化利用行为的违法性

侵权行为的中心问题就是行为的违法性。[②] 在人格商业化利用中，对

---

① 参见姚辉：《关于人格权商业化利用的若干问题》，《法学论坛》2011 年第 6 期。

② 参见史尚宽：《债法总论》，中国政法大学出版社 2000 年版，第 102 页。

行为违法性的认定，主要从行为的方式上去界定，分为擅自使用、假冒使用、模仿使用、诋毁使用等，这四种行为方式的前提均为未经权利人同意或者授权，又无法律明确许可，而进行的人格商业化利用行为，该行为可能损毁权利人人格形象以及在社会上的影响力等。

上述行为最重要的基础要素就是未经权利人的同意或者授权，又无法律的明确许可，侵害了权利人的所有权和收益权，且影响了公众的判断力，某种程度上还侵害了消费者的权益。

(二)损害结果的发生

人格商业化利用的损害结果表现形式为权利上、精神上的损害和经济利益的损失。精神上的损害，在我国目前的法律体系中是已经予以支持的，而且有明确的法律规定，但是对于物质利益的损失，笔者认为也是需要在法律中予以明确规定的，并辅以相应的赔偿额度计算方法。目前看来，经济损失的认定分为下面几种情况：第一，权利人自己已经意识到自身人格所蕴含的商业价值，自己将人格标识商业化利用并持续到现在，此时他人在未经许可或者同意的情况下，擅自商业化使用权利人的人格标识直接导致权利人的经济损失，表现为营业额度的下降。第二，权利人自己已经意识到自身人格所蕴含的商业价值，自己将人格标识商业化利用但现在已经终止使用，此时被侵权人发现了商机，在未经许可或者同意的情况下，擅自商业化使用权利人的人格标识，这时候说明权利人的人格标识具有商业价值，那么可以合理地推定权利人的经济损失是存在的。第三，权利人自始至终都未意识到自身人格标识中所蕴含的巨大经济价值，自己没有从事过商业经营，也未授权他人对自己人格标识进行商业利用，但是权利人的社会影响力以及事实上的知名度是确确实实真切的存在。在这种情况下，笔者认为我们可以进行法律推理，因为权利人的人格标识确实被公众所知悉且有一定的社会影响力和公信力，不法利用人也正是利用了这点吸引了消费者的眼球，致使权利人遭受了经济损失，这种损失的存在是必然的，无须权利人举证证明。

(三)行为违法性与损害结果之间有因果关系

因果关系的定义是，行为与损害结果之间具有关联性，这种行为是有某一具体的实施主体的，行为是损害的原因，损害是行为的结果，[①]表现为一因一果、一因多果、多因一果、多因多果，这个是侵权行为认定的必备要件。因果关系在我国的民法理论当中从必然因果关系说发展而来，目前我国民法学界普遍采用的是相当因果关系，即行为带来的损害结果是可能的，而不一定是必然发生的，社会普遍的观点就是依照第三人的思维模式，这种损害结果是有可能发生的，那么就有因果关系的存在，是包含人们的意志因素在内的，“作为一种法律学说，相当因果关系学说是科学的，而必然因果关系学说是不科学的”[②]。

人格商业化利用的侵权行为中，侵害行为包括擅自使用、假冒使用、模仿使用、诋毁使用等。这些侵害人格商业化的行为是原因，权利人的利益损害是结果，按照相当因果关系学说，只要上述行为有可能带来损害结果的发生就应当认定因果关系的存在，这样才能最大化地保护受害者的权益，实现社会秩序的和谐稳定。

（四）行为足以误导公众

这是针对人格商业化利用的独特构成要件，人格被商业化利用的前提条件是姓名、肖像等人格要素被公众所知悉，具有良好的社会影响力，被商业化利用之后，这些人格与权利主体相分离，而附着在商品之上，形成了一定的经济价值，这也是不法行为人商业化利用权利人人格的初衷。但这种利用行为会造成消费者的混淆，以为该商品或者服务是权利人自己的意思表示。

由于权利主体的姓名、肖像、声音等人格要素的号召力，公众对此产生了一定的信赖，那么将其附着在商品上以后，这种信赖感能够激发消费者的购买欲，对该商品倍加推崇和喜欢，就会去购买该商品或者服务。但实际上，这个商品或者服务与权利人之间是没有任何关系的，是不法行为人在未经权利人许可或者同意的情况下，擅自将权利人的形象使用在商品或者服务上，造成了公众的误认。具体说来，包括公众误以为是形象权利人许可生产者或者经营者使用自己的形象，或者形象利用者的商业经

① 参见郭明瑞：《民事责任论》，中国社会科学出版社 1991 年版，第 63 页。

② 梁慧星：《雇主承包厂房拆除工程违章施工致雇工受伤感染死亡案评释》，《民法学说判例与立法研究》，中国政法大学出版社 1993 年版，第 279 页。

营与形象权利人有其他商业上的联系等。[①] 这种误导行为导致了侵权行为的损害结果的扩大化。

一般侵权行为的构成要件中还有一项是过错，笔者在此将人格商业化利用归属为特殊侵权行为，所以对于过错暂不做讨论，在归责原则部分进行进一步的分析。

二、人格商业化利用侵权行为归责原则

侵权责任的确定须以一定的归责原则为指导，所谓归责原则，是指根据该原则的指导思想，可以明确侵权人承担侵权责任的理由，是起着决定性的作用，它规范性指引侵权行为，是认定行为违法性的依据，是司法机关定纷止争的基本准则。[②] “归责原则，是侵权责任法的统帅和灵魂，是侵权责任法的理论核心。”[③]

2009 年公布实施的《侵权责任法》规定了侵权行为的普遍适用过错责任原则，并附带无过错责任、过错推定责任、公平责任等各种归责原则，构建出多元的归责原则体系。[④] 对于人格权的侵权责任，在《侵权责任法》中有所规定。[⑤] 那么从法律层面，认定侵害人格权的行为为侵权行为是毫无疑问的，面对人格商业化利用过程中的权利侵害现象，笔者认为适用无过错责任原则才能最大程度地实现利益的平衡。所谓无过错责任原则，是指无论侵权人主观上有无过错，只要是他的行为没有得到权利人的同意或者授权，也无法律上的明确许可的，擅自商业化利用权利人的姓名、肖像、声音等人格标识的，均应承担相应的侵权责任，除非有法定的免责条款。

我国处于市场经济时代，商业竞争愈发激烈，商业活动也日益增多，商人竭尽全力利用一切商业资源，开拓自己的市场，实现利益的最大化，

---

① 参见吴汉东：《形象的商品化与商品化的形象权》，《法学》2004 年第 10 期。

② 参见张新宝：《中国侵权行为法》，中国社会科学出版社 1998 年版，第 44 页。

③ 杨立新：《侵权法论》，吉林人民出版社 1998 年版，第 126 页。

④ 参见王利明：《我国〈侵权责任法〉归责原则体系的特色》，《法学论坛》2010 年第 2 期。

⑤ 按照《中华人民共和国侵权责任法》第 2 条规定，侵害姓名权、肖像权等人身、财产权益的，应当承担侵权责任。

而将知名人物的姓名、肖像、声音等使用在自己的商品或者服务上，是一种成本相对低廉，收益较为丰厚的经营手段。未经权利人许可擅自利用，更是缩减了成本，这样必然会产生大量的侵犯人格商品化的行为，那么无过错责任原则的适用，就可以从源头上有效遏制这种行为的继续，降低此类侵权行为发生的概率。不法利用人实施了此类侵权行为后，获利相当可观，他们作为一种集团性的群体，有着雄厚的经济实力和社会基础。一旦案件进入司法程序，根据谁主张谁举证的举证规则，权利主体需要举证证明侵权人有过错，侵权行为的存在和侵权人的获利情况，此时的权利主体就处于一个相对弱势的诉讼地位，很难证明侵权人有过错和侵权人的具体获利情况，那么就会显失公平，权利主体不能得到应有的经济赔偿。由于人格标识的独特性，一旦权利主体的姓名、肖像、声音等人格标识被侵权人商业化利用之后，权利主体不可能自己使用或者授权他人使用，这是有违法律规定的，那么权利主体本身可以获得的利益就被侵权行为剥夺，导致了合法利益的丧失，而侵权人并不会因为此类侵权行为丧失任何利益，相反还会获得经济利益，发展自己的经营状况。所以，笔者认为对于人格商业化利用的侵权行为应当适用无过错责任的归责原则，只要侵权人未经权利主体授权或者没有法律的明确许可，事实上实施了商业化利用权利主体人格的行为，无论其主观上有无过错，都认定侵权行为的成立，需要承担相应的侵权责任。

三、人格商业化利用侵权行为免责事由

并不是所有的人格商业化利用行为都属于侵权行为，既然将该类侵权行为界定为特殊侵权行为，那么也同样需要在法律中明确侵权行为的免责事由，笔者认为可以参照知识产权法的规定，包括以下几个方面：出于学习、研究等学术性使用权利人的人格标识；学校或者科研机构用于课堂教学或者科学研究而使用权利人的人格标识；在自己的文学作品或者艺术创作中为了对权利人进行介绍或者评论等使用了权利人的姓名、肖像、某个形象等；新闻媒体为了报道时事新闻，在各类媒介中使用权利人的姓名、肖像（若权利人明确表示禁止任何媒体对此进行报道的，出于人格的尊重，是不允许进行使用的，否则也属于侵权行为）或者形象等人格标识以及他人已经被授权合法使用了权利人人格标识的商品；不以营利

为目的，出于社会公益展示已经公开的权利人的人格标识；为满足公众娱乐需要，模仿权利主体的形象、声音等；在市场流通中，经权利人授权将权利人的人格附加在商品或服务中，然后进行销售、转销售的行为；其他对社会公共利益有重要影响的行为等。

四、人格商业化利用侵权行为民事救济

人格商业化利用的侵权行为中，侵权人在未经权利人同意或者授权，也无法律许可的条件下，擅自商业化利用权利人的姓名、肖像、形象、名称等人格标识的，权利人一方面承受自己人格被他人非法使用所带来的精神层面的痛苦；另一方面承受着物质层面的损害，自己的可得利益损失，而且在自己未获得任何报酬的情形下，侵权人获得了巨额利润。这种精神利益和物质利益的双重损害，使得权利人和侵权人之间的利益失衡，不符合法律公平正义的价值理念。那么为了有效地平衡这种利益状态，就必须采取一定的措施，来平衡利益状态，实现对权利人的权益保护，制裁侵权人的侵权行为。

人格作为“人之所以为人”的资格，在实践和法律上均具有重要的价值意义，如果单单看作对人格商业化利用的一般侵权行为进行法律规制，仍然不能有效地保护人格权人的利益，笔者认为应当突破传统的人格权理论，将人格商业化利用侵权行为作为特殊侵权的一种，用法律条文形式予以单独列出，前面已做分析，在此不做赘述。

我国《侵权责任法》第 15 条规定了侵权责任的承担方式，①总共有 8 种。对于侵害人格权商品化的责任方式，笔者认为应以财产损害赔偿为主，停止侵害、赔礼道歉、消除影响、恢复名誉为辅的赔偿方式。

（一）财产损害赔偿

人格商业化利用的侵权行为，根据前面的论述，既有精神层面的损害，也有经济利益的损失，这种损失的额度包括现在已经造成的损害，还蕴含未知的利益损失，因为一个人的人格影响不是暂时的、短期的，有可

① 《中华人民共和国侵权责任法》第 15 条规定了侵权责任的承担方式，总共有 8 种：停止侵害，排除妨碍，消除危险，返还财产，恢复原状，赔偿损失，赔礼道歉，消除影响和恢复名誉。

能是伴随其终生，甚至死亡之后的一段时间内，其人格的影响力并未消失，精神层面的痛苦很可能成为历史，但经济利益的损失延续的时间颇长，如果不通过财产损害赔偿的方式，就不能有效地维护权利人实际的和潜在的经济损失，也不能彻底地实现惩治侵权人的目的，社会秩序仍然不能得到调节。

对于精神损害的赔偿数额，我国法律中已经有了明确的规定，但是对于经济利益的损害，法律中并未提及，笔者认为应从以下几个方面计算：第一，侵权人从侵权行为实施之日起所获得的经济收入，侵权人未经许可或者授权将权利人的人格商业化利用属于一种不当得利行为，权利人根据民法理论有权全部追回，此时的举证责任应由侵权人承担，对于侵权人的获利情况，权利人是无法举证证明的，如果一味要求权利人来举证的话，权利人的利益损害根本无法得到合理的赔偿。如果侵权人对于自己的利润收入无法列明的，此时法律应参照知识产权法的相关赔偿制度，确定一个浮动的法定赔偿金，在规定的范围内进行赔偿。第二，因为侵权人的不法使用，造成权利人不得将自己的人格权授权第三人使用，由此会造成可期待利益的损失，由此也会产生一部分的损失，由于权利人和第三人之间是合法的许可使用，涉及的损失为转让许可使用费，此时的损失额就等同于转让许可使用费，费用的大小可以根据当时的市场行情，参照同类型，知名度相当的人格权进行估价。第三，一个人的人格影响不是暂时的，短期的，而有可能是伴随其终生，甚至死亡之后的一段时间内，其人格的影响力并未消失，那么因为侵权行为的发生，导致了这部分的利益不可能再取得，此时侵权人也应就这之后的未来利益给予适当的经济补偿。这里涉及一个年限问题，笔者认为延续至权利人死亡之后 5 年即可，社会发展日新月异，一个人的社会影响力的持续状态也在持续减弱，所以 5 年时间较为合理，就每年的赔偿数额，参照人身损害赔偿的标准进行计算，即权利人所在省份的每年人均收入。

（二）辅助的责任承担形式

辅助的责任承担形式主要包括停止侵害、赔礼道歉、消除影响、恢复名誉等，这些赔偿方式适用于那些特殊的群体，他们不愿意让自己的人格附加在商品或者服务之上，因为他们在社会上的地位和身份，损害赔偿并不能满足他们心灵所遭受的打击以及他们在社会上名誉的降低，此时可以向法院申请禁令，要求侵权人立即停止侵害，并在公开的媒体上赔礼道歉，恢复他们的名誉。还可以适用那种损害数额不大的人格商业化利用或者是刚实施侵权行为还未获利，就被权利人起诉的侵权人。法律一直秉承公平正义的观念，我们不能一味地为了保护权利主体的利益而不惜让侵权人付出巨大的代价，侵权人在整个行为中确实是存在过错的，行为是违法的，但他们不是十恶不赦的恶人，所以那些没有造成实质性损害的侵权行为，通过停止侵权、赔礼道歉、消除影响、恢复名誉是可以弥补权利人损失的，就无须再使用财产损害赔偿。

第三节 不当得利制度的保护

侵害他人权益不当得利类型的理论基础是“权益归属理论”。根据该理论，权利均有一定的利益，属于权利人，归其享有。违反权益归属而取得利益者，系属侵害他人权利范畴，欠缺法律上的原因，应成立不当得利。在现实生活中，有时人们取得利益的过程虽然不违法，但保有所得利益并不正当，此时便产生了不当得利问题。通过不当得利制度对人格权加以保护，是以德国为代表的一些国家和地区判例和学术之主张。德国联邦法院于 1956 年在 Paul Dahlke 案中认为，肖像权系具有财产价值的排他性权利，擅自使用他人肖像所获利益构成不当得利。其后，在 1958 年 Herrenreiter 案(骑士案)、1981 年 Carrera 案、1999 年 Marlene 案及 2006 年 Lafontaine 案中，德国联邦法院均适用不当得利制度对姓名肖像权加以保护。① 在美国有关公开权的判例中，不当得利理论也被用于对公开权人提供救济。在 Zecchini 案和 Factors 案中，美国联邦最高法院和第二巡回法院都认为允许被告对权利人的人格特征进行商业利用而不支付任何费用，对于被告而言都构成不当得利，原告有权要求被告返还因此获得的利益。② 那么，在人格商业化利用的过程中是否也存在不当得利呢？王泽鉴教授认为：“人格权是一种支配权，权利人对此等得为交易客体人格财

---

① 参见王泽鉴：《人格权法：法释义学、比较法、案例研究》，北京大学出版社 2012 年版，第 548—551 页。

② Zecchini，433U. S . p. 575－576； Factors，579F. 2d p. 221. 转引自瞿灵敏：《商品化人格权的保护：损害赔偿与保护路径——基于现行民事立法的回应》，《苏州大学学报》2015 年第 4 期。

产法益，具有专属排他的权利，侵害之者，乃取得应归属他人权益的内容的利益，欠缺法律上原因，应成立不当得利。”①因此，不当得利同样也存在于人格标识的商业化利用过程中。

一、不当得利请求权独立适用的必要性

人格商业化利用中的权利人在其权益遭受侵害时已经能够通过违约责任制度和侵权责任制度获得救济，是否有必要再增加不当得利制度？不当得利请求权是否有独立的必要？笔者认为，鉴于不当得利与违约责任制度和侵权责任制度在诸多方面的不同，应当肯定不当得利请求权的独立性，以弥补违约责任制度和侵权责任制度在提供救济时的漏洞。具体理由如下：

首先，在涉及关于人格标识的合同时，仅仅运用违约责任制度不能对授权人即人格标识的所有人提供全面的保护。授权许可合同中一般都有人格标识的使用期限、使用范围等的规定。如果使用人在合同终止后仍继续使用该人格标识，或超出合同规定的使用范围使用此人格标识，那么在授权人主张使用人承担违约责任时，按照违约责任的规定，其对于使用人在不法使用期间所取得的利益缺乏主张返还依据。使用人因此得以保留因其不法行为所取得的利益，这是有违民法的公平正义原则的。使用人无法律上的原因取得的利益，致他方受损，当成立不当得利，对合同的另一方当事人应承担不当得利返还的责任。此外，在合同被撤销及合同解除的情况下，由于撤销、解除具有溯及力，基于合同发生的债权债务关系溯及既往的消灭。此时，对于原合同一方所取得的利益，人格标识的所有人不能依据合同而主张违约责任；由于合同订立时双方均没有过错，人格标识的所有人也不能根据侵权责任制度主张对方返还其对人格标识的利用所取得的收益。因而，只能借助于不当得利制度来调整这一失衡的局面：由于给付目的的不存在，受给付人对人格标识的占有欠缺法律上的原因，构成不当得利。人格标识的所有人可向受给付人主张返还不当得利。

其次，在人格标识的使用人未与其所有人订立合同而擅自对人格标

① 王泽鉴：《债法原理（二）：不当得利》，中国政法大学出版社 2002 年版，第 174 页。

识进行使用的情况下,侵权责任制度并不总是能够对受害人提供救济。就一般侵权行为而言,其成立须具备四个基本要件:(1)行为的不法性。(2)被害人受有损害。(3)不法行为与损害结果之间有因果关系。(4)加害人的过错。当人格标识的使用人主观上不具有过错时,侵权行为制度在受害人遭受损害时也就只能扼腕痛惜,而提供不了任何实质的帮助。侵权行为须以行为人有过错和行为的不法性为要件,而不当得利则无此要求。不当得利的构成须具备四个基本要件:(1)一方受益。(2)他方受损。(3)受益与受损之间有因果关系。(4)无法律上的原因。构成要件的不同是由于侵权责任制度和不当得利制度在规范目的上的差异:侵权责任制度的目的在于直接填补相对人所发生的损害,不当得利制度的目的在于返还受益人所受的利益,而非填补相对人的损失。在加害人实施不法行为,给被害人造成损害,但加害人并未因此获益时,构成侵权行为,不构成不当得利。在使用人非因故意或过失而将他人的人格标识用于商业用途并由此获益,因其无过错不构成侵权行为,而就所得利益成立不当得利。此外,侵权行为损害赔偿请求权与不当得利请求权的消灭时效期间不同。一般不当得利请求权的时效期间较侵权行为赔偿请求权的时效期间长。依我国台湾地区"民法"第 197 条第 2 项规定:"损害赔偿之义务人,因侵权行为受利益,致被害人受损害者,于损害赔偿请求权之消灭完成后,仍应依不当得利之规定,返还其所受利益于被害人。"由此在侵权行为损害赔偿请求权因时效经过而消灭时,受害人仍可依不当得利请求权主张自己的权益。不当得利制度填补了侵权行为制度在保护方面的不足。

二、侵害人格权益不当得利的构成要件

在人格的商业化利用中适用不当得利,具体应具备四个要件:(1)因侵害他人权益而获得利益。此处他人的权益,是指他人对自己人格权中的经济因素所享有的利益。侵害他人权益包括两个方面,一是违背了权利人的意志,通常是指未经允许,擅自使用他人的人格标识;二是受益人有对他人的人格权中的经济利益内涵的积极利用行为。(2)致使他人受损失。侵害人格权的不当得利,不像一般给付不当得利中的那样表现为相应物的占有的转移和权利人对物的占有的丧失,人格权人的损失是无

形的，只要侵害了应归属于权利人的人格权中的经济利益内涵，并从中获取利益，即可认为人格权人也基于同一原因事实而遭受损失。(3)受益人的侵害行为在主观上不具有故意和过失。受益人虽然有积极地侵害他人人格权益的行为，但主观上并无过错。如果受益人主观上有过错，便不能适用不当得利，而应按侵权行为处理。(4)没有合法依据。受益人之所以负有返还其所获利益的义务，原因之一便在于其所获利益没有合法依据。如果受益人声称存在合法依据，则应由受益人负举证责任。受益人不能证明其所得利益合法，则应认定为无合法依据。

三、不当得利返还数额的确定

在对人格标识的使用中，受益人所获的利益，系对人格法益的使用，依其性质不能返还，应偿还其使用此等权益客观上所应支付的对价。其次，应区分善意受益人和恶意受益人而异其返还的范围。受益人受益时不知无法律上原因的，为善意受益人，仅以返还请求权提出时的现存利益为限负返还义务；受益人受益时不知无法律上原因，但其后知道却不返还的，为恶意受益人，应将其知道无法律上原因时的现存利益附加利息，一并返还，如有损害，还应赔偿。所以，在加害人具有过错的情况下，权利人可以主张侵权损害赔偿请求权；在加害人不具有过错或损害赔偿请求权因时效经过而消灭时，权利人可依据不当得利制度请求加害人返还使用其人格标识而获得的利益。

不当得利制度虽然对权利人在人格商业化利用中的被侵权而遭受经济损失有一定的救济，但是，也存在不足之处。主要是不当得利需要以侵权人存在获利为前提，若侵权人并无获利，不当得利的方式就无法为权利人提供救济。而且即便侵权人因此获利，侵权人的获利也不能全部归因于标表型人格标识的使用，这其中还包括侵权人的其他投资因素，那么，如何将侵权人因使用他人人格标识而获得的利益从整体获利中分离出来，是较为困难的。而如果不将其分离，而要求全部作为不当得利进行返还，又显得不太合理。

第四节　知识产权法和反不正当竞争法的间接保护

一、商标法的间接保护

知识产权同样兼具精神利益和经济利益，与商品化的人格权具有非常紧密的联系，很多制度可以从知识产权法的相关做法中加以借鉴。以自然人的姓名、肖像或者以企业的名称、商号作为商标或组成部分加以使用时，受到知识产权法中商标法律制度的保护。商标权人享有对注册商标的专有使用权、禁止权、许可权和转让权，他人未经许可，不得在相同或类似的商品或服务上使用与其注册商标相同或近似的商标，如果是驰名商标，不论其是否注册，都要受到有关法律的保护。但是，权利人要获得商标法的保护，必须举证其将自己的姓名或肖像注册为商标，对方未经许可将其人格标识要素作为商标使用，侵害了自己的商标权，当权利人未将其人格要素标识注册为商标，就不能以商标法来保护自己的权益。因此，知识产权法对人格标识提供保护，必须是权利人将自己的人格标识作为智力活动的创作要素，或者工商业标记的要素时，知识产权法的保护才能被启动。因此，知识产权法对人格标识的商业化利用起着间接保护作用，我们仍需要这种调整模式为我们服务。

二、反不正当竞争法的间接保护

广义的知识产权法还包括反不正当竞争法，作为维护市场竞争秩序的基本法律，反不正当竞争法对商品化的人格权的保护主要体现为将相关行为确认为不正当竞争行为，并设计相关的法律措施制止不法行为的继续发生。其主要体现在以下几方面：一是禁止以仿冒形式侵害他人的商誉权、商号权及姓名权。我国《反不正当竞争法》第 5 条规定："经营者不得采用下列不正当手段从事市场交易，损害竞争对手：(1)假冒他人的注册商标；(2)擅自使用知名商品特有的名称、包装、装潢，或者使用与知名商品近似的名称、包装、装潢，造成和他人的知名商品相混淆，使购买者误认为是该知名商品；(3)擅自使用他人的企业名称或者姓名，引人误认为是他人的商品；(4)在商品上伪造或者冒用认证标志、名优标志等质量标志，伪造产地，对商品质量作引人误解的虚假表示。"二是禁止以商业诋毁的形式侵害他人的商誉和信用权。我国《反不正当竞争法》第 14 条规定:"经营者不得捏造、散布虚伪事实,损害竞争对手的商业信誉、商品声誉。"三是规定了对侵害人格权中的经济利益的损害赔偿制度。《反不正当竞争法》第 20 条第 1 款还规定了从事违法行为经营者对被侵害的经营者的赔偿责任即赔偿金额的计算方式,为非法利用人格标识的商业化行为的损害赔偿提供了现实的法律依据。有学者还提出,随着商誉权、信誉权在民法中的确立,原规定于反不正当竞争法中的损害赔偿制度,如以侵权人因侵权所获得的利益作为受害人所受损害额予以赔偿的制度,也应纳入民法的人格权损害赔偿制度之中。① 但《反不正当竞争法》明确规定调整具有竞争关系的经营者之间的法律关系,因此当权利人不从事相关经营行为时,就不具有原告的资格。如果想充分发挥知识产权法在人格权体系外对人格标识的商业化利用进行间接保护,还需进一步完善相关立法。

第五节　人格商业化利用的限制

我们在积极保护某一权益时,不能仅仅追求权利人利益的最大化,同时还必须充分考虑对社会整体利益的影响。人格的商业化利用,涉及权利人与利用人格标识的经营者之间以及他们与社会公众之间的利益分配关系。人格标识的所有人对某人格标识中含有的经济利益享有的是一种绝对权,但并不是无限制的权利。基于社会公共利益和公共秩序的考虑而对个人权利加以限束的做法几乎成为常态,而作为以权利扩张为实质的人格权的商业化利用在不断挤压社会权利空间的同时,便很可能影响他人的权益或者社会的公共利益。因此,人格的商业化利用一方面要维护权利人在人格标识商业化利用过程中所获得的利益,另一方面也要对权利人从事人格标识的商业化利用的自由予以一定的限制。这里的限制主要表现在以下几方面:

① 参见程合红:《商事人格权论——人格权的经济利益内涵及其实现与保护》,中国人民大学出版社 2002 年版,第 254—255 页。

一、合理使用

对他人人格标识的使用也存在着“合理使用”的情形。根据 1996 年世界知识产权组织缔结的《版权条约》第 10 条关于“三步检验法”的规定，合理使用应当符合三个法定要件：(1)有关的使用是就具体的特殊情况而言的。(2)该特殊情况下的使用没有影响著作权人对于作品的正常使用。(3)该特殊情况下的使用也没有不合理的损害著作权人的合法权益。因此，对是否合理使用他人的人格标识也可以从使用的性质及利益损害两个方面来认定。具体来说，合理使用包括以下几种情况：

1. 正当使用。如果某一姓名所使用的文字属于叙述性词汇或者已具特定的含义，成为公用领域的词汇，那么权利人就不能阻却他人对其姓名的合理使用。以公众人物的姓名权的合理使用为例，如沈阳某公司曾以“黎明”作为服务商标向国家商标局申请注册商标。香港歌星黎明对此提出异议，国家商标局裁定驳回了异议，理由是：在演艺界黎明作为一名演员具有一定的知名度，但在现代汉语词典中，“黎明”是一种自然现象，不属独创性的词汇，冠以“黎明”商标的商品在流通时，没有造成对消费者的误导。

2. 言论自由。言论自由是各国普遍认为的宪法性权利，被看作是公民“根本的权利”或“第一权利”，是其他自由的“源泉”，又是其他自由的“条件”。它是指法治国家赋予公民的一项基本权利，是公民自由表达交流思想、自我实现的手段，是知识信息传播、文化传承的桥梁，亦成为法律保护的基本价值。作为言论自由权所涉及的信息，即消息、图像、资料、观念、意见等，可能就是人格商业化利用中的形象确定因素，也就是说，人格商业化利用不可避免地会与言论自由等价值或利益发生冲突。一般认为，相对于经济自由等权利，言论自由应当具有“优越地位”，它是保障个人自我实现、维护基本人权的必不可少的手段，是提高知识和发现真理的基本过程，[①]应看作是具有优先性的法律价值。也就是说，每个人包括媒体都可以利用一个人的姓名和肖像来明确其言论所针对的个体，并对该

---

① 参见张文显：《二十世纪西方法哲学思潮研究》，法律出版社 2006 年版，第 468—472 页。

个体做出公允的评价，这一行为不属于人格商业化利用行为，而是正当的言论自由。在某些特殊情况下，言论过程中使用了某人（主要是名人）的人格标识，而且这一行为也能带来一定的商业利益，那么这种行为属于人格商业利用行为还是言论自由？判断的标准是，这种人格利用方式是否能满足公众正当的信息知悉要求。如果一种人格使用方式主要是满足公众的正当的信息知悉要求，即使其同时能带来一定的经济利益，也不能将这种使用认定为人格的商业化利用，而是正当的言论自由的表达。① 例如，刘翔诉《精品购物指南》报社、北京精品卓越科技发展有限公司、北京中友百货有限责任公司案中，北京市海淀区人民法院之所以判决《精品购物指南》未侵犯刘翔肖像的商业化利益的理由在于，虽然该杂志的销售能够带来一定的商业利益，但是该杂志对于刘翔肖像的刊登主要是为了回顾和纪念刘翔获得奥运金牌这一 2004 年的中国重大事件，是为了满足公众的知悉利益。反之，如果是将某人的头像印在 T 恤衫上和纪念品上，不能通过言论自由予以正当化，而属于典型的人格商业化利用行为。但值得注意的是，如果商业广告中对于一个人的姓名和肖像进行了利用，而这种利用是对于商品或服务的内容介绍所不可缺少的，那么这种利用方法就是一种正当的商业广告的言论自由，而非人格商业化利用行为。例如，一种商品是包含关于某个名人的报道的杂志或者是关于他的传记的纪录片或书籍，那么出版商或电视台在对该商品进行广告时，关于该商品内容的介绍就可以利用该人的姓名和肖像，不属于对其人格的商业化利用。但是，不能使得公众产生该人支持或推荐该商品的错误印象，而且，所利用的肖像和姓名等人格标识也仅限于与该商品的内容具有实质的关联性。②

二、公序良俗

虽然法律秩序必须满足不断向前发展的人格权商业化所提出的要求，但同时更要面对来自更高位阶的法律或伦理原则的要求和挑战。③ 人格商业化利用不同于一般的财产价值，更多地受到公序良俗价值和人格

①② 参见刘召成：《人格商业化利用权的教义学构造》，《清华法学》2014 年第 3 期。

③ 参见姚辉：《关于人格权商业化利用的若干问题》，《法学论坛》2011 年第 6 期。

权中精神利益的限制。公序良俗原则是现代民法的一项重要原则，它是公共秩序和善良风俗的合称，指一切民事活动不得有违于公共秩序和善良风俗，否则该行为将受到否定性的评价。一般认为，"公序"是为社会秩序，包括政治、经济、文化等公共秩序；"良俗"是为道德，涉及社会存在与发展所必要的一般道德、伦理和风俗等。借助公序良俗这个媒介，法律规范体系就与法律体系内的法律价值层面和法律体系外的社会道德达至沟通。[①]

具体到人格商业化利用领域，人格商业化不仅涉及个人的人格利益和财产利益，与社会利益和社会道德的伦理的关系也较为密切。人格权财产制度的立法和司法要以公序良俗原则为依据，通过权利义务的分配，维护社会公共秩序和社会公共道德。虽然人格权人对自己的人格要素具有商业化的权利，但是，人格权的商业化也涉及社会伦理道德，因此人格权人违背社会伦理，损害社会利益的情况下的商业化应受到法律的限制。可见，人格权人对于人格的商业利用，并不意味着人格标识使用的"无序化""低俗化"和"不良化"。对违反公序良俗的行为，法官可依社会正义的一般观念，认定其行为无效。学者认为，在我国违反公序良俗的行为主要包括：(1)反人伦和有违正义的行为。(2)乘人之危、显失公平的行为。(3)给人以不正当联想的行为。(4)对人的心灵造成不健康影响的行为。(5)容易给人带来不健康联想的行为。(6)有伤风化的行为。(7)赌博行为。(8)与性有关的广告行为。(9)违反职业道德的行为。[②] 因此，虽然权利人可以自主地决定采用何种方法对其人格要素进行商业化，但是这种方法不能违背公共秩序和善良风俗，也就是说，不得以社会秩序和居主导地位的伦理原则和价值标准所排斥的方法去进行人格要素的利用。例如，权利人不能将其身体形象制成色情图片或视频予以销售，如果权利人将其形象因素消极地商业性使用，对公众和他人造成一定影响的，将会受到法律的制约。比如，权利人将自己的形象制作成淫秽物品，或者将自己的形象因素用于恶俗的商业服务中，违背了公序良俗，对社会和他人造成

① 参见于飞：《公序良俗原则研究——以基本原则的具体化为中心》，北京大学出版社 2006 年版，第 101 页。

② 参见赵万一主编：《公序良俗问题的民法解读》，法律出版社 2007 年版，第 20—26 页。

了消极的影响，将被法律所禁止。德国学术界认为："人格标志的某种利用行为因违反法律或善良风俗而为法律所不许时，权利人在该人格标志上即不具有值得保护的财产归属权能，亦不具有值得保护的经济利益。"① 公序良俗原则要求当事人的行为符合国家社会的存在及其发展所必需的一般道德价值和伦理秩序。以公序良俗原则为基本原则，确定能商业化利用的人格要素的范围，界定人格权人对自己人格要素的支配范围和程度，为人格要素商业化过程中出现的或者可能出现的有损于社会公德和公共秩序以及善良风俗的商业化行为进行预防，从而实现人格要素商业化健康有序的立法目的。

三、权利穷竭

权利穷竭也可以称为首次销售，本是知识产权法上的一个重要概念，指知识产权所有人或经其授权的人制造的知识产权投放市场后，权利人就不再享有控制这些产品的使用或销售的专用权。② 而这里的权利穷竭，是指含有知名形象的商品以合法方式销售后，无论该商品辗转何人之手，形象权人均无权再控制该商品的行使。权利穷竭原则是为了解决权利人的独占性、专有性与商品自由流通之间的矛盾而产生的，其价值在于平衡个人利益和社会利益，保证商品的自由流通，实现公平正义。人格标识的权利人对其人格要素也享有独占性、专有性的权利，权利穷竭原则可以有效避免权利人在商品流通中对其形象利益的无限制垄断。

1998 年，美国芝加哥州法院在阿林森(Allison)诉最佳(Vintage)体育用品公司一案中③，适用了"首次销售权利穷竭"原则。法院驳回了原告的诉讼请求，认为阿林森和赫希瑟一旦授权生产商通过制作卡片来销售和传播他们的形象，就没有权利控制这些卡片将来的销售和传播，除非这些

---

① 转引自李明发、杜健：《人格权财产利益法律保护研究》，《学术界》2014 年第 7 期。

② 郑成思主编：《知识产权保护实务全书》，中国言实出版社 1995 年版，第 11 页。

③ Vintage 是一家经营运动员的卡片镶在镀金属板上或瓷片上做墙上装饰或纪念用的公司。棒球运动员奥雷尔·赫希瑟(Orel Hershiser)和赛车手克利福德·阿尔森(Clifford Allison)的遗孀埃利莎·阿林森(Eliisa Allison)授权某生产商销售有关他们的图片。Vintage 体育用品公司从该生产商那里买来了这些印有名人肖像的卡片后将它们附在自己的产品上销售。赫希瑟和埃利莎·阿林森认为 Vintage 未经允许不正当地利用了赫希瑟和阿林森的形象从事商业活动而获利，侵犯了他们的公开权。

卡片被改变了用途。所以阿林森和赫希瑟在准许生产商利用他们的形象制造卡片后,就终止了对这些卡片所享有的公开权。因此,当附载有权利人人格要素的商品以合法的方式投入市场后,无论商品辗转何人,权利人都不得再控制该商品的使用及销售专用权,即权利人行使一次即耗尽了有关的权利,不能再次行使,但是改变了原商品、服务或广告实质性用途的除外。这一制度的设计,既维护了形象权人对其形象商品化的获益权,又维护了该特定商品购买人的合法利益,避免了贸易中的无限制垄断,为商品的自由流通消除了障碍。① 但是在人格商业利用的语境下,所谓的权利穷竭,仅是指权利人对该商品上的人格标识的财产性控制的权利穷竭,而并不代表着权利人非财产利益上的人格权的穷竭。虽然权利人失去了对该人格标识进行财产性利用的权利,但该标识仍然是当时人格的体现,应当禁止他人利用该标识做出有损权利人人格的行为。

四、保护时效

尽管有些自然人的形象会长时间地存在于公众的心目之中,但人格标识中的财产因素作为一种垄断性的财产利益,不能对其无限期地予以保护。保护时效制度平衡了个人与社会之间的利益,既保护了人格标识所有人的合理的收益,又使社会公众在一定期限后能够充分地利用这一社会财富。人格商业化利用权的保护期限于权利人终生不存在异议,但当权利人死后是否应给予保护,保护期应为多长时间则不无争议。权利人对人格标识的商业化利用所享有的是财产权,可以转让、继承,在权利人死后,应由其继承人继承。但权利人死后其权益的保护期限是一个公众利益与个人利益的平衡点,在确定保护期时应慎重行事。我国的知识产权保护领域,著作权的保护期限为著作权人终生及死亡之日起 50 年,相比于著作权而言,人格上的财产利益产生过程中,权利主体所付出的劳动以及对社会的贡献较少,或者最大程度仅为相当。自然人或者法人在人格标识产生社会影响力之前,所投入的劳动已经在其他领域得到了相应的报酬,如果过度地延长人格财产利益的保护期限,会产生社会惰性,将财产利益无限放大,不能公平地配置社会资源,收益和付出之间也不能

---

① 吴汉东:《形象的商品化与商品化的形象权》,《法学》2004 年第 10 期。

有效平衡。

从平衡权利人对社会财富的贡献以及通过创设专有期间取得的社会回报两个因素来分析，我们通常会发现自然人对其人格要素的商业化利用所投入的体力、智力、财力低于著作权人在其作品中的投入。而且，人格标识的商业化利用往往是因为该自然人在其他领域的投入所取得的成果在商业领域的“第二次利用”，其中存在附加价值的因素。而著作权人通过其作品所取得的财产利益是其有意识的专门创作行为所取得的。从对社会财富贡献的角度上讲，人格的商业化利用的要素不高于著作权中的作品，而其获取的商业价值回报往往却更大，如果采取较长的保护时效，会导致后人尤其是名人之后，在先人的声誉上坐享其成，不利社会公平理念的倡导。考虑到以上因素，人格商业化利用权的保护期限的设置应以不超过著作财产权的保护时效为宜。

参考文献

一、中文著作(含翻译作品)

[1] 程合红.商事人格权论——人格权的经济利益内涵及其实现与保护[M].北京:中国人民大学出版社,2002.
[2] 郭明瑞.民事责任论[M].北京:中国社会科学出版社,1991.
[3] 何勤华.西方法学史[M]. 北京:中国政法大学出版社,1996.
[4] 洪伟.大众传媒与人格权保护[M].上海:上海三联书店,2005.
[5] 黄立.民法债编总论[M]. 北京:中国政法大学出版社,2002.
[6] 李德顺.价值论[M]. 北京:中国人民大学出版社,2007.
[7] 李明德.美国知识产权法[M]. 北京:法律出版社,2003.
[8] 梁慧星.民法总论[M]. 北京:法律出版社,2001.
[9] 刘茂林.知识产权的经济分析[M]. 北京:法律出版社,1996.
[10] 龙卫球.民法总论[M]. 北京:中国法制出版社,2001.
[11] 马俊驹.人格和人格权理论讲稿[M]. 北京:法律出版社,2009.
[12] 马特,袁雪石.人格权法教程[M]. 北京:中国人民大学出版社,2007.
[13] 梅夏英.财产权构造的基础分析[M]. 北京:人民法院出版社,2002.
[14] 王利明,葛维宝.中美法学前沿对话——人格权法及侵权法专题研究[M]. 北京:中国法制出版社,2006.
[15] 王利明,杨立新,姚辉.人格权法[M]. 北京:法律出版社,1997.
[16] 王利明,杨立新.人格权与新闻侵权[M]. 北京:中国方正出版社,2010.
[17] 王利明.民法典·人格权法重大疑难问题研究[M]. 北京:中国法制出版社,2007.

[18] 王利明.民商法前沿论坛:第1辑[M].北京:人民法院出版社,2004.
[19] 王利明.人格权法新论[M].长春:吉林人民出版社,1994.
[20] 王利明.中国民法典草案建议稿及说明[M].北京:中国法制出版社,2004.
[21] 王利明.中国民法典学者建议稿及立法理由:人格权编、婚姻家庭编、继承编[M].北京:法律出版社,2005.
[22] 王利明.侵权行为法归责原则研究[M].北京:中国政法大学出版社,1992.
[23] 王利明.侵权行为法研究(上)[M].北京:中国人民大学出版社,2004.
[24] 王利明.人格权法研究[M].北京:中国人民大学出版社,2005.
[25] 王利明.我国民法典重大疑难问题之研究[M].北京:法律出版社,2006.
[26] 王泽鉴.民法学说与判例研究:第1、2、8册[M].北京:中国政法大学出版社,1998.
[27] 王泽鉴.民法总则(增订版)[M].北京:中国政法大学出版社,2001.
[28] 王泽鉴.侵权行为法:第1册[M].北京:中国政法大学出版社,2001.
[29] 王泽鉴.债法原理(二):不当得利[M].北京:中国政法大学出版社,2002.
[30] 吴汉东,胡开忠.无形财产权制度研究[M].北京:法律出版社,2005.
[31] 夏勇.走向权利的时代:中国公民权利发展研究[M].北京:中国政法大学出版社,1995.
[32] 杨立新.中国人格权法立法报告[M].北京:知识产权出版社,2005.
[33] 杨立新.侵权法论[M].长春:吉林人民出版社,1998.
[34] 杨立新.人格权法[M].北京:法律出版社,2011.
[35] 杨立新.人身权法论(第3版)[M].北京:人民法院出版社,2002.
[36] 于飞.公序良俗原则研究——以基本原则的具体化为中心[M].北京:北京大学出版社,2006.
[37] 余能斌.民法典专题研究[M].武汉:武汉大学出版社,2004.
[38] 俞江.近代中国民法学中的私权理论[M].北京:北京大学出版

社，2003.
[39] 张红. 基本权利与私法[M]. 北京：法律出版社，2010.
[40] 张红. 人格权总论[M]. 北京：北京大学出版社，2012.
[41] 张民安. 公开权侵权责任研究：肖像、隐私及其他人格特征侵权[M]. 广州：中山大学出版社，2010.
[42] 赵宾，李林启，张艳. 人格权商品化法律问题研究[M]. 北京：知识产权出版社，2009.
[43] 赵万一. 公序良俗问题的民法解读[M]. 北京：法律出版社，2007.
[44] 赵万一. 民法的伦理分析[M]. 北京：法律出版社，2003.
[45] 郑成思. 知识产权法(第 2 版)[M]. 北京：法律出版社，2003.
[46] 郑永宽. 人格权的价值与体系研究[M]. 北京：知识产权出版社，2008.
[47] 周枏. 罗马法原论(上册)[M]. 北京：商务印书馆，1994.
[48] 周云涛. 论宪法人格权与民法人格权——以德国法为中心的考察[M]. 北京：中国人民大学出版社，2010.
[49] 祝建军. 人格要素标识商业化利用的法律规制[M]. 北京：法律出版社，2009.
[50] 卓泽渊. 法的价值论[M]. 北京：法律出版社，1999.
[51] [澳]胡·贝弗利-史密斯. 人格的商业利用[M]. 李志刚，缪因知，译. 北京：北京大学出版社，2007.
[52] [德]黑格尔. 法哲学原理[M]. 范扬，张企泰，译. 北京：商务印书馆，1961.
[53] [德]卡尔·拉伦茨. 德国民法通论（上册）[M]. 王晓晔，邵建东，程建英，等，译. 北京：法律出版社，2003.
[54] [德]拉德布鲁赫. 法学导论[M]. 米健，朱林，译. 北京：中国大百科全书出版社，1997.
[55] [德]马克思·韦伯. 论经济与社会中的法律[M]. 张乃根，译. 北京：中国大百科全书出版社，1998.
[56] [德]马克西米利安·福克斯. 侵权行为法[M]. 齐晓琨，译. 北京：法律出版社，2006.
[57] [美]E·博登海默. 法理学——法律哲学与法律方法[M]. 邓正来，

译.北京:中国政法大学出版社,2004.
[58] [美]阿丽塔· L.艾伦,理查德· C.托克音顿.美国隐私法:学说、判例与立法[M].冯建姝,石宏,郝倩,等,译.北京:中国民主法制出版社,2004.
[59] [美]哈罗德·J.伯尔曼.法律与革命——西方法律传统的形成[M].贺卫方,译.北京:中国大百科全书出版社,1993.
[60] [美]理查德·波斯纳.法律的经济分析(上册)[M].蒋兆康,译.北京:中国大百科全书出版社,1997.
[61] [美]罗伯特·考特,托马斯·尤伦.法和经济学[M].张军,等,译.上海:上海三联书店、上海人民出版社,1994.
[62] [日]五十岚清.人格权法[M].[日]铃木贤,葛敏,译.北京:北京大学出版社,2009.
[63] [日]星野英一.私法中的人[M].王闯,译.北京:中国法制出版社,2004.
[64] [英]罗素.西方哲学史(下),马元德,译.北京:商务印书馆,2009.
[65] [英]洛克.政府论(下篇)[M].叶启芳,瞿菊农,译.北京:商务印书馆,1982.
[66] [意]彼得罗·彭梵德.罗马法教科书[M].黄风,译.北京:中国政法大学出版社,1992.
[67] 马克思恩格斯选集:第4卷[M].北京:人民出版社,1972.

二、法典

[1] 德国民法典[M].郑冲,贾红梅,译.北京:法律出版社,1999.
[2] 法国民法典 民事诉讼法典[M].罗结珍,译.北京:国际文化出版公司 1997.
[3] 荷兰民法典[M].王卫国,主译.北京:中国政法大学出版社,2006.
[4] 魁北克民法典[M].孙建江,郭站红,朱亚芬,译.北京:中国人民大学出版社,2005.
[5] 日本民法典[M].王书江,译.北京:中国法制出版社,2000.
[6] 瑞士民法典[M].殷生根,王燕,译.北京:中国政法大学出版社,1999.

[7] 意大利民法典[M]. 费安玲，丁玫，译. 北京：中国政法大学出版社，1997.

三、中文期刊

[1] 陈丽娟. 人格权商品化的正当性辨析[J]. 重庆科技学院学报，2010(10).
[2] 程合红. 商事人格权——人格权的商业利用与保护[J]. 政法论坛，2000(5).
[3] 丁兆增. 商品化形象权初探——由奥特曼著作权纠纷案引发的法律思考[J]. 福建师范大学学报，2011(6).
[4] 董炳和. 论形象权[J]. 法律科学，1998(4).
[5] 范晓锋. 试论人格权的经济利益与保护[J]. 河北法学，2002(5).
[6] 郭玉军，甘勇. 论角色商品化权之法律性质[J]. 知识产权，2000(6).
[7] 郭玉军，向在胜. 美国公开权研究[J]. 时代法学，2003(1).
[8] 何成龙，曹书瑜. 名人形象权商业化利用的法律保护[J]. 人民司法，2008(5).
[9] 洪伟，郑星. 试论人格权的商品化[J]. 浙江社会科学，2008(12).
[10] 刘红. 商品化权及其法律保护[J]. 知识产权，2003(5).
[11] 江平，程合红. 论信用——从罗马法到现代社会[J]. 东吴法学，2000 特刊.
[12] 姜新东，徐清霜. 美国形象权的司法保护[J]. 法律适用，2008(3).
[13] 姜新东. 人格权商业化利用的不能与能[J]. 甘肃社会科学，2011(6).
[14] 居易. 形象经济与形象学经济[J]. 苏州城市建设环境保护学院学报，2001(4).
[15] 瞿灵敏. 商品化人格权的保护：损害赔偿与保护路径——基于现行民事立法的回应[J]. 苏州大学学报，2015(4).
[16] 蓝蓝. 人格与财产二元权利体系面临的困境与突破——以"人格商品化"为视角展开[J]. 法律科学，2006(3).
[17] 李建华，阿依加马丽·苏皮. 人格权财产利益制度的基本原则[J]. 湖南社会科学，2014(4).
[18] 李林启. 论人格权商品化侵权责任[J]. 湖南科技大学学报，2011(2).

[19] 李林启.肖像权商业利用法律问题研究[J].湖南社会科学,2012(1).
[20] 李明发,杜健.人格权财产利益法律保护研究[J].学术界,2014(7).
[21] 刘春霖.商品化权论[J].西北大学学报,1999(4).
[22] 刘银良.角色促销:商品化权的另一种诠释[J].法学,2006(8).
[23] 刘召成.人格商业化利用权的教义学构造[J].清华法学,2014(3).
[24] 马俊驹,刘卉.论法律人格内涵的变迁和人格权的发展——从民法中的人出发[J].法学评论,2002(1).
[25] 马俊驹.关于人格权基础理论问题的探讨[J].法学杂志,2007(5).
[26] 任丹丽.论商品化人格权的立法规制模式[J].江苏行政学院学报,2012(6).
[27] 上海市高级人民法院.完善我国知识产权侵权损害赔偿制度[J].人民司法,1997(7).
[28] 隋彭生.人格派生财产权初探[J].北京航空航天大学学报,2013(5).
[29] 孙法柏,姜新东.名人形象的商业化利用及其权利保护沿革——形象权的历史解读[J].前沿,2007(1).
[30] 陶红武.商品化权的国际保护及我国的选择[J].广西政法管理干部学院学报,2010(3).
[31] 童列春.私法上财产关系的身份调整[J].法商研究,2011(5).
[32] 王利明.论人格权商品化[J].法律科学,2013(4).
[33] 王利明.我国《侵权责任法》归责原则体系的特色[J].法学论坛,2010(2).
[34] 王叶刚.人格权中经济价值法律保护模式探讨[J].比较法研究,2014(1).
[35] 王泽鉴.人格权保护的课题与展望——人格权的性质及构造:精神利益与财产利益的保护[J].人大法律评论,2009.
[36] 温世扬.论"标表型人格权"[J].政治与法律,2014(4).
[37] 温世扬.析"人格权商品化"与"人格商品化权"[J].法学论坛,2013(5).
[38] 吴汉东.财产的非物质化革命与革命的非物质财产法[J].中国社会科学,2003(4).
[39] 吴汉东.试论知识产权的"物上请求权"与侵权赔偿请求权[J].法商

研究,2001(5).

[40] 吴汉东.形象的商品化与商品化的形象权[J].法学,2004(10).

[41] 谢鸿飞.精神损害赔偿的三个关键词[J].法商研究,2010(6).

[42] 谢晓尧.商品化权:人格符号的利益扩张与衡平[J].法商研究,2005(3).

[43] 徐国栋.人格权制度历史沿革考[J].法制与社会发展,2008(1).

[44] 薛军.人格权的两种基本理论模式与中国的人格权立法[J].法商研究,2004(4).

[45] 严城.论人格标识上财产利益的法律定性——为人格权衍生利益辩[J].学术交流,2010(6).

[46] 杨立新,林旭霞.论人格标识商品化权及其民法保护[J].福建师范大学学报(哲学社会科学版),2006(1).

[47] 杨立新,林旭霞.论形象权的独立地位及其基本内容[J].吉林大学社会科学学报,2006(2).

[48] 杨立新,袁雪石.论声音权的独立及其民法保护[J].法商研究,2005(4).

[49] 杨连专.论精神损害赔偿中的痛苦[J].法律适用,2010(6).

[50] 姚辉.关于人格权商业化利用的若干问题[J].法学论坛,2011(6).

[51] 叶金强.精神损害赔偿制度的解释论框架[J].法学家,2011(5).

[52] 尹田.自然人具体人格权的法律探讨[J].河南省政法管理干部学院学报,2004(3).

[53] 张丹丹,马哲.商品化权的正当性论析——基于财产权劳动学说的思考[J].当代法学,2009(3).

[54] 张善斌.人格要素商业化利用的规制模式选择及制度构建[J].江汉论坛,2015(2).

[55] 赵秀梅.人格权财产利益保护问题研究[J].法律适用,2013(11).

[56] 郑永宽.法人人格权否定论[J].现代法学,2005(3).

[57] 祝建军,汪洪.形象权的知识产权属性——“三军仪仗队形象权”纠纷案引发的思考[J].知识产权,2007(1).

[58] [日]荻原·有里.日本法律对商业形象权的保护[J].知识产权,2003(5).

四、其他中文文献

[1] 杜颖. 论商品化权[G]//梁慧星. 民商法论丛(第13卷). 北京:法律出版社,2000.

[2] 朱高正. 康德的自然法学——自由与和平的哲学[G]//郑永流. 法哲学与法社会学论丛(第2期). 北京:中国政法大学出版社,2000.

[3] [德]福尔克尔·博伊廷. 德国人格权法律保护及其最新发展[G]//欧阳芬,译. 南京大学—哥廷根大学中德法学研究所. 中德法学论坛(第1辑).

[4] [美]H. 登姆塞茨. 关于产权的理论[G]//R. 科斯·阿尔钦,D. 诺斯. 财产权利与制度变迁,上海:上海人民出版社,上海三联书店,1994.

五、英文著作

[1] PINCKAERS J C S. From privacy toward a new intellectual property right in persona[M]. Hague: Kluwer Law International,1998.

[2] SPENCER H. Justice[M]. New York: Greneral Bwks,1891.

[3] WARREN,BRANDEIS. The right to privacy[J]. Harvard Law Review,1890(4).

[4] HENRY M. International privacy[M]. Butterworths: Publicity & Personality Laws,2001.

[5] SHIPLEY. Publicity never dies;it just fades away: the right of publicity and federal preemption[J]. Cornell Law Review,1981(66).

[6] SIMS. Right of publicity: survivability reconsidered[J]. Fordham Law Review,1981(49).

[7] FELCHER,RUBIN. Privacy, publicity, and the portrayal of real people by the media[J]. Yale Law Journal,1979 (88).